大企业税收风险管理业务知识应学应会习题集

本书编写组◎主编

中国商业出版社

图书在版编目(CIP)数据

大企业税收风险管理业务知识应学应会习题集 /《大企业税收风险管理业务知识应学应会习题集》编写组主编. --北京 ：中国商业出版社，2024.5
ISBN 978-7-5208-2929-8

Ⅰ. ①大… Ⅱ. ①大… Ⅲ. ①企业管理-税收管理-风险管理-资格考试-习题集 Ⅳ. ①F810.423-44

中国国家版本馆 CIP 数据核字(2024)第 106233 号

责任编辑:李 飞
策划编辑:蔡 凯

中国商业出版社出版发行
(www.zgsycb.com 100053 北京广安门内报国寺 1 号)
总编室:010-63180647 编辑室:010-83114579
发行部:010-83120835/8286
新华书店经销
涿州汇美亿浓印刷有限公司印刷

*

787 毫米×1092 毫米 16 开 19.75 印张 400 千字
2024 年 5 月第 1 版 2024 年 5 月第 1 次印刷
定价:98.00 元

* * * *

(如有印装质量问题可更换)

前　言

我们非常高兴地向您介绍这本教辅书，它可以帮助您更好地理解、掌握大企业税收风险管理专业考试的内容。本书的目标是为您提供一种实用的学习工具并帮助您在学习和考试过程中取得好的成绩，以便为将来的专业发展打下坚实基础。本书内容涵盖了大企业税收风险管理基础知识，并通过丰富的练习题帮助您加深对课程内容的理解。此外，本书还提供了新的业务类型题，帮助您更有效地学习。我们的编写团队由经验丰富的老师和专家组成，他们深知学习的需求和挑战。

我们希望通过本书，能帮助您更好地理解和掌握课程的内容，取得更好的考试成绩。感谢您选择这本教辅书，我们相信通过本书的学习，能够帮助您自如应对学习的挑战并实现自己的学习目标，祝您学习愉快并取得优异成绩！

编　者

2024 年 4 月 8 日

目　　录

第一章

大企业税收风险管理概述

什么是大企业？一般而言，我们讨论的大企业是按照规模划分的，比如资产规模、职工人数、收入总额等。工信部〔2011〕300 号文件规定得很详细，一共有 16 个行业，从从业人员、营业收入、资产总额等指标，并结合行业特点划分，达到规模的企业划为大型企业，比如工业企业从业人员 1 000 人以上或营业收入 40 000 万元以上的为大型企业。

而大企业是一个或多个大型企业进行核心领导，有共同利益，并组织开展对其他外围企业再控制的、比较稳定的联合体。相对于一般企业而言，复杂程度不用多说了。

相对于中小企业而言，大企业一般有如下特点。

(1)规模庞大，社会经济影响显著。大企业的组织机构规模较大，多元化经营比较普遍，具有显著的资源配置能力和市场影响力，大多数都是行业龙头企业或地区支柱企业，是国家综合经济实力的体现，对社会经济生活具有举足轻重的影响。

(2)数量占比小，税收贡献大。大企业通常是各国税收收入的主要来源。就税收贡献率来说，大企业在各种经济组织形式中数量占比很小，但为国家贡献税收收入比重较大，国际经验表明，低于 1%的大企业纳税人占整个国家税收收入的 60%～70%。因此，大企业是反映国家经济运行基本面的“晴雨表”，大企业税收管理工作的好坏，直接关系到经济社会发展和税收工作的全局。

(3)经营活动和组织架构复杂。从产业链的行业布局看，大企业的生产经营业务非常复杂，分工专业化程度高、关联企业之间交易频繁；从价值链的实现环节看，大企业多为集团化运作，组织架构精密，普遍建立了较为完善的公司治理结构和覆盖公司所有部门、所有业务、所有人员的内部控制机制。

(4)多元化、跨区域和跨国经营频繁。大企业的经营范围非常广泛，横跨多个行业，经营活动呈现多元化趋势。它们往往在国家内部跨越不同的行政区域开展经营活动，甚至在不同国家间开展各项业务，积极参与到全球商业竞争之中。

大企业就是这样的一个复杂的联合体，本书对其税收风险管理模式，从基本概念、管理办法等各个方面开始进行研究。

1.1 大企业税收风险管理相关概念及理论概述

在全国税务系统深化税收征管改革工作会议上，国家税务总局明确提出构建现代化税收征管体系的目标是全面提高税收征管的质量和效率，具体来说就是要努力做到提高税法遵从度和纳税人满意度，降低税收流失率和征纳成本，即“两提高、两降低”的深化征管改革总目标，同时提出“构建以明晰征纳双方权利和义务为前提，以风险管理为导向，以专业化管理为基础，以重点税源管理为着力点，以信息化为支撑的现代化税收征管体系”的总体要求，并明确指出“大企业税收专业化管理是税收征管改革的重要突破口”。作为突破口的大企业税收管理改革应与税收征管改革的总体目标定位相一致，在全面深化改革的背景下应当与国家治理基础和重要支柱的要求相对接，体现出税收征管服务于税制目标和税收治理目标的立场。因此，大企业税收服务与管理的战略目标可在“两提高、两降低”目标的基础上，进一步明确为“持续提高纳税人的纳税遵从度”，这一目标符合大企业纳税人长期发展的需求，也符合税务机关税收征管的要求，可以实现税企双赢。

1.1.1 税收风险概念及概述

首先，让我们看一下税收风险管理的基本概念。

风险是一个有一定历史的概念，在人类发展的过程中，风险是无处不在的，整个人类文明史就是同各种风险抗争的历史。随着近代文明的出现，经济发展的各个领域的不同情况会出现不同的风险，如果管理不善，会造成重大的损失。风险充斥在整个社会经济的每一个角落，因此，风险管理已经成为整个经济运行的一种普遍的需求。近年来，风险管理在税收征管领域可以说是十分普遍的。最早可以追溯至 2002 年，国家税务总局在联合国开发计划署专家指导下，制订了《2002—2006 年中国税收征管战略规划纲要》，在本纲要中首次提出了“防范税收风险”，逐步实现信息管税，加强税收风险管理，从而提升税收征管质量和效率，并逐渐达成共识。

关于风险的概念，目前比较常见的主要有以下几个。

1.风险是事件未来可能结果发生的不确定性

最早由1901年美国学者威雷特提出,风险是对人们不愿意看到的事件发生的不确定性的客观体现。

2.风险是损失发生的可能性或不确定性

本观点是由美国经济学家奈特在其名著《风险,不确定性和利润》一书中提出的。

3.风险是指损失的大小和发生的可能性

朱淑珍(2002)认为,风险是指在一定条件下的和一定时机内,由于各种结果发生的不确定性而导致的行为主体遭受损失的大小,以及这种损失发生可能性的大小。

4.风险是由风险构成要素相互作用的结果

一般观点认为,风险因素、风险事件和风险结果是整个风险的基本构成要素,风险也是风险构成要素之间的相互作用的一种结果。

综上所述,一般认为风险是对目标实现产生不利影响的不确定性。一般理解,风险是相对于组织目标的实现具有负面的和消极的影响。

风险管理的概念:风险管理是一门研究风险发生的规律和控制的新兴的学科,是一门包含多种学科的综合类的管理理论体系。

风险管理就是经济单位通过对风险进行识别、衡量、分析,并在此基础上有效地处置风险,以求把风险导致的各种不利后果减少到最低程度,以最低成本实现最大安全保障的科学管理方法。

因此建立良好的风险管理体系,就可以在实际的经济工作管理过程中将损失降至最低,从而进一步提高整个系统的运行质量和效率。

将风险管理运用于税收征管,在我国的起步是比较晚的。但是随着近几年的税收风险管理的逐渐加强,我们在税收风险管理的研究和探索过程中也积累了一定的经验,并且将税收风险管理成果运用到税收征管中,也取得了一定的成绩。那么税收风险到底是什么呢?

广义的税收风险是指税收在实现其职能过程中,由于税制体制方面的缺陷或经济环境和纳税环境的不确定性或征纳双方种种不可预知的控制因素所引起的税源状况的恶化,税收调节功能的减弱,税收增长乏力,应征税款流失,最终导致税收职能与行使预期、行使结果不一致的可能性。

OECD(经济合作与发展组织)将税收风险定义为税收遵从风险,这也是狭义的税收风险的概念。主要是指在税收征管中,对提高纳税遵从目标实现产生负面影响的可能性。主要表现为税收流失的不确定性或预期应收尽收结果与实际征收结果的偏离。

税收风险的特征主要有客观性、差异性、可控性、复杂性、关联性。由于税收征管过程的复杂性，税收风险既具有一般属性，同时也具有特有的行业属性。

税收风险的分类主要有以下两种。

1. 按照纳税义务分类：OECD 2004 年指导性文件指出，纳税人有 4 项基本义务，包括税务登记、税务申报、信息提供、税款缴纳。可分类为登记风险、申报风险、信息风险、纳税风险。

2. 按照税收风险内容进行分类有收入损失风险、行政责任风险、刑事责任风险、失去资格风险和失去声誉风险。

2009 年 6 月全国税收征管和科技工作会议上首次对税收风险管理进行了定义：主要是指税务机关通过先进的管理和技术手段，预测识别评估税收风险，根据不同的税收风险，制定不同的管理战略，并通过合理的服务管理措施，规避或防范税收风险，以提高税法遵从度和税收征收率。

通过该定义我们可以看出：首先，信息管税是整个税收风险管理的技术手段和技术支撑。通过对税收数据的采集、分析、对比、利用，从而建立、健全指标体系，推动税源管理体系建设，进一步提高税法遵从度。其次，识别风险是税收风险管理的关键。通过有效的识别方法，利用先进的信息化手段，对税收风险事项进行逐步的分析，精确预测识别各类风险。最后，税收风险管理是实施专业化管理的“钥匙”。《国家税务总局关于开展税源专业化管理试点工作的指导意见》（国税发〔2010〕101 号）明确指出税收风险管理要贯穿税源专业化管理的全过程。按照分析识别、等级排序、应对处理、绩效考评设计税收风险管理流程，建立风险预警指标体系和评估模型及风险特征库。根据不同纳税人的不同风险，采取纳税辅导、风险提示、纳税评估、税务稽查等风险应对措施，进一步提高税收遵从度。这也为大企业税收风险管理打下了坚实的基础。

1.1.2 税收大数据的相关概念及概述

通过税收风险管理的概念我们可以看出，税收数据对于税收风险管理起到了至关重要的作用，也是信息管税的重要抓手，还是实现税收现代化的重要手段。

大数据主要是指数据规模大，数据结构复杂，非结构化特征比较明显，难以进行数据挖掘和利用的数据集。

根据大数据定义我们可以看出，税收大数据是十分庞大、结构复杂、非结构化特征比较明显的数据集合，同时税收大数据也必须经过相当复杂的数据挖掘，才能够进行合理的利用。

税收大数据也具有大数据的特征：非结构性、不完备性、时效性、安全性、可靠性。

同时还满足五个主要技术特点，即 5V。VOLUME（大体量）：即可从数百 TB 到数十数百 PB，甚至 EB 规模。VARIETY（多样性）：即大数据包括各种格式和形态的数据。VELOCITY（时效性）：即很多大数据需要在一定的时间限度下得到及时处理。VERACITY（准确性）：即处理的结果要保证一定的准确性。VALUE（大价值）：即大数据包含很多深度的价值，大数据分析挖掘和利用带来巨大的商业价值。

到目前为止，税收大数据的获取主要有以下来源。

（1）金税三期及其相关系统的核心税收征管数据，也称为第一方数据。

（2）企业掌握的核心数据，比如财务数据、统计数据等，也称为第二方数据。

（3）从政府部门、金融机构、民间机构组织、互联网等获得的经济数据，也称为第三方数据。这也是税收大数据重点突破的方向。随着金税四期的到来，这也是以后税收数据获取的主要来源。

1.1.3　指标模型的相关概念、特征、基本方法

1. 指标的定义

从统计学角度而言，指标主要是指总体说明数量特征的事项。税收指标主要是根据税收事项的特征进行数量说明的具体事项。税收风险指标是指对税收风险事项的特征数值化的具体事项。比如，行业毛利率主要是指毛利与收入或者成本的比值，说明该行业毛利水平的高低，用于衡量收入与成本、毛利的关系，从而确定是否存在隐匿收入、虚列成本的税收风险的出现。

2. 指标模型是对一系列事项的特征进行数值描述

税收风险指标模型主要是对税收风险事项特征进行的数值化的描述。

伴随着经济的发展，税收征管矛盾日益显现。由于企业产品的应用范围广，销售对象复杂，特别是销售给各地专业市场的经销商和个体私营企业，存在着购货方不需要发票和现金交易频繁的情况，因此，也使部分纳税人存在不开票、不申报；在货款不能及时结清时，销售方为使货款及时到账，往往在货款未收齐前不开发票、不申报销售收入，造成推迟开具发票、推迟申报销售收入的情况。通过实地调研，建立一套完善的指标体系，对行业税收监控有着良好的促进作用。

3. 税收风险管理模型的基本类别

纳税评估模型可分为单个指标模型和多个指标模型两类。

（1）单个指标模型：如果评价对象含有一个或多个技术评价指标，且其中某一个技术指标起主导作用，假设其他指标保持不变，则可以通过对主要技术指标的评价，以获

得评价对象的结论或对评价对象作出最佳选择。

单个指标模型，指标单一，简单易行，但是不可避免会出现评价的片面性，单一的指标也不能全面反映企业的综合涉税风险。

(2)多个指标模型：利用数学方法(包括数理统计方法)对一个复杂系统的多个指标信息进行加工和提炼，以求得其优劣等级。其基本思想是将多个指标转化为一个能够反映综合情况的指标来进行评价。

与单个指标模型相比，多个指标模型具有如下特点：

(1)评价过程不是逐个指标顺次完成的，而是通过一些特殊方法将多个指标的评价同时完成的；

(2)在评价过程中，一般要根据指标的重要性进行加权处理；

(3)评价结果不再是具有具体含义的统计指标，而是以指数或分值表示参评单位“综合状况”的排序。

1.1.4　税收风险事项的概念、概述

在这里具体说明一下风险事项的概念，因为风险事项充斥在经济运行过程的各个环节当中，风险事项是经济运行过程中可能会出现的对各种目标实现产生不利影响的不确定性、对组织目标的实现具有负面和消极影响的总和。

顾名思义，税收风险事项就是对税收影响的不确定性或者造成税收遵从不确定性的总和。

税收风险事项按税收征管运行情况分为税收政策风险事项、税收征管风险事项和税收执法风险事项；按照税种分为增值税风险事项、所得税风险事项、财行税风险事项、资环税风险事项等。

从分类可以看出税收风险事项类型较多、事项的环节较多、税种之间的钩稽关系复杂，因此税收风险事项的复杂性导致了税收风险管理的复杂和管控难度的加大，也会为模型构建和风险识别、实地应对等事项带来后续处理和管理的难度，这也是现代大企业税收风险管理的痛点，本书在下文将逐步论述如何解决税收风险管理的难点。

1.1.5　税收风险分析识别和等级排序

1.1.5.1　税收风险分析识别概述

税收风险管理不是一个新的概念，它是风险管理科学在税收管理中的具体应用，在

西方发达国家已经有了较为成熟的理论体系和丰富的实践经验，我国部分地区税务部门也有对风险管理的初步探索。早在 2006 年，欧盟委员会就组织德国、意大利、英国、瑞典等国的专家成立财政风险分析项目小组，编写了《税收风险管理指南》，把税收风险管理的流程划分为风险识别、风险分析、风险优先级别的确定、风险应对、风险管理效能分析五个环节。作为风险管理流程的第一个环节，风险识别环节要确定税务机关面临的所有可能的风险来源，以及这些风险对税务部门组织收入目标的危害程度。也就是说，在这个环节里要为税收管理的决策层提供一个各种潜在风险的列表，告诉决策层问题可能会出在哪里。风险识别环节得到的风险列表是下一环节分析的基础。如果在这个环节某项税收风险未能识别出来，税务部门就不可能对该项风险进行应对，可见税收风险识别环节至关重要。

在税收管理中，税收风险通常是指税收流失发生的可能性。税收风险识别的过程就是运用定性与定量的方法对所收集的资料进行分析，解决税收风险的概率和税收流失的严重程度等问题。根据这个定义，对税收风险的度量有两个指标可以使用：(1)估测税收风险发生的概率；(2)对税收风险发生可能造成的税收流失的多少进行定量的分析和估算。通过估测税收风险发生的概率，可以使税收风险管理人员能够了解某种风险的危害；通过估算税收流失，可以使税收风险管理人员了解到税收风险所带来的损失后果，进而可以集中力量应对税收流失较多的风险。

1.1.5.2　税收风险分析识别

一、税收风险分析的概念

在确定分析对象后，就进入了分析环节，这个环节是整个税收风险分析工作中最关键也是最复杂的一个环节。

税收风险分析又称疑点问题分析或案头分析，它是指税收风险分析人员根据税收风险分析对象的异常涉税信息，选择运用相应的税收风险分析方法，分析推测纳税人的具体涉税疑点或估测其实际纳税能力，并据此明确有关核实内容和方式的过程。

税收风险分析一般以税收风险分析对象当年或当期申报情况为主，根据工作需要，也可以对以往年度未经稽查的情况一并进行税收风险分析。

二、税收风险分析标准

税收风险分析人员应根据税收风险分析对象的不同类型，选择运用针对性强的税收风险分析方法进行税收风险分析，并对存在的疑点提出税收风险分析建议。

(一)税收风险分析质量与时间标准

税收风险分析人员在进行税收风险分析时，应做到全面分析、方法适当、判断准确、分析及时、文书规范。

1.全面分析

税收风险分析人员对被确定的税收风险分析对象的异常涉税信息，逐一逐项分析，不得缺项、漏项。如增值税一般纳税人异常涉税信息为增值税税负异常、存货异常和物耗异常，税收风险分析人员必须对三个异常指标进行具体分析，确定疑点问题，不能只分析其中一个异常指标而不分析其他两项指标。

2.方法适当

税收风险分析人员对被确定的税收风险分析对象的不同涉税异常信息，选择适当的税收风险分析方法，分析推测具体疑点问题。如增值税一般纳税人税负异常，应选择因素分析法进行税收风险分析，既要分析商品销售价格变化引起销项税额的变化，又要分析原材料购进价格变化引起进项税额的变化；既要分析存货增减变化对税负的影响，又要分析单位物耗变化对税负的影响。又如某企业收入、成本、费用异常，应采用比较分析法、动态分析法、配比分析法进行税收风险分析；对企业投入产出率进行分析时，常用控制分析法（能耗测算法、物耗测算法）测算出企业的实际生产能力，与其纳税人的申报情况进行比对分析等。

3.判断准确

税收风险分析人员选择适当的方法，对被确认对象的涉税异常信息进行分析、对比，准确判断其具体疑点问题所在，避免因适用分析方法不当而导致分析失误，增加工作量。

如某公司为增值税一般纳税人，税收风险分析期应税销售额100万元，应缴纳增值税5万元，税负5%，上年同期税负7%，税负变动率－40%，被确定为税收风险分析对象。税收风险分析人员通过销售价格、购进价格等因素分析，发现均对税负没有影响；继而通过对存货增长变动分析，发现其税负变动率是存货增长所致，疑点问题能够消除。如果只通过对价格因素对税负影响分析，可能造成分析结果错误，无法消除疑点问题，继而进入税务约谈阶段，增加工作量。

4.分析及时

税收风险分析人员接受税收风险分析任务后，应全面收集被确定对象的相关数据信息，及时进行税收风险分析，对涉税异常信息作出判断，推测其具体疑点问题或者实际纳税能力。《税收风险分析项目建议书》传递之后，具体要求多长时间完成税收风险分析工作，由各地税务机关结合本地实际情况确定。

5.文书规范

在制作各类文书时，要正确适用文书种类，各类文书要素齐全，引用法律法规正确。

（二）税收风险分析指标标准（或预警参数值）

税收风险分析指标参数，又称税收风险分析预警值。税收风险分析预警值是指具有预示、提醒作用的警戒值，即正常变动范围的边界值，具有上限和下限。税收风险分析预警值由各地税务机关根据实际情况自行确定。在税收风险分析预警值测算时，税务机关通常根据宏观税收分析、行业税负监控、纳税人生产经营和财务会计核算情况以及内部外部相关数据信息，运用概率、统计等数学方法测算出算术平均数、加权平均数及其合理变动范围。此外，还应综合考虑地区、规模、类型、产品(商品)结构、经营生产、经营季节、税种等因素，考虑同行业、同规模、同类型纳税人各类相关指标的若干年的平均水平，以使税收风险分析预警值更加真实、准确和具有可比性。

三、税收风险分析方法

(一)税收风险分析方法分类

税收风险分析是税务机关对纳税人纳税申报的合法性、合理性进行分析和判断，并据此采取进一步管理与服务措施的行政管理行为。而税收风险分析是对纳税人涉税异常信息进行分析推测，确定其涉税疑点问题和实际纳税能力。因此，财务分析方法、统计分析方法、数据分析方法等常应用于税收风险分析之中。税收风险分析方法种类较多，通常分类如下。

1.按照税收风险分析手段，分为计算机分析法、人工分析法、人机结合分析法

(1)计算机分析法。计算机分析法就是由计算机根据事先设定的税收风险分析指标，对税收风险分析对象的纳税申报和财务会计信息进行分析判断的方法。这种方法的优点是效率较高，涉及的人为因素较少，广泛用于税收风险分析。在税收风险分析实践中，各地税务机关通过自行开发税收风险分析软件来完成税收风险分析，有的与税收风险分析对象确定同步进行。如设置相应税收风险分析指标及参数值，包括增值税税负变动率和差异率、收入和成本变动率、物(能)耗定额和物(能)耗差异率等，通过计算机运行后筛选税收风险分析对象，并提示涉税异常信息，指示税收风险分析人员下一步的工作方向。

(2)人工分析法。人工分析法就是由税收风险分析实施岗对税收风险分析对象纳税申报和财务会计信息进行分析判断的方法。这种方法耗时多，工作量大，多用于对非普遍性、非规律性、个别纳税申报疑点的分析判断。

(3)人机结合分析法。人机结合分析法就是先由计算机根据事先设定的税收风险分析指标筛选出税收风险分析对象的涉税疑点，在此基础上再由人工进一步分析判断。在税收风险分析实践中，这种方法最为常用。

2.按照数据信息处理方式，分为核对法、分析法

(1)核对法即税收风险分析人员根据掌握的各种数据信息，对纳税人的纳税申报情况进行核对。核对法主要是对不同来源渠道的数据信息进行简单的比对。常用的方法

有申报与鉴定信息核对、申报与发票信息核对、未申报核对、零申报核对、申报计算核对、与相关税种核对、与外部信息核对等类型。

(2)分析法即税收风险分析人员根据掌握的有关联的种类指标之间的逻辑关系,对纳税人的纳税申报情况进行计算分析。分析法是对不同来源渠道的数据信息的逻辑关系进行计算分析。常用的分析指标有综合相关比较、本期与上期比较、本期与上年同期比较、本期与行业平均比较等类型。

3.按照分析指标参照对象,分为横向分析法、纵向分析法、差异分析法

(1)横向分析法就是税收风险分析人员利用已掌握的纳税人的纳税申报和财务指标通过人工或者计算机与同行业的纳税申报和财务指标平均值进行比较,找出偏离平均值的一种方法。

(2)纵向分析法就是税收风险分析人员将税收风险分析对象的分析期的纳税申报和财务指标作为报告期指标,将该纳税人历史年度的同期指标作为基期指标进行对比,求出变化率,通过计算机找出偏离平均变化率的一种方法。

(3)差异分析法就是税收风险分析人员将税收风险分析对象分析期的纳税申报和财务指标,与确定税收风险分析预警指标进行比较,揭示税收风险分析对象的实际指标偏离预警指标的程度的一种方法。

4.按比较分析的方式不同,可分为比较分析法、结构百分比分析法、比率分析法、合理性分析法等

(1)比较分析法是指将连续数月报表中的相同指标或比率数据进行对比,分析其增减、变化情况。

(2)结构百分比分析法是指测算各组成部分占总体的比重,分析构成内容的变化和发展趋势。

(3)比率分析法是指对同一期财务报表上的若干不同项目之间的相关数据进行比较、分析。

(4)合理性分析法是指将有关数据与企业历史数据、同行业或类似行业水平进行比较,以分析其合理性,初步确定纳税人申报纳税和扣缴义务人扣缴税款中存在的问题。

比较分析、结构百分比分析、比率分析主要是定量分析,合理性分析主要是定性分析。

5.按比较分析的对象不同,可分为关联交易分析法、批件校对分析法、关键物件测算法、以进推销测算法、单位产品耗能测算法等

(1)关联交易分析法主要用于分析融通、拆借资金等情况。

(2)批件校对分析法主要用于分析税收减免情况。

(3)关键物件测算法主要用于分析成本情况。

(4)以进推销测算法主要用于分析销售收入情况。

(5)单位产品耗能测算法主要用于分析产量、收入情况。

以上这些方法在税收风险分析过程中既可单独使用,也可几种方法一起使用,在具体的税收风险分析中,应根据分析对象的不同特点,有针对性地选择分析方法,以增加风险分析的准确性。

(二)常用税收风险分析方法的选择应用

税收风险分析方法在实际应用中,应根据税收风险分析对象的涉税异常信息、纳税人经营规模、所涉税种等因素进行选择应用。

1.按企业类型选择应用

(1)共同适用的方法:大企业、中小企业共同适用的税收风险分析方法有比率分析法、综合分析法、趋势分析法、配比分析法、结构分析法、批件分析法。

(2)个别适用方法:大企业适用关联分析法;中小企业适用控制分析法、追踪分析法;定期定额户适用控制分析法。

2.按涉及税种选择应用

(1)共同适用的方法:增值税、消费税、企业所得税共同适用的方法有控制分析法、比率分析法、比较分析法、趋势分析法、配比分析法、结构分析法、关联分析法、综合分析法。

(2)个别适用的方法:增值税适用追踪分析法;企业所得税适用批件分析法。

(三)应用税收风险分析方法需要注意的事项

在应用上述方法进行税收风险分析时,需要注意其适用条件。

要保持相互联系的两个指标的可比性。如应用动态风险分析法进行差异分析时,应当充分考虑差异产生的原因,有没有纳税人自身主观原因或市场因素引起的客观原因。

要正确选择作为税收风险分析的相对指标和对比基数,对分析指标要进行科学分组,并在此基础上运用对比分析指标进行税收风险分析。

在对税收问题分析对比时,要把相对指标和绝对指标、总量指标和个体指标等结合起来综合分析。

在进行税收风险分析时,还需要注意特殊情形,如应用控制分析法时,以电费推算用电量,从而在测算实际生产能力时,应扣除企业缴纳的基本电费。

在运用行业参考指标时,需要注意其自身情况的变动,以及社会经济发展等因素。

如水泥生产企业，假设2008年每吨水泥工资耗用80元，则2009年进行纳税分析时，需要考虑工资增加因素的影响，其每吨水泥工资耗用可能高于80元。

在进行税收风险分析时，还需要根据税收政策的变化调整有关参数值。如2009年全国实行统一的消费型增值税，部分矿产品恢复原税率、降低小规模纳税人征收率，在进行税收风险分析时，需要充分考虑税收政策变化的因素，调整相关参数值和变动率，如进项税额变动率。

四、税收风险分析工作流程图

本岗位分析人员应根据税收风险分析对象的不同类型，选择运用针对性强的税收风险分析方法进行税收风险分析，并对疑点核实方式提出建议。其基本流程如下图所示。

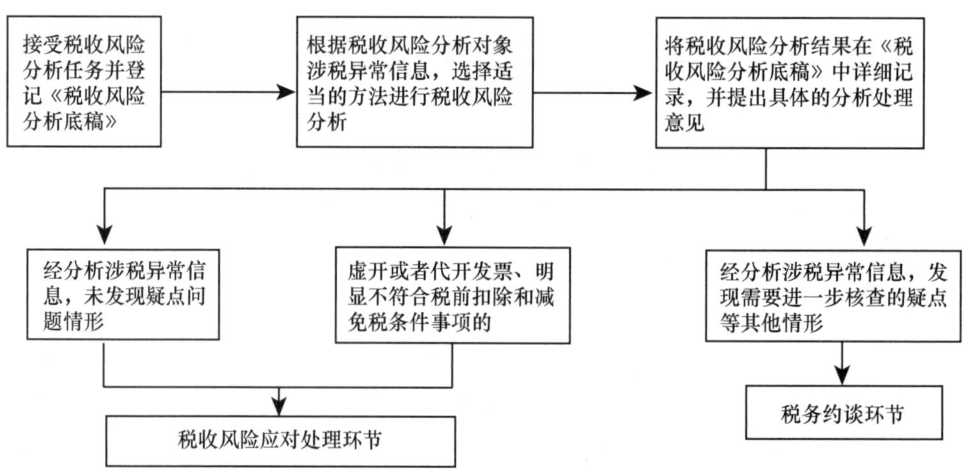

1.1.5.3 税收风险等级排序

一、等级打分指标概述

（一）指标选取原则

一是风险指向的准确性。对涉税风险问题指向性强，能够准确发现纳税人主要涉税问题。二是行业适用的普遍性。模型应用的指标具有较强的通用性，能够适用于不同行业、不同税种中大部分企业的风险评估。三是信息采集的可行性。指标需要的涉税信息采集渠道具有可行性，信息来源可靠、准确。四是指标理解的实用性。选用的指标具有通俗易懂、一目了然的实用性，便于基层税收风险人员学习、掌握和操作。

（二）指标分类

按指标作用可分为基本指标和修正指标。基本指标反映纳税人一定期间纳税遵从的主要方面，并得出纳税人纳税遵从定量评价的基本结果；修正指标是根据基本指标的差异性和互补性，对基本指标的评价结果作进一步的补充和矫正。

按指标类别可分为税收负担状况、申报合法状况、纳税能力状况、生产经营状况、财务管理状况五大类。

税收负担状况是指纳税人应履行纳税义务而承受的一种经济负担的状况。税收是强制的、固定的、无偿的，是国家对纳税人所占有的社会商品或价值的无偿征收，因而，对纳税人来说，必然存在一个税收负担多少的问题。从税收本质来看，我国的税收是“取之于民，用之于民”，征纳双方虽不存在根本的矛盾对立，但在实际工作中，逃税等现象仍是大量存在的，因此，必须予以高度重视。揭示税收负担状况的基本指标有税收贡献弹性系数和总体税负率，修正指标有电力消费量变动率和营业毛利率变动率。

申报合法状况是指纳税人应履行的纳税义务是否按税法规定进行纳税申报的状况。在实际工作中，征纳双方存在许多税会差异，如纳税义务发生的时间，关联交易的转让定价，其他特别纳税调整的事项等，因此，纳税人普遍存在着有意无意间的不及时申报纳税情况。揭示申报合法状况的基本指标有税会报表营业收入比和留存收益变量差异率，修正指标有预收账款变动率和资本公积变动率。

纳税能力状况是指纳税人实际缴纳税款和承受税收负担能力的状况。纳税能力估算是近年来才发展起来的一项旨在量化税收与经济关系的分析方法，它通过较为准确地量化纳税人潜在的税源规模，使用征收率来衡量纳税人的税收实际情况，并为进一步加强税源管理提供量化依据。揭示纳税能力状况的基本指标有资本保值率和企业增加值变动率，修正指标有未分配利润变动率和资产变动率。

生产经营状况是指纳税人的产品在商品市场上进行生产、销售、服务的发展现状。生产经营，包括资产规模（资产总计）、主营业务、市场区域、近几年平均销售收入、盈利或亏损等，生产经营指标的变动对税收收入影响很大，因此，在日常税源管理中，关注纳税人的生产经营状况显得非常重要。揭示生产经营状况的基本指标有主营业务收入变动率、成本费用变动率与营业收入变动率配比，修正指标有劳动生产率变动率和工资薪金变动率。

财务管理状况是指纳税人根据财经法规制度，按照财务管理的原则，组织企业财务活动，处理财务关系的一项经济管理工作状况。在实际工作中，财务管理最重要的指标，一是企业的应收账款，二是企业的存货。而这两个指标直接影响到税款的及时入库，考虑到通用指标模型涉及不同行业和不同税种，因此，我们认为揭示财务管理状况的基本指标有其他往来账款变动率和应收账款周转率，修正指标有财务费用变动率和应收账款变动率。

（三）指标参数

参数，也叫参变量。我们在研究某个问题时，关心某几个变量的变化以及它们之间的相互关系，其中有一个或一些叫自变量，另一个或另一些叫因变量。如果我们引入一个或一些另外的变量来描述自变量与因变量的变化，引入的变量本来并不是当前问题必须研究的变量，我们把这样的变量叫作参变量或参数。对指定某个应用而言，它可以是赋予的常数值；在泛指时，它可以是一种变量，用来控制随其变化而变化的其他的量。具体到我们的指标计分，就是公式中“a”和“b”的设定。

在指标参数的确定上，着重考虑两个方面。

(1)按照三折线无量纲化方法，要使尽量多的指标值介于 a，b 之间，也就是说在(a,b)的置信区间中，其指标值在此区间的概率应尽量高，如此才能使标准化后的指标保留原指标的特性。

(2)企业的实际情况。我们可以参考上市公司的公开数据、行业协会的数据、企业调查取得的数据、业内专家掌握的数据以及系统内样本企业数据设置参数，使得标准化后的指标具有很好的可比性，能达到我们风险分析的目的。

（四）指标计分

指标计分实际上就是对指标的标准化。由于各指标所侧重的方面不同，各指标的量纲也会不同，因此在指标计分时存在着比较上的差异，这种差异影响到模型评价的整体效果。指标的无量纲化处理是解决这一问题的主要手段。无量纲化，也称作数据的标准化、规格化，是一种通过数学变换来消除原始变量量纲影响的方法。

（五）指标权重

指标权重的确定方法很多。根据计算权重时原始数据来源以及计算过程的不同，这些方法大致可分为三大类：主观赋权法、客观赋权法和主客观综合赋权法。

主观赋权法采取定性的方法，由专家根据经验进行主观判断而得到权数，然后再对指标进行综合评估。如专家调查法（Delphi 法）、层次分析法、模糊分析法、二项系数法、最小平方法、序关系分析法等。该类方法的主要缺点是主观随意性大，选取的专家不同，得出的权重系数也不同，并且不能采取诸如增加专家数量、仔细选专家等措施而得到根本改善。其优点是专家可以根据实际问题，较为合理地确定各指标之间的排序。

客观赋权法则根据历史数据研究指标之间的相关关系或指标与评估结果的关系来进行综合评估。主要有最大熵权技术法、主成分分析法、多目标规划法、拉开档次法、均方差法、变异系数法等。常用的客观赋权法的原始数据来源于评价矩阵的实际数据，使权重系数具有绝对的客观性。但是没有考虑到决策者的主观意愿且计算方法大都比较烦琐。在实际情况中，依据上述原理确定的权重系数，最重要的指标不一定具有最大的权重系数，最不重要的指标可能具有最大的权重系数，得出的结果会与各属性的实际重要程度相悖，难以给出明确的解释。

主客观综合赋权法是集成了主观赋权法和客观赋权法的一种综合方法，其同时具有主观赋权法和客观赋权法的优点和缺点。目前研究时间比较短暂，还很不完善。

（六）模型计分

模型计分有直接计算法和间接计算法两种方法。

直接计算法是采用具体指标相对于总目标的权重来计算企业风险指数的方法，其计算公式为：

$$y=\sum_{i=1}^{n} y_i w_i \quad (i=1,2,\cdots,n)$$

其中，y_i 为各具体评价指标标准化值；w_i 为各指标值相对企业总风险的比重。

间接计算法是采用每层次指标相对于上层指标的权重来计算企业风险指数的方法，其计算公式为：

$$y=\sum_{i=1}^{n}(w_i \sum_{j=1}^{m}(y_{ij} w_{ij})) \quad \begin{matrix}(i=1,2,\cdots,n)\\(j=1,2,\cdots,m)\end{matrix}$$

其中，y_{ij} 为各具体评价指标的标准化值；w_{ij} 为各具体指标值相对类别指标的比重；w_i 为各类别指标相对于企业风险指数的比重；n 为类别指标数；m 为各类别指标的具体指标数。采用间接计算法，我们不仅可以得到企业风险指数，还可以得到每个类别的相对风险指数，并可以分析企业风险的具体影响因素，找出导致企业风险偏低或者偏高的关键因素。

（七）风险等级

企业风险可以划分为三类：高风险、较高风险、一般风险。高风险表示企业风险的高水平；较高风险表示企业风险的平均水平；而一般风险表示企业风险的较低水平。这样，需要把企业的风险指数划分为三个区间，与企业的风险相对应。根据指标的标准化方法可知，评价指标值的平均值应为 50，最高值为 100，最低值为 0。因此，可以定义三个区间为$[0,\underline{\theta}]$、$(\underline{\theta},\bar{\theta})$、$[\bar{\theta},100]$。

考虑到企业风险的应对资源的大小，50％的置信区间对应一般风险，35％的置信区间对应较高风险，15％的置信区间对应高风险。而统计规律和实践经验表明，建立的税收风险模型计算的企业风险指数一般呈现“中间多，两头少”的正态分布或者近似正态分布。因此，可以确定企业的风险指数对应可划分为[0,50]、(50,80)、[80,100]三个区间，每个区间分别对应从一般风险、较高风险到高风险等风险水平。

(八)风险诊断

风险诊断,是指在日常税源管理中,运用税收风险模型进行分析,发现企业可能存在的各种税收风险,进行归类总结,评价与判断,引导税务管理人员根据税务风险等级,进一步采取税收管理和税务检查行为。

二、风险等级排序后续任务下达

为满足不同税收风险管理需求,在风险管理与税源监控系统中将风险预警分为定期任务预警和专项任务预警两类。

将风险预警任务类别分为货物劳务税类、专用发票类、进出口税收类、企业所得税类、征收管理类、普通发票类、收入核算类、税务稽查类、大企业管理类、国际税务类十种。对增值税一般纳税人、增值税小规模企业、消费税企业、企业所得税查账征收纳税人分别设定风险管理指标,定期进行风险预警。

增值税一般纳税人、增值税小规模企业、消费税企业按季(一般为每年的1月、4月、7月、10月),企业所得税查账征收纳税人按年(汇算清缴结束后,一般为每年的7月)进行风险预警。对可能涉嫌虚开增值税专用发票的,由系统按月自动进行风险预警。根据风险管理指标计算结果及设定标准,由系统自动确定纳税人风险等级。风险等级由高到低分为红色、橙色、黄色、蓝色、绿色五级。同一纳税人涉及不同税种的,以其各税种中最高风险等级为该纳税人的风险等级。

税收风险相关部门在定期风险预警之外,可以根据日常风险管理实际需要,在风险管理中进行专项任务预警(不设定风险等级)。

系统自动将定期任务中的红色、橙色风险等级纳税人作为待下达风险任务,各地必须进行风险应对;将黄色、蓝色、绿色风险等级纳税人作为未下达风险任务,各地可以根据实际情况选择进行应对。

对可能涉嫌虚开增值税专用发票的,设定为红色风险等级并由系统自动推送至县局组织进行风险应对。

风险分析工作小组应在定期任务预警成功后的5个工作日内,根据风险管理实际情况,明确应对范围、任务要求、完成时限等事项,报经省局监控分析领导小组同意后,向地市局下达定期风险任务。

地市局监控分析工作小组应当在省局下达定期风险任务后的3个工作日内,根据本地风险管理实际情况,确定是否追加定期风险任务。报经本级监控分析领导小组同意后,向所属下级机关下达定期风险任务。

旗县局监控分析工作小组应当在地市局下达(或在接到系统自动推送的)定期风险任务后的2个工作日内,根据本地风险管理实际情况,确定是否追加定期风险任务。报经本级监控分析领导小组同意后，向所属风险应对部门下达定期风险任务。

风险应对部门应在接到定期风险任务后的2个工作日内，确定定期风险任务主核查人，并向其派发定期风险任务。

风险应对部门下达定期风险任务时，可以根据本地风险管理实际情况，追加定期风险任务。

监控分析工作小组应当根据风险管理需要，并报经本级监控分析领导小组同意后，分别采取属地、交叉、差别、分级应对等方式进行风险应对。

属地应对为由税源管理部门对其管辖范围内的纳税人实施风险应对。

交叉应对为由不同的风险管理部门对非其管辖范围内的纳税人实施风险应对，或是在同一风险管理部门内由不同人员对非其管理的纳税人实施风险应对。

差别应对为在一定范围内，由不同部门对不同风险级别的纳税人采取不同的措施进行风险应对。

分级应对为根据不同风险任务的任务属性、重要程度和涉及范围等，由不同级别的国税机关实施风险应对。

对风险程度较高纳税人，应当作为税务稽查选案的优先对象。通过税务稽查这种强制性较高的税源管理手段，积极打击和震慑纳税不遵从行为。专项风险任务下达流程，比照定期风险任务下达流程操作。

1.2　大企业税收风险管理国际、国内的现状

从分析中可以看出，大企业税收风险管理难度较大，下面我们从国际、国内看一下具体的做法。

1.2.1　大企业税收风险管理国际常见方法

一、国际上发达国家如美国等的常见方法

近年来，美国、澳大利亚等发达国家正在按照风险管理、遵从管理、分类管理的理念和思路，实施推进风险导向的新一轮现代化税务审计改革。所谓风险导向的税务审计，就是引入风险管理的理念和方法，对欧美国家税务部门已经实施数十年的税务审计工作流程、技术手段和工作机制进行改造升级。

美国国内收入局(IRS)的主要做法是：以风险管理为指引，以现代技术和工作机制

为支撑，以税务审计为落脚点，全面化解企业涉税风险，全面提升组织效能。在实施税务审计计划过程中，在信息技术和工作机制的支撑下，审计人员与各级管理人员保持着紧密的联系。在大企业税收管理部门，审计人员的工作能够得到总部分析研究部门、特定风险问题主管、高级技术主管、地区经理、团队经理等的指导和援助，审计人员发现的新情况和新线索也能够及时地反馈到纳税申报前管理和技术指导处，以便于研究识别新的涉税风险，实现自下而上的反馈流程。

1998 年 7 月，美国国会通过了《1998 年美国国内收入局重组与改革法案》。重组与改革后的 IRS 按照纳税人类别分设四个管理局：工薪和个人投资管理局、小型和自雇企业管理局、大中型企业管理局、免税组织和政府机构管理局。其组织机构如下图所示。

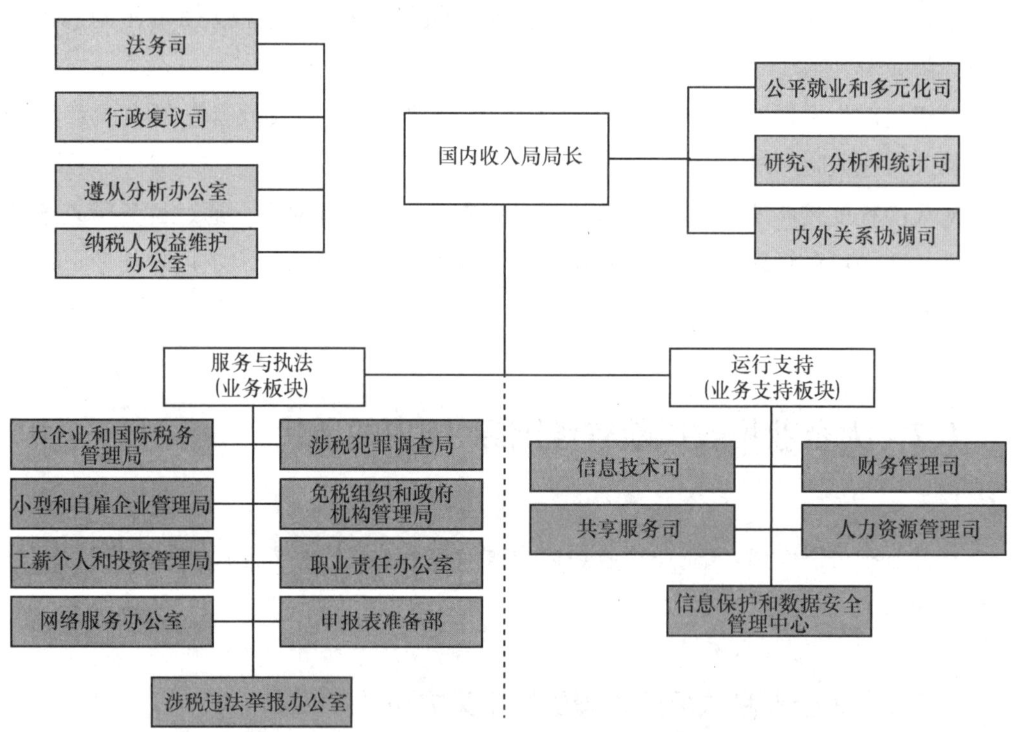

美国大企业和国际税务管理局（LB&I）目前有 6 240 人，占国内收入局总人数的 6.6%。其中：行政层面人数占总人数的 10%，其余 90%的人员都分布在管理一线各个地区办公室。直接从事税务审计的人员达 4 900 人，占总人数的 78.5%。

经过十多年的发展，大中型企业管理局逐渐演变为现今的大企业和国际税务管理局，下设执行部门和国际部门两大业务板块（分别由一位副局长主管）。前者设有金融服务，零售、食物、医药和保健，自然资源和建筑，通信、技术和媒体，重工业制造和交通

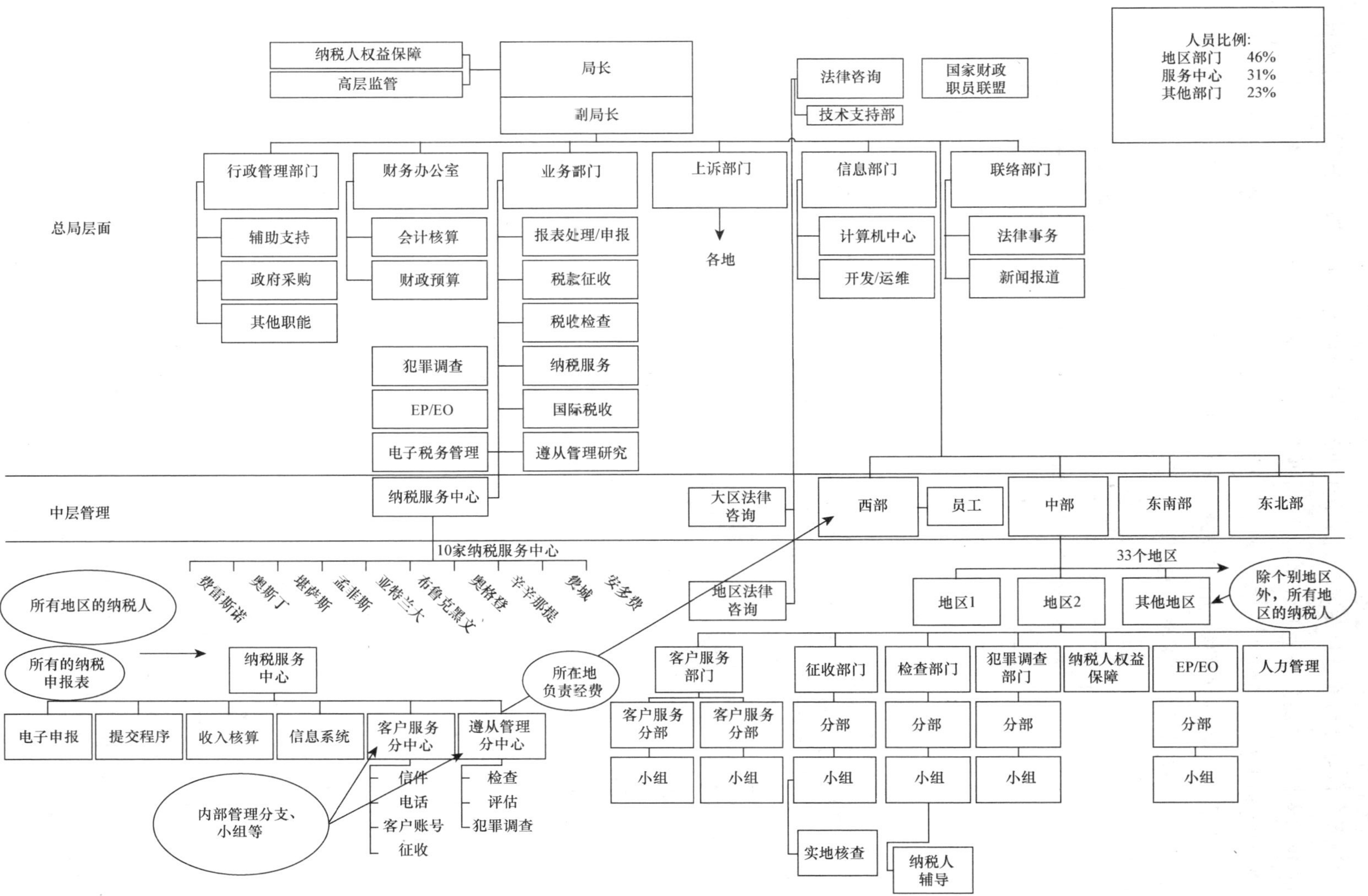
纳税人权益保障
高层监管
局长
副局长
法律咨询
技术支持部
国家财政职员联盟
人员比例:
地区部门 46%
服务中心 31%
其他部门 23%
总局层面
行政管理部门
辅助支持
政府采购
其他职能
财务办公室
会计核算
财政预算
犯罪调查
EP/EO
电子税务管理
业务部门
报表处理/申报
税款征收
税收检查
纳税服务
国际税收
遵从管理研究
上诉部门
各地
信息部门
计算机中心
开发/运维
联络部门
法律事务
新闻报道
中层管理
纳税服务中心
大区法律咨询
西部
员工
中部
东南部
东北部
10家纳税服务中心
费雷斯诺
奥斯丁
堪萨斯
孟菲斯
亚特兰大
布鲁克黑文
奥格登
辛辛那提
费城
安多费
所有地区的纳税人
所有的纳税申报表
纳税服务中心
电子申报
提交程序
收入核算
信息系统
客户服务分中心
信件
电话
客户账号
征收
遵从管理分中心
检查
评估
犯罪调查
内部管理分支、小组等
所在地负责经费
地区法律咨询
33个地区
地区1
地区2
其他地区
除个别地区外，所有地区的纳税人
客户服务部门
客户服务分部
小组
客户服务分部
小组
征收部门
分部
小组
实地核查
检查部门
分部
小组
纳税人辅导
犯罪调查部门
分部
小组
纳税人权益保障
EP/EO
分部
小组
人力管理

运输五个行业分局和一个专家支持分局(为各行业分局提供纳税服务与税收管理方面的技术支持),以及公平就业和多元化处,业务系统计划处,行政管理和财务处,计划、质量、分析和支持处,研究和工作量核定处,纳税申报前管理及技术指导处等六个处。国际部门设有国际税收遵从战略和政策处、税收协定执行和国际税收协调处、国际税收避税地信息联合中心。机构设置如下图所示。

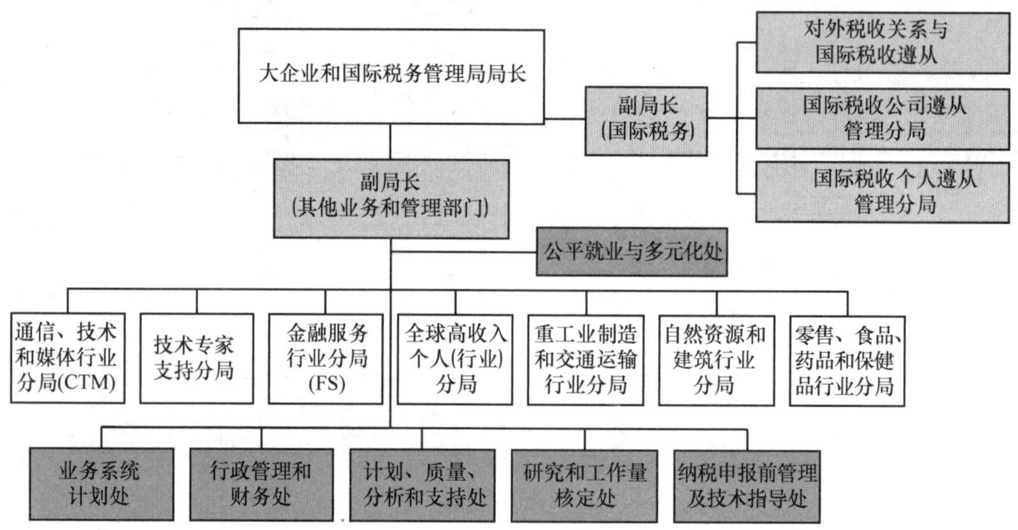

IRS职员通常有两大发展路径:一是向税务专家方向发展,成为全领域的税务专家或专注于税法特定领域或某一特定行业的税务专家;二是向高级行政级别(SES)方向发展,通常是在各级技术专业人士中择优选拔高级管理人员。IRS职员的起点级别通常是GS—5、GS—7或GS—9级,GS—5至GS—11级根据工作表现实行每年一次的免竞争晋升机会;GS—12级和GS—13级的岗位需要通过竞聘程序获得晋升。此外,IRS职员还具有做纳税人助理、承担演讲项目、临时派驻某工作组开展专题调研、充当新员工培训或其他培训项目培训师等职业发展机会。

IRS规定,达到GS—12级才可以从事大企业税收管理业务。美国大企业管理局一般都是GS—13级以上的税务专员,占总人数的75%以上。因此,进入大企业管理部门工作的人员一般都在47岁以上。大企业税务专员主要负责对个人及企业税务报表进行核查与审计,确定纳税人应缴纳的联邦税税额,确保纳税人依法履行义务并遵从美国税法提出的技术要求;参加针对美国最大型企业的税务审计工作。

美国大企业与国际税务局行业分局组织结构图(以金融服务业分局为例)如下图所示。

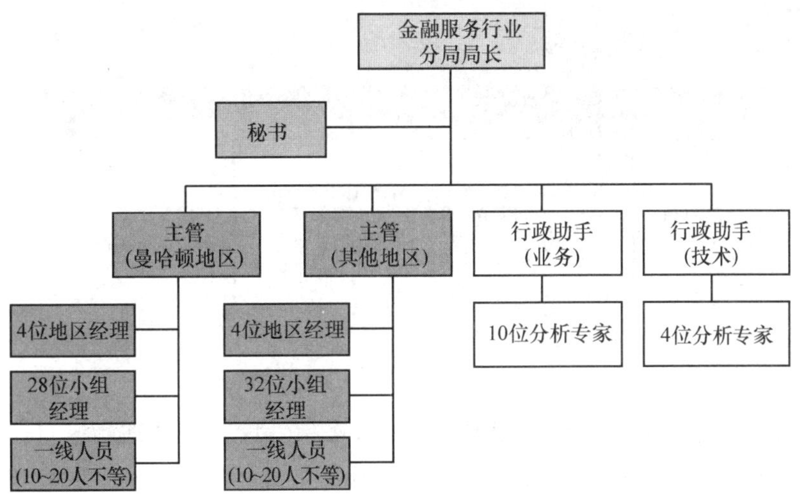

大企业和国际税务管理局拥有一大批重要专家，包括金融产品和金融交易检查员(FPTE)、国际检查员(IE)、雇佣税专家(ETS)、计算机审计专家(CAS)等，这些专家负责参与各类税收审计项目。还可以根据案件审理的特殊需要向社会聘请特殊领域的专家为审计工作提供帮助。

IRS 大企业风险导向的税务审计流程主要包括风险识别、风险评估定级、风险分析、制订和实施工作计划、知识共享和绩效评价等环节，这总体上是一个自上而下的工作流程，确保组织严密和工作有序。

(一)风险识别

IRS 在多年的税务审计工作中积累了一套基于判别分析方法的指标规则，这套评分规则通过判别分析系统(DAS)来实现。DAS 系统对所有大企业的纳税申报表进行评级打分，得分代表税务人员审计该申报表每单位时间产生的查补税数额高于基准值的可能性。DAS 系统基于数理统计的思路，只能反映申报表中存在风险问题的概率，无法有针对性地指出具体问题。IRS 大企业管理局开发了选案和工作量分配系统(SWC)，筛选申报表中存在的具体风险事项，并进行评估分析。IRS 大企业管理局设计了完善的工作机制，收集各层级大企业管理人员在税收服务和管理中发现的风险事项，由总部相关处室和行业分局的业务骨干联合研究设定筛选标准和指标，并加载到 SWC 系统。DAS 系统和 SWC 系统运行流程如下图所示。

(二)风险分析

IRS 大企业管理局在已结案的审计案例和行政诉讼案例的基础上，广泛听取行业专家、会计专家和法律专家的意见，根据需要适当采集相应信息，全面分析已经审计的风险事项，深入了解涉及该风险事项的商业环境、商业模式、企业治理结构、会计处理、税收政策等，全面分析产生该风险事项的成因。从 IRS 几十年的管理经验来看，导致税

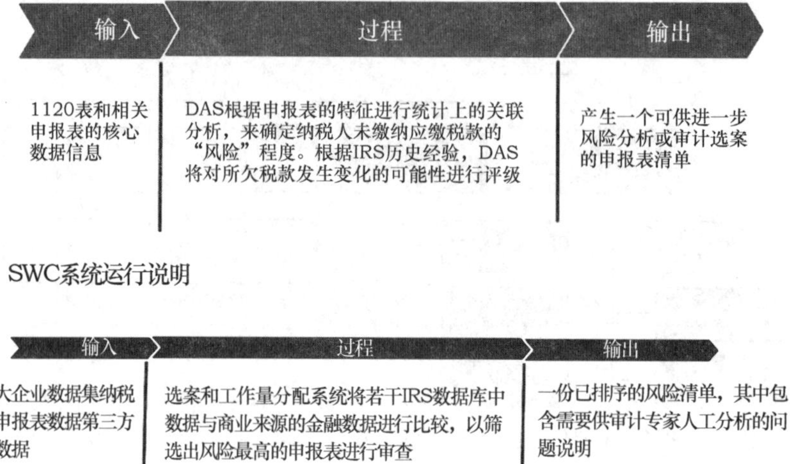

收风险的因素主要有税收政策的不确定性、企业税收筹划、税收专业机构的纳税咨询、复杂的商业模式、重大事项、恶意税收隐瞒等。同时，大企业管理局也通过增加税企透明度、事先遵从保证项目等手段掌握了一定的潜在风险事项，形成了一个清单。

大企业管理局将所有的风险事项分为战略性事项和非战略性事项，战略性事项又按风险程度分为三个级别。对于战略性事项，大企业管理局指定专门的风险主管，负责规划该风险事项的处理战略。风险处理战略的内容主要包括：风险事项描述及成因分析、确认风险的方法手段、法律法规具体解释、涉及该风险的纳税人范围及纳税额、风险应对策略分析、具体行动方案、绩效指标。对于非战略性事项，大企业管理局设立专门的处室，负责指标模式和筛选标准的设定，通过 DAS 或 SWC 系统对纳税申报表逐一自动扫描。

（三）风险评估

大企业管理局综合 DAS 评分、SWC 筛选问题、风险主管的风险处理战略等情况进行选案，同时，结合可用资源情况来制订年度工作计划。对于资产规模最大的 600 家企业，大企业管理局实施持续检查，资源予以重点保障。对于其他企业的纳税申报表，DAS 系统会自动评分，大企业管理局按规模进行分类，每类别保持一个适当的检查覆盖率。风险主管也会把具有特定风险事项的具体纳税人或纳税申报表列入处理战略，并提出所需的检查资源。大企业管理局的年度预算资源主要是编制规定人员的人头经费，在编制年度计划时折算为可用于审计的工作时间，以便于评估投入产出情况。大企业管理局的人力资源重点保障跨行业协调案件（CIC）、遵从保证程序案件（CAP）、涉及退税案件、风险主管的处理战略安排等，不多的人力资源用于 DAS 评分高的申报表，实现工作计划的检查覆盖率。大企业管理局通过案件盘存系统(LWIS)按照得分高低将纳税申报表推送给各行业分局。

(四)风险应对

IRS大企业管理局按照年度工作计划,向下分派工作任务,各行业分局具体开展审计检查工作。大企业管理局将所有案件分为跨行业协调案件和行业个案,跨行业协调案件由一个审计小组负责,行业个案分派给一个审计人员办理。确定为跨行业协调案件的因素包括:资产总额、收入总额、经营实体数量、跨行业经营状况、国外资产总量、关联交易总量、国外税收。审计小组或审计人员接到检查纳税申报表或案件的工作任务后,先要对推送的信息做初步的案头分析,以判断是否需要开展现场检查以及检查内容。审计小组或审计人员开展现场检查的流程主要是:制订审计计划、了解情况并制定需要纳税人提供信息的清单、约谈企业或下户了解情况、形成审计报告并反馈企业、提出意见建议。如果审计人员与纳税人就审计报告无法达成一致意见,将进入争端解决机制。审计团队或审计人员通过案件管理系统(IMS)来开展工作,包括获取案件信息、制订工作计划、提交审计报告等,实现过程管理和痕迹跟踪。具体流程如下图所示。

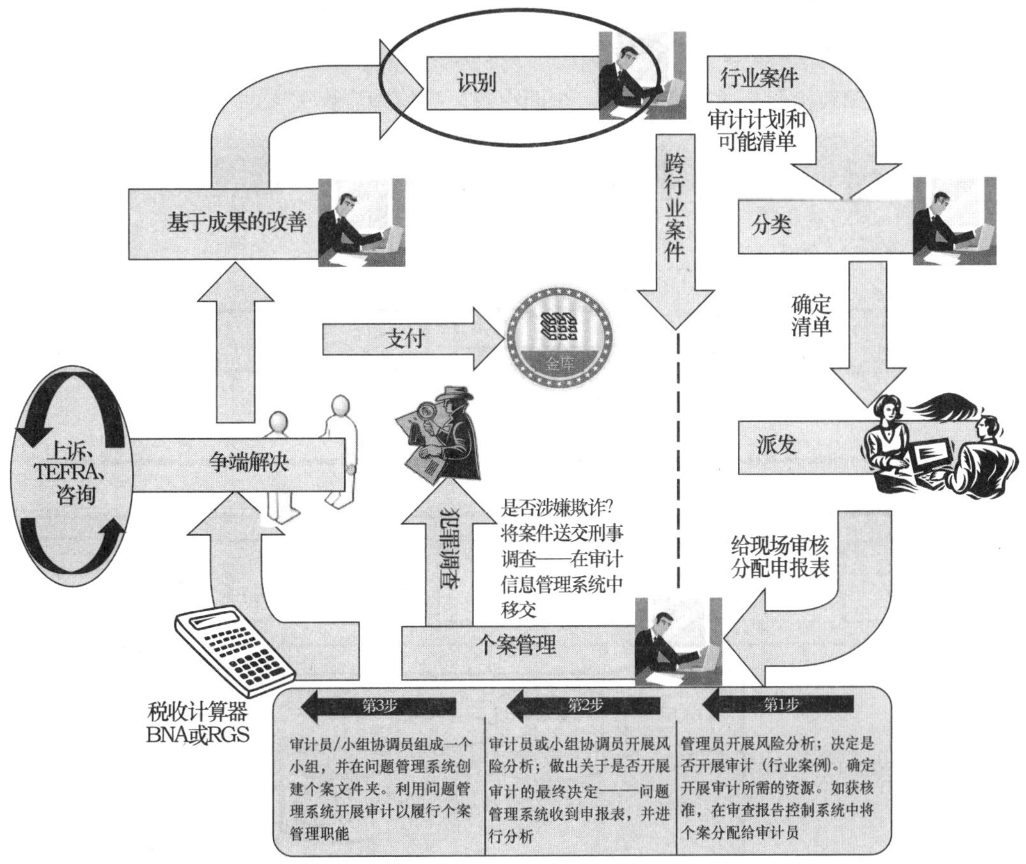

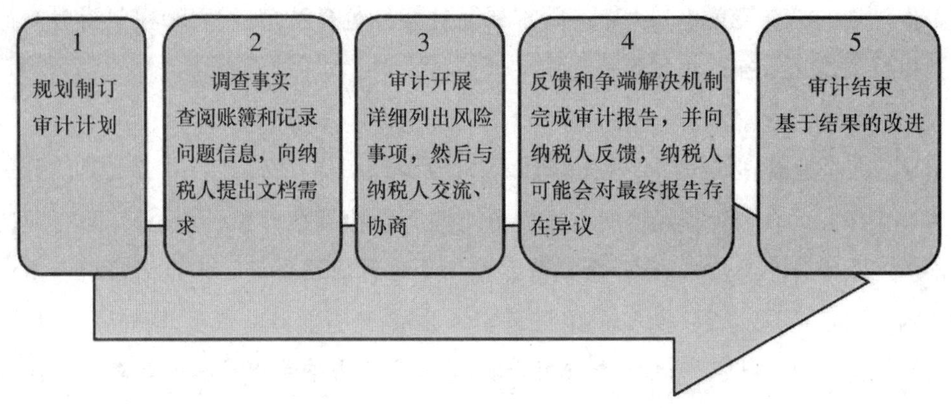

（五）反馈提高

IRS大企业管理局通过IMS系统中记录的审计工作文档，对审计质量进行跟踪审查，对DAS评分模型和SWC筛选标准的精准度进行分析和改进。IRS设计开发了基于问题的管理信息系统（IBMIS），对审计任务按时完成率、投入产出比、行政诉讼支持审计结论的程度、审计计划执行效率等进行统计分析，以改进审计计划、行业审计指南和具体技术细节。在宏观方面，IRS大企业管理局主要从客户满意度、员工满意度、业务成果三个方面进行绩效评价，其中，业务成果主要包括结案的审计案件数量、检查覆盖率、查补税额三个指标，还有一些细化的绩效指标。通过绩效指标，全面审查风险管理流程实施，提高风险管理水平。

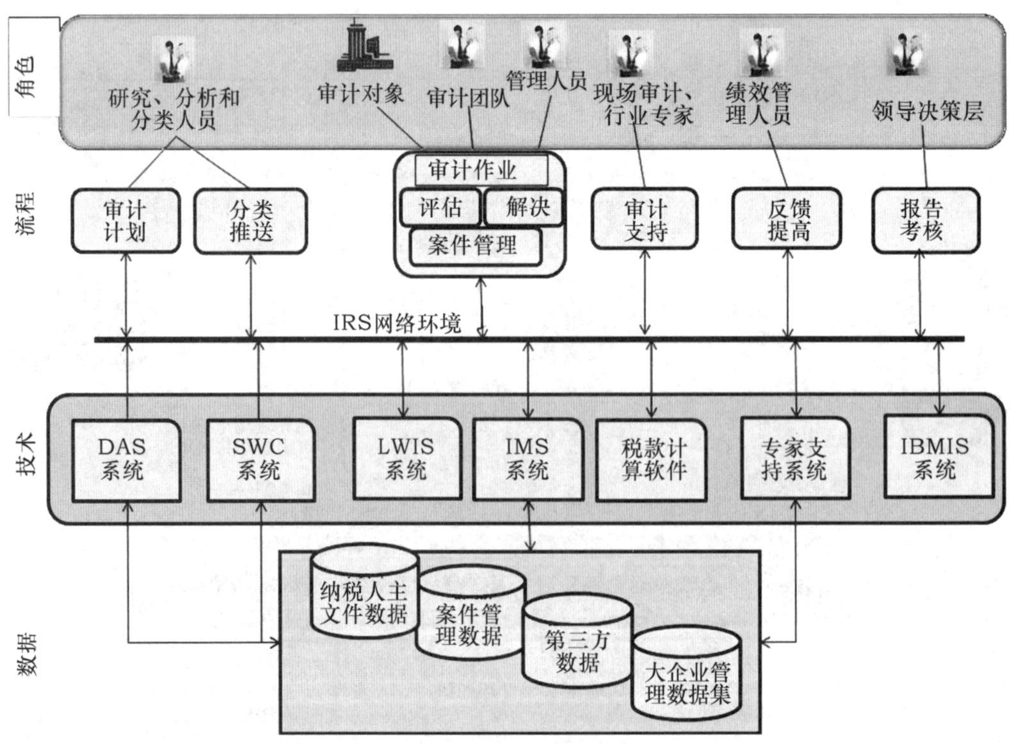

二、分析方法和平台工具

DAS系统和SWC系统中的指标模型和风险过滤器，由资深业务人员和熟悉数理统计的研发人员共同设计，大企业管理局专门设立研究和工作量核定处负责设计编制指标模型和风险过滤器；专门设立纳税申报前管理和技术指导处负责收集分析新发现的风险事项，并在条件成熟时提交研究和工作量核定处编制指标模型；各行业分局的资深业务人员以课题专家的身份加入指标模型和风险过滤器的设计中。指标模型和风险过滤器特别是预警区间值和权重，是IRS的核心机密，只有少部分具体参与人员了解情况。

对于指标模型和风险过滤器的选择，主要由资深业务人员根据经验知识来分析判断确定，如"已缴税额/收入总额""税会差异表M－3中(财务)账面－坏账损失税收抵免"等。对于这些指标的预警区间值和权重系数，就要由研发人员运用数理统计的方法，通过历史样本数据来测算，如"已缴税额/收入总额≥0.071和0.156，加100，否则加0"、"税会差异表M－3中(财务)账面－坏账损失税收抵免≥计税差别账面总额的15%，表明存在潜在的坏账问题"等。研究和工作量核定处还要应用历史审计案例来测试新设计的指标模型，在确保可用的基础上，报经遵从战略委员会同意后加载到DAS系统和SWC系统。IRS大企业管理局每年还会有一定量的随机抽样的审计工作计划，以验证完善指标模型和发现新的风险分析的方向。IRS大企业管理局常用的数理统计方法有参数法和非参数法。参数法包括线性回归分析、逻辑回归和判别分析，非参数法包括决策树、神经网络和聚类分析。

1.2.2　我国大企业管理发展情况及常见方法

我国大企业虽然发展较晚，但发展速度还是十分迅速的，尤其是2017年国家税务总局发布了《国家税务总局关于印发〈千户集团税收风险管理工作规程(试行)〉的通知》(税总发〔2017〕128号)，标志着我国大企业管理迈入新纪元。

1.我国大企业税收风险管理的历史进程

国家税务总局的大企业税收管理司于2008年成立，是中国税务系统大企业管理的里程碑，正式开启了大企业管理专业化道路，确立了风险管理的思路。2009年，第一次引入了企业风险自查方案，同时第一次借助专业税务审计软件对11家大企业进行了税务审计，并进行了工作总结，为以后的大企业管理专业化奠定了基础。

经过一段时间的运行，初步形成了大企业税收风险管理的工作方案，于2010年出版了《大企业税收风险管理指引》，2011年出版了《大企业税收服务和管理规程》，将大企业税收风险管理制度化、标准化，并成功地将风险管理与纳税服务相结合。2012 年，以中国石化集团为对象，第一次探索实施对一个行业的全流程税收风险管理工作，为以后的风险管理打下了坚实的基础。2011 年下半年，以中国烟草、工商银行和大唐集团三个集团为对象进行风险全流程应对。在 2012 年，对六户集团进行风险分析、应对。2015 年，对八户集团进行风险分析、应对。2015 年下半年，首次提出了千户集团的概念，同时进行税收风险分析、应对，并进行百户集团数据采集。2016 年，进一步提出了《深化大企业税收服务和管理改革方案》，提升了大企业管理的整体框架结构，并正式驶入了快车道。2018 年国、地税合并，第一次进行全税种、全流程的风险分析及应对。从 2019 年开始至今，逐步对千户集团及其成员单位和各个省、市的重点企业进行风险管理。2022 年 12 月金税四期的数字化发票上线运行，正式开启了大企业管理的新纪元，标志着大企业管理迈入人工智能时代，风险管理突破了时间和空间的约束，大数据风险管控与传统风险管控相结合，对税务人提出了更高的要求。

“梅花香自苦寒来，宝剑锋从磨砺出。”新一代的税务人求真务实、勇于突破、积极进取，将大企业风险管理提升到新高度。

2. 当前大企业税收风险管理的情况

2015 年 7 月 4 日，国务院制定发布了《关于积极推进“互联网＋”行动的指导意见》。2015 年 8 月 31 日，国务院制定发布了《促进大数据发展行动纲要》中提出：大数据成为推动经济转型发展的新动力；大数据成为重塑国家竞争优势的新机遇；大数据成为提升政府治理能力的新途径。同年 10 月，税务总局也相应发布了《“互联网＋税务”行动计划》。

2017 年 3 月，国家税务总局发布了《千户集团名册管理办法》(国家税务总局公告 2017 年第 7 号)，公告代替了《国家税务总局定点联系企业名册管理办法》(国家税务总局公告 2013 年第 18 号)，千户集团管理提上日常管理，首先是对大企业进行分类管理，对年度缴纳税额达到国家税务总局管理服务标准的企业集团划定为千户集团。其中，年度缴纳税额为集团总部及其境内外全部成员企业境内年度缴纳各项税收总额，不包括关税、船舶吨税以及企业代扣代缴的个人所得税，不扣减出口退税和财政部门办理的减免税。

为了了解、掌握一些企业的组织结构、基本财务等情况，加强相应的服务与管理，公告规定对全部中央企业、中央金融企业不论年度缴纳税额多少，均纳入千户集团范围。另外，公告还明确单一的法人企业，即，虽然不是企业集团，如果年度缴纳税额达到国家税务总局管理服务标准的，也可纳入千户集团范围。

千户集团名册由国家税务总局确定，按年度发布。

千户集团名册是开展大企业税收经济分析和风险分析的重要基础。加强千户集团名册管理，了解、掌握集团内部管理层级、资产关联关系、地区分布等情况，有助于税务机关明确服务管理范围，提高税收服务管理水平；有助于企业防范税收风险，提升纳税遵从水平。

根据《中华人民共和国税收征收管理法》有关规定，纳税人必须依照法律、行政法规规定或者税务机关依照法律、行政法规的规定确定的申报期限、申报内容如实办理纳税申报，报送纳税申报表、财务会计报表以及税务机关根据实际需要要求纳税人报送的其他纳税资料。根据《国家税务总局关于印发〈深化大企业税收服务与管理改革实施方案〉的通知》(税总发〔2015〕157 号)，国家税务总局重点聚焦千户集团，各省国税局、地税局联合聚焦集团总部在本省的千户集团和省税务局确定的大企业，共同采集并定期更新集团及其成员企业信息。

在这种背景下，通过制定《千户集团名册管理办法》，进一步明确千户集团名册管理工作职责、规范名册管理工作方式、理顺内外部关系，对于完善千户集团名册管理体系、提升大企业税收服务管理水平、促进大企业纳税遵从，具有非常重要的意义。

2016 年千户集团名册与 2015 年(1 069 户)相比，补充 42 户、剔除 49 户、替换 8 户，调整后共 1 062 户集团。补充的原因：一是根据要把中央企业全部纳入的要求，补充 19 户国资委管理的中央企业；二是各地推荐新增符合条件的 23 户集团，如深圳机场有限公司，近 3 年纳税额分别是 3.2 亿元、5.7 亿元、6.2 亿元。剔除的原因：一是由于兼并重组或破产注销剔除 9 户；二是由于母、子公司均在千户集团名单归并 30 户；三是由于规模过小(连续三年纳税额低于 1 亿元)且不涉及跨省经营业务剔除 10 户，如大连冰山集团，近 3 年纳税额分别是 0.7 亿元、0.8 亿元、0.4 亿元，且经营业务集中在大连。另有 8 户原千户集团还存在上级母公司，此次调整替换为母公司。1 062 户企业集团 2015 年纳税额合计 52 566.15 亿元，占全国税收总收入的 38.65%。其中，属于世界五百强或者其境外母公司属于世界五百强的企业集团共 124 户，属于中国五百强的企业集团共 371 户；1 062 户企业集团拥有境内外上市公司共 1 107 个。具体情况见以下各表。

单位：亿元

集团性质	户数(户)	纳税额	同比变化	占千户集团税收
国有企业	598	44 858	3%	85%
民营企业	270	4 347	18%	8%
外资企业	132	2 055	−5%	4%
其他企业	62	1 306	−44%	2%
合计	1 062	52 566	2%	100%

单位:亿元

项目	户数(户)	纳税额	占千户集团税收
1 000 亿元以上	6	19 606	37%
100 亿～1 000 亿元	68	18 495	35%
50 亿～100 亿元	55	3 778	8%
50 亿元以下	933	10 685	20%
合计	1 062	52 566	100%

集团性质	户数	2016 年 1—6 月营业收入(亿元)	同比	2015 年营业收入(亿元)	同比
国有及国有控股	552	200 765.0	0.3%	407 379.0	－5.8%
其中:中央企业	116	131 806.0	－1.8%	271 712.2	－7.6%
地方国企	436	68 959.0	4.6%	135 666.8	2.0%
民营企业	221	21 457.5	8.2%	47 072.8	12.3%
涉外企业	134	19 754.7	2.2%	39 709.4	3.9%
其他企业	34	3 335.0	1.0%	6 649.8	7.6%
合计	941	245 312.2	1.1%	500 811.0	－3.5%

3.我国大企业税收风险管理的具体方法

根据税总发〔2017〕128 号文的规定,国家税务总局对千户集团的风险管理一般以防范税收风险为导向,按照“数据采集—风险分析—推送应对—反馈考核”四个环节,实施全流程闭环管理。

我国大企业税收风险管理相关流程及方法如下。

(1)数据采集。千户集团数据采集的内容包括企业端数据、税务端数据和第三方数据。总局确定千户集团数据采集范围、标准和时限,收集和加载省税务机关报送的企业端数据。省税务机关根据税务总局要求,加强国税、地税合作,联合组织采集、审核、报送本省千户集团企业端数据。各级税务机关以金税三期为基础,按照千户集团税收管理需要,集成现有各类应用系统涉税数据。具体流程如下图所示。

税务总局与国务院有关部门沟通协调,完善数据交换共享工作机制。各地税务机关与本级政府相关部门、行业协会等单位沟通联系,获取千户集团相关涉税信息。

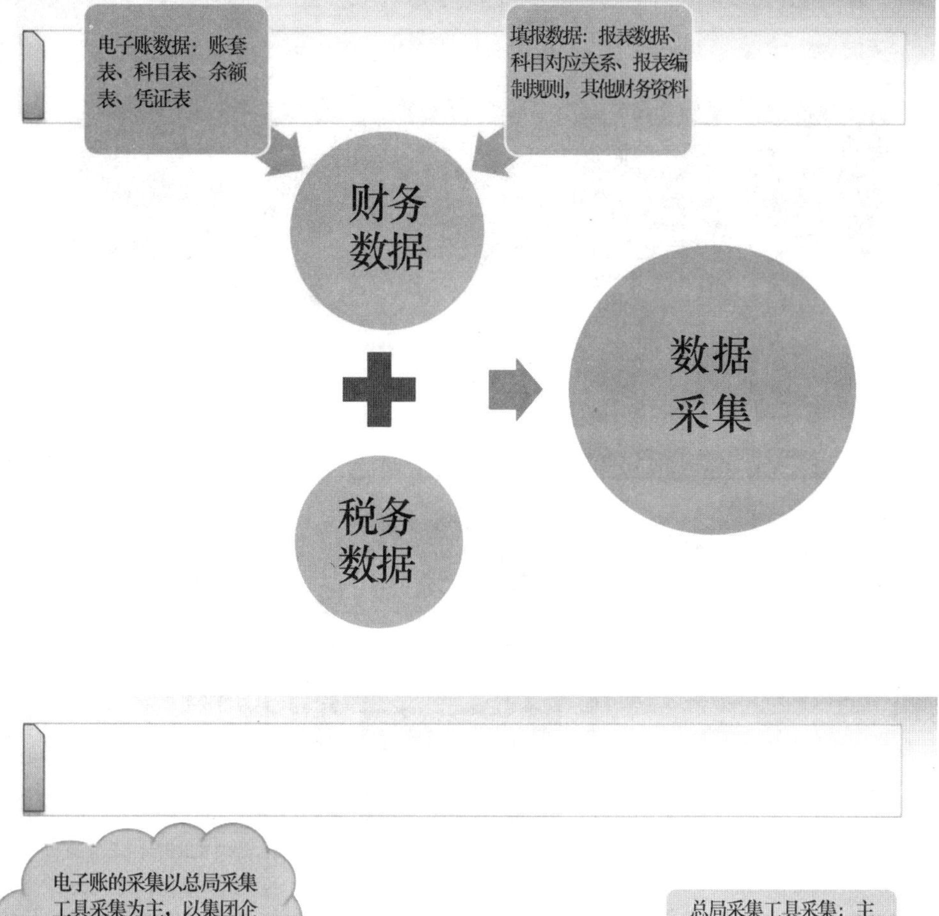

电子账的采集以总局采集工具采集为主，以集团企业自行提供为辅

财务数据

电子账数据(账套表、科目表、余额表、凭证表)

总局采集工具采集：主流的财务软件99%，直接使用采集工具采集，确保数据质量

集团企业自行提供：企业按照接口要求自行提供数据

填报数据(报表数据、报表编制规则、科目对应关系、其他财务资料)

企业使用数据填报工具按照要求进行数据填报

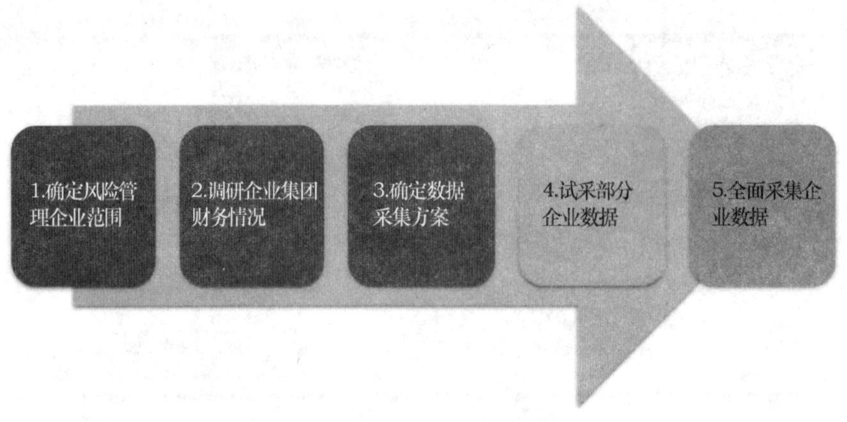

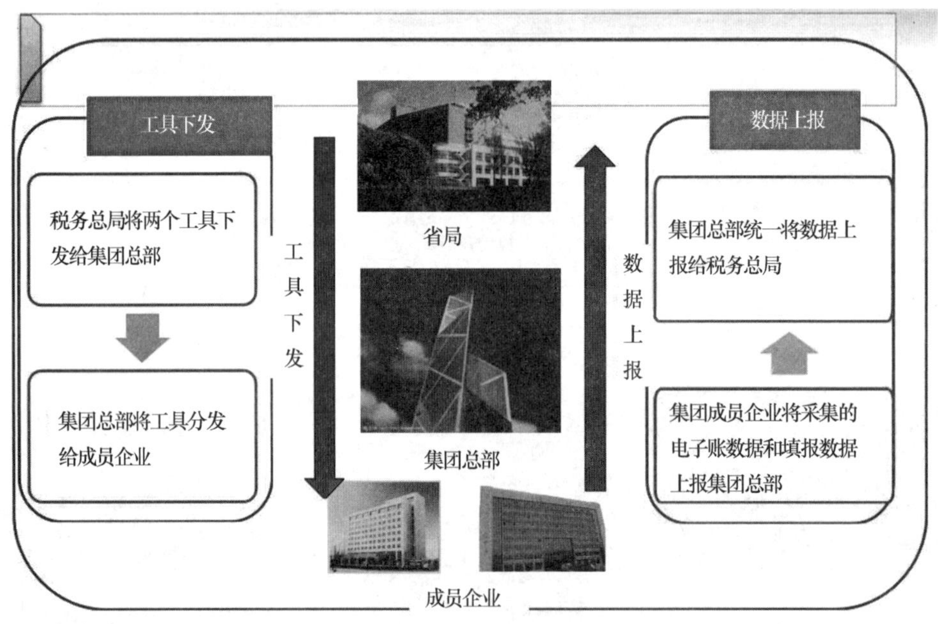

省税务机关应当充分利用现代科技手段，从互联网、报纸杂志等媒体发布的公开信息中，获取千户集团涉税信息，重点关注企业重组、股权转让、关联交易等重大事项信息。

省税务机关大企业税收管理部门会同技术部门对涉及千户集团的第三方信息进行整理、清洗和加载，并按要求上报税务总局（大企业税收管理司）。税务总局整合企业端数据、税务端数据和第三方数据，逐步实现多层级、全方位的集成应用，为千户集团税收风险分析提供支撑。

对超出查询权限的千户集团相关数据，省税务机关可以向税务总局申请查询、应用,并填报《千户集团数据需求查询申请单》。税务总局通过完善千户集团数据联络员机制、明确数据业务标准、规范数据检查机制等方式,不断强化数据质量保障。

各省国税局、地税局应当统筹开展数据采集工作,充分利用已有数据资源,避免重复采集。

(2)风险分析。税务总局开展千户集团税收风险分析指标体系建设,按照开发、验证、应用的步骤,分批次开展,逐环节推进,省税务机关配合税务总局开展指标体系建设工作。依托大企业税收管理信息系统,统筹考虑千户集团风险等级推序、行业税收规模区城分布等因素,制订千户集团税收风险管理战略规划和年度计划。省税务机关在落实税务总局千户集团税收风险分析年度计划的基础上,结合本省工作实际,可以选择税务总局年度工作计划外的成员企业或集团自行开展税收风险分析。

税务总局按照年度计划,以千户集团税收风险指标模型体系为基础,制订年度税收风险分析工作方案,并报税务总局备案。

对千户集团总部及其成员企业信息进行计算机扫描,形成风险识别报告。税务总局、省税务机关结合计算机扫描结果,开展人工专业复评,形成《千户集团税收风险分析报告》。人工专业复评主要包括行业重点剖析和重大事项分析。

人工专业复评应当重点关注以下内容:

①企业所处的行业特点;

②企业适用的产业政策、税收政策、会计准则或会计制度;

③企业内部控制制度;

④企业财务报表、审计报告及相关鉴证报告;

⑤企业重组、股权转让、关联交易等复杂涉税事项;

⑥以前年度风险应对结论,包括纳税评估报告、稽查处理决定书等。

人工专业复评可以采取案头分析、与企业沟通、选取代表性企业开展典型调查等方法。省税务机关负责总部在本省的千户集团的沟通协调工作,并配合税务总局开展跨区域千户集团税收风险分析。对风险分析中发现的同质性高、涉及面广的风险点,税务总局可以协调集团总部所在省税务机关,向集团总部进行提示告知。各省国税局、地税局应当加强沟通协调,统筹开展本省千户集团税收风险分析工作。省税务机关对本省形成的风险分析报告进行审核,并按要求上报税务总局。税务总局对税收风险分析报告质量进行严格控制,按照税收风险分级评审的工作机制进行评审,并形成风险应对任务。

(3)推送应对。税务总局大企业税收管理司将风险应对任务通过税务总局税收风险管理工作领导小组办公室(以下简称总局风险办)统一推送至省税务机关税收风险管理工作领导组办公室(以下简称省局风险办),并抄送相关省税务机关大企业税收管理部门。省税务机关大企业税收管理部门应当主动对接省局风险办,认真研究税总局推送的千户集团税收风险应对任务并形成应对方案,以省、市税务机关为主,实施专业应对。对于重大或复杂涉税事项的风险应对任务,由省税务机关组织开展应对。

风险应对人员开展风险应对任务前,应当以风险分析报告为基础,了解企业生产经营情况、所属行业特点、财务会计制度和会计核算软件,熟悉相关税收政策。风险应对人员可以通过查阅案头资料、税务约谈等方法,对风险分析报告的涉税风险点进行核实。

开展税务约谈时,应当向纳税人出具《税务事项通知书》,由两名以上风险应对人员共同参加,并制作《千户集团税收风险应对工作底稿》。

查阅案头资料和税务约谈中发现的必须到纳税人生产经营现场了解情况的,应当按照相关规定统筹进行实地核实。实地核实过程中发现纳税人其他税收风险点的,应当一并进行处理。风险应对人员发现纳税人有逃避缴纳税款、骗取出口退税或其他需要查处的税收违法行为嫌疑的,应当将发现的问题及相关资料(制作移交税务稽查情况表)移交同级税务稽查部门处理。

风险应对人员发现纳税人有需要反避税部门处理的特别纳税调整问题的,应当将发现的问题及相关资料(制作移交反避税情况表)移交同级反避税管理部门处理。

对风险应对中确认的税收风险点,风险应对部门应当督促纳税人进行整改。涉及补缴税款、滞纳金的,依法组织入库。

实施风险应对的税务机关应当形成风险应对报告,并报上级税务机关,各地国税局、地税局应当加强合作,根据职责分工,联合开展风险应对工作。

(4)反馈考核。省税务机关大企业税收管理部门应当及时汇总本省千户集团税收风险应对情况,向税务总局(大企业税收管理司)报送《千户集团税收风险应对工作报告》以及《千户集团税收风险应对情况表》,并通过省局风险办向总局风险办反馈风险应对结果。

省税务机关应当积极指导和协调本省税收风险应对工作,加强监督检查,强化质量控制。

各地税务机关大企业税收管理部门应当与本级法规、税政、征管等部门充分沟通协作,及时研究解决风险应对中的税企争议问题,经省税务机关研究后仍无法解决的,向税务总局(大企业税收管理司)报告。

税务总局、省税务机关应当加强风险应对结果的增值利用,主要方式包括以下几种:

①优化指标模型，增强指标模型的准确性和有效性；

②建立和更新千户集团风险特征库、典型案例库和行业风险指引，复制推广系统性风险分析应对经验；

③提出完善税收政策、强化税收征管的建议；

④开展谈签税收遵从协议、出具税收管理建议书等个性化服务，提升企业税收风险防控。税务总局通过督导调研、限时督办等形式对各省税务机关上报的风险应对结果进行跟踪指导和后续监督，并对重大税收风险点进行专项评估。

税务总局制定并持续优化千户集团风险管理绩效考核指标，对省税务机关千户集团风险管理工作进行绩效考核，省税务机关根据本省工作需要，针对风险管理工作开展绩效考核。

第二章

大企业税收管理公共知识习题

2.1 单选题

1. 大企业税收管理人员完成人工复评后,生成的报告是(　　)。

A. 风险扫描报告

B. 风险识别报告

C. 风险分析报告

D. 风险应对报告

【参考答案】 C

【答案解析】 《大企业税收管理系统操作手册》规定,复评完成后将形成企业的风险分析报告。

2. 下列哪个企业不应当纳入千户集团管理?(　　)

A. 国资委管理的中央企业

B. 财政部管理的中央金融企业

C. 总部在境内的世界500强企业

D. 重点产业园区内新成立的小微企业

【参考答案】 D

【答案解析】 千户集团是国家税务总局管理服务的重点大企业集团,按照税务总局管理服务标准,下列企业应纳入千户集团管理:国资委管理的中央企业、财政部管理的中央金融企业、其他中央企业;总部在境内的《财富》世界500强企业或其全球总部属于世界500强企业;符合年缴纳税额高、组织架构复杂、行业代表性强等特征的其他龙头企业。

3. 对纳税人开展税务约谈时，风险应对部门应首先制作（　　），并送达相关企业。

A.《税务约谈通知书》

B.《税务事项告知书》

C.《税务处理通知书》

D.《税务调查通知书》

【参考答案】 A

【答案解析】 对纳税人开展税务约谈时，风险应对部门应首先制作《税务约谈通知书》，并送达相关企业。《税务约谈通知书》应当载明约谈的时间、地点，附列需要由纳税人说明的有关情况及相关资料等要求。

4. 澳大利亚税务局（ATO）专门为大企业提供一般服务、各类提醒和指导服务。下列不属于一般服务的是（　　）。

A. 应对所有疑问在澳大利亚税务局的信息平台上都有单一的咨询点，有专门人员负责协调和解决问题

B. 响应优先处理建议和协助请求。ATO会组建专门的服务团队，为大企业提供与所有税收和所有行政问题相关的服务

C. 解读法律的服务，此类需求会在必要时转至ATO处理和回复，但是服务团队的工作人员会继续跟进负责协调服务

D. 设置客户关系经理。在上市公司和国际业务部门，纳入重要纳税人管理范畴的大企业都安排了客户关系经理，对纳税人提出裁定申请，免责诉求，涉税申报服务

【参考答案】 D

【答案解析】 ATO还为大企业提供一些一般服务、各类提醒和指导服务。

大企业可获得的一般服务如下。一是应对所有疑问在ATO的信息平台上都有单一的咨询点，并且有专门人员负责协调和解决问题。二是响应优先处理建议和协助请求。税务机关会组建专门的服务团队，为大企业提供与所有税收和所有行政问题相关的服务。三是涉及解读法律的服务。此类需求会在必要时转至专业部门处理和回复，但是服务团队的工作人员会继续跟进负责协调服务。

5. 风险应对过程中出现的税企争议事项，风险应对人员应提交（　　）大企业管理部门组织集体审议，提出处理意见后，由应对人员与企业进行沟通。

A. 上级

B. 同级

C. 总局

D. 下级

【参考答案】 B

【答案解析】 风险应对过程中出现的税企争议事项，风险应对人员应提交同级大企业管理部门组织集体审议，提出处理意见后，由应对人员与企业进行沟通。

6. 美国大企业和国际税务管理局的职责涉及税收管理的所有方面，以下不是其职责的是(　　)。

A. 税收风险管理

B. 制定税收法律

C 开展国际情报交换

D. 帮助大企业讲授税法

【参考答案】 B

【答案解析】 LB&I 的职责涉及了税收管理的所有方面，包括负责制订并实施各项税收征管工作计划、对大企业的税收风险进行评估、帮助大企业了解税法并提高其税法遵从度、开展其他业务(如与各类专家联系、国际交流等)。

7. 2014 年债务保理业务在澳大利亚达到 600 亿澳元，而 1996 年这一数字还不到 5 亿澳元。下列不是澳大利亚涉足债务保理安排的主要行业的是(　　)。

A. 房地产业

B. 餐饮业

C. 钢铁业

D. 零售业

【参考答案】 D

【答案解析】 在澳大利亚涉足债务保理安排的主要行业为制造业、矿业和建筑业、房地产业以及批发业。

8. 千户集团数据采集流程中数据加工清洗工作由(　　)完成。

A. 总局

B. 省局

C. 地市局

D. 县区局

【参考答案】 B

【答案解析】 千户集团数据采集流程中数据加工清洗工作由省局完成。

9. 国家税务总局大企业司受理的首个大企业事先裁定的案例是(　　)。

A. 西门子集团

B. 松下集团

C. 中信集团

D. 中国烟草总公司

【参考答案】 B

【答案解析】 略。

10. 经风险提示或税务约谈完成应对的风险应对任务，集团总部所在省大企业管理部门负责汇总整理同一集团相关应对情况，制作（　　），并推送相关企业集团总部。

A.《税务事项告知书》

B.《税务处理通知书》

C.《大企业税收风险管理建议书》

D.《大企业税收风险提示函》

【参考答案】 C

【答案解析】 经风险提示或税务约谈完成应对的风险应对任务，集团总部所在省大企业管理部门负责汇总整理同一集团相关应对情况，制作《大企业税收风险管理建议书》，并推送相关企业集团总部。

11. 大企业金税四期建设的基础功能模块是（　　）。

A. 名册管理

B. 账套采集

C. 千户集团"一户式"信息归集

D. 税收风险分析

【参考答案】 C

【答案解析】 在金税四期总体框架下，围绕千户集团税收风险管理纳税服务税收经济分析主责主业，强化千户集团"一户式"信息归集；整合打通子系统，全面融入大平台；深化集成数据应用，实现大企业智慧税务管理目标。

12. 大企业服务与管理工作中，不属于应建立健全的各类制度的是（　　）。

A. 税收风险分析制度

B. 税务稽查工作制度

C. 纳税服务制度

D. 税收风险应对制度

【参考答案】 B

【答案解析】 税务稽查工作制度不属于大企业服务与管理工作中应建立健全的制度。

13. 省税务机关大企业税收管理部门应将千户集团和扩围集团相关基础涉税数据报送至税务总局大企业税收管理司，报送期限是集团报送期结束后（　　）。

A. 2 个工作日内（节假日顺延）

B. 3 个工作日内（节假日顺延）

C. 5 个工作日内（节假日顺延）

D. 10 个工作日内（节假日顺延）

【参考答案】 A

【答案解析】 根据《国家税务总局大企业税收管理司关于调整千户集团相关基础涉税数据报送对象范围的通知》（税总企便函〔2018〕22 号），省税务机关大企业税收管理部门应于集团报送期结束后 2 个工作日内（节假日顺延）将数据报送至税务总局大企业税收管理司。

14. 以下（　　）不纳入电子财务数据采集对象。

A. 独立核算企业

B. 集团境内成员企业

C. 采取会计电算化方式记账的企业

D. 挂靠经营的企业

【参考答案】 D

【答案解析】 挂靠经营的企业不纳入电子财务数据采集对象。

15. 澳大利亚税务局在大企业申报前提供一套服务产品，这些产品可以发挥服务和威慑的双重效果，在企业发生风险之前加以避免，有效地减少征税成本，提升服务水平。以下不是澳大利亚税务局在企业申报前提供的服务产品的是（　　）。

A. 公共裁定服务

B. 具有约束力的个别判定

C. 预约定价协议

D. 纳税评估

【参考答案】 D

【答案解析】 ATO 在企业申报前提供的一套服务产品，主要包括：公共裁定服务、具有约束力的个别裁定、预约定价协议、年度遵从安排、保证研讨班、申报前遵从检查和应报告的纳税情况等。这些产品可以发挥服务和威慑的双重效果，防患于未然，在企业发生风险之前加以避免，有效地减少征税成本，提升服务水平。

16. 千户集团税收风险管理，以防范税收风险为导向，实施全流程闭环管理，其包括的环节是（　　）。

A. 数据采集—风险分析—数据筛选—推送应对—反馈考核

B. 数据采集—数据筛选—风险分析—推送应对—反馈考核

C. 数据采集—风险分析—推送应对—反馈考核

D. 数据采集—数据分析—推送应对—反馈考核

【参考答案】 C

【答案解析】 千户集团税收风险管理，以防范税收风险为导向，实施全流程闭环管理，其包括的环节有数据采集、风险分析、推送应对、反馈考核。

17. 通过企业资产负债率的分析可以衡量企业的（　　）。

A. 盈利能力

B. 发展潜力

C. 经营效率

D. 偿债能力

【参考答案】 D

【答案解析】 资产负债率是期末负债总额除以资产总额的百分比，也就是负债总额与资产总额的比例关系，用以衡量企业的偿债能力。

18. 经济分析分三个层次，不包括下面哪项？（　　）

A. 宏观

B. 中观

C. 微观

D. 产业观

【参考答案】 D

【答案解析】 略。

19. 下列哪一项不是税务总局大企业经济分析任务？（　　）

A. 搭建千户集团税收经济分析体系框架，建立工作机制，完善分析方法

B. 定期开展税收形势分析，提出加强集团企业税收管理的意见与建议

C. 开展税收经济专项分析，研究重大热点问题

D. 跟踪千户集团总部成员单位的税源税收情况，跟踪分析税源发展变化趋势

【参考答案】 D

【答案解析】 略。

20. 2021 年中共中央办公厅、国务院办公厅印发的《关于进一步深化税收征管改革的意见》指出，2022 年税务部门办理正常出口退税的平均时间压缩至（　　）个工作日以内，对高信用级别企业进一步缩短办理时间。

A. 10

B. 15

C. 6

D. 2

【参考答案】 C

【答案解析】 《关于进一步深化税收征管改革的意见》指出，2022 年税务部门办理正常出口退税的平均时间压缩至 6 个工作日以内，对高信用级别企业进一步缩短办理时间。

21. 大企业涉税诉求处理的时效性体现在（　　）环节。

A. 受理

B. 处理

C. 回复

D. 总结

【参考答案】 C

【答案解析】 大企业涉税诉求处理的时效性体现在回复环节。

22. 关于千户集团名册管理，下列说法错误的是（　　）。

A. 千户集团名册管理范围分为内资企业集团、外资企业集团

B. 千户集团名册信息包括企业名称、纳税人识别号、统一社会信用代码、集团名称、上一级企业名称及其他涉税信息等项目

C. 当年如新增符合条件的千户集团，由国家税务总局提出

D. 国家税务总局开展千户集团名册管理工作组织绩效考评

【参考答案】 C

【答案解析】 根据《国家税务总局关于发布〈千户集团名册管理办法〉的公告》（国家税务总局公告 2017 年第 7 号），当年如新增符合条件的千户集团，由省税务机关提出。

23. 下列经济业务中，可能影响企业当期留存收益的是（　　）。

A. 税后利润弥补上一年度亏损

B. 提取法定盈余公积

C. 注销库存股的账面余额

D. 盈余公积弥补亏损

【参考答案】 C

【答案解析】 税后利润弥补上年亏损，由于未分配利润内部变动，不影响留存收

益;提取法定盈余公积,盈余公积和未分配利润一增一减,不影响留存收益总额;注销库存股时,回购价格高于回购股份所对应的股本,股本和库存股的差额,冲减资本公积——股本溢价,不足部分应依次冲减盈余公积与未分配利润,可能影响留存收益;盈余公积补亏属于留存收益内部一增一减,不影响留存收益总额。

24. 大企业税收管理系统(税务审计软件)的功能目标是(　　)。

A. 总省互动、省省联动

B. 总省联动、省省互动

C. 纵向互动、横向联动

D. 纵向联动、横向互动

【参考答案】 B

【答案解析】 《国家税务总局大企业税收管理司关于开展大企业税收管理系统(税务审计软件)总局省局衔接试点工作的通知》(税总企便函〔2018〕15 号)规定:进一步实现大企业税收管理系统(税务审计软件)"总省联动、省省互动"的功能目标。

25.《关于进一步深化税收征管改革的意见》中提到不断提升税务执法精确度,需要在税务执法领域研究推广(　　)清单制度。

A. 一事不二罚

B. 首违不罚

C. 处罚

D. 违法

【参考答案】 B

【答案解析】 依据《关于进一步深化税收征管改革的意见》,在税务执法领域研究推广"首违不罚"清单制度。

26. 税务人员实地检查中发现,某企业对已提足折旧的房屋进行扩建,其支出计入长期待摊费用。该企业最可能存在的涉税风险是(　　)。

A. 少缴土地使用税

B. 少缴房产税

C. 少缴增值税

D. 少缴企业所得税

【参考答案】 B

【答案解析】 根据《中华人民共和国房产税暂行条例》规定:经营自用的房屋,以房产的计税余值作为计税依据,房产余值是指依照税法规定按房屋 10%至 30%的损耗价值以后的余额。房产原值是指纳税人按照会计制度规定,在账簿"固定资产"科目中记载的房屋原价屋进行改建、扩建的，要相应增加房屋的原值。所以该企业存在少缴房产税的嫌疑。

27. 千户集团联络员个人情况，报（　　）审核确认。

A. 所在县（区）级税务机构

B. 市级税务机构

C. 省级税务机构

D. 国家税务总局

【参考答案】 C

【答案解析】 根据《千户集团数据联络员管理办法》的规定，千户集团联络员个人情况报省级税务机关审核确认后，省级税务机关汇总上报国家税务总局备案。

28. 下列选项中，不属于税收分析应坚持的原则是（　　）。

A. 实事求是原则

B. 从税收到经济原则

C. 定性与定量相结合原则

D. 宏观与微观相结合原则

【参考答案】 B

【答案解析】 从税收到经济原则不属于税收分析应坚持的原则。

29. 严格遵循内外网隔离工作要求，传输大企业税务审计软件数据和工作成果的渠道是（　　）。

A. 互联网邮箱

B. 内网 FTP

C. 内网可控 FTP

D. QQ、微信等互联网通信软件

【参考答案】 C

【答案解析】 严格遵循内外网隔离工作要求，传输大企业税收审计软件数据和工作成果的渠道是通过内网可控 FTP 传输数据。

30. 全流程风险管理中堵塞风险管理漏洞、实现闭环管理的重要环节是（　　）。

A. 风险评估

B. 风险自查

C. 反馈提高

D. 税务审计

【参考答案】 C

【答案解析】 《国家税务总局关于税务总局定点联系企业税收风险管理工作有关事项的通知》(税总发〔2014〕26 号)规定:反馈提高是全流程税收风险管理中堵塞风险管理漏洞、实现闭环管理的重要环节。

31. 个人信息保护影响评估报告和处理情况记录应当至少保存(　　)。

A. 两年

B. 三年

C. 五年

D. 十年

【参考答案】 B

【答案解析】 个人信息保护影响评估报告和处理情况记录应当至少保存三年。

32. 美国收入局战略规划中最重要的目标就是通过改善纳税服务,使纳税人更好地自我遵从税法,成立了三个纳税服务机构,请找出下列正确的选项。(　　)

A. 纳税服务质量委员会

B. 纳税人减负工作办公室

C. 纳税人诉讼赔偿委员会

D. 纳税人服务司

【参考答案】 B

【答案解析】 ①IRS 于 2002 年 1 月设立了纳税人减负办公室(The Office of Taxpayer Burden Reduction,OTBR),旨在从组织机构设置上进一步落实为纳税人减负这一战略。②纳税服务委员会(Services Committee)在 IRS 内部行使重大服务投资和管理决策的职能。③纳税人援助服务司(Taxpayer Advocate Service,TAS)是国内收入局内部的一个独立机构,其主要职责是为以下几类纳税人提供援助:一是那些正经受经济上损害(economic harm)的纳税人;二是那些寻求解决本应由 IRS 通过正规途径解决但没有解决的涉税问题的纳税人;三是那些认为税收制度和程序的执行偏离了其本意的纳税人。

33. 下列不属于千户集团数据管理工作的是(　　)。

A. 推进名册管理

B. 强化税务端数据归集

C. 加强平台有机衔接

D. 抓好数据联络员管理

【参考答案】 C

【答案解析】 属于千户集团数据管理工作的是推进名册管理、强化税务端数据归集、抓好数据联络员管理。

34.对遵从意愿较低、遵从风险大的高风险大企业,可以采取(　　)等方式控制税务风险。

A.纳税服务

B.反避税调查

C.税务审计

D.税务约谈

【参考答案】 B

【答案解析】 对遵从意愿较低、遵从风险大的高风险大企业,可以采取反避税调查等方式控制税务风险。

35.负责组织开展年度遵从报告工作,收集企业集团税务遵从责任报告的是(　　)。

A.税务总局

B.省级税务机关

C.盟市级税务机关

D.县区级税务机关

【参考答案】 A

【答案解析】《国家税务总局关于印发〈国家税务总局大企业税收服务和管理规程(试行)〉的通知》(国税发〔2011〕71号)规定:税务总局负责组织开展年度遵从报告工作,收集企业集团的税务遵从责任报告。

36.企业可以参照大企业税务风险管理指引,结合自身经营情况、税务风险特征和已有的内部风险控制体系,建立相应的税务风险管理制度。税务管理的可以相容职责是(　　)。

A.税务规划的起草与审批

B.税务资料的准备与审查

C.纳税申报表的填报与审批

D.发票购买、保管

【参考答案】 D

【答案解析】《国家税务总局关于印发〈大企业税务风险管理指引(试行)〉的通知》(国税发〔2009〕90号)规定:企业应建立科学有效的职责分工和制衡机制,确保税务管理的不相容岗位相互分离、制约和监督。税务管理的不相容职责包括:税务规划的起草与审批;税务资料的准备与审查;纳税申报表的填报与审批;税款缴纳划拨凭证的填报与审批；发票购买、保管与财务印章保管；税务风险事项的处置与事后检查；其他应分离的税务管理职责。

37. 企业税务部门能否参与企业战略规划和重大经营决策的制定，并跟踪和监控相关税务风险？（　　）

A. 无须

B. 可以

C. 应当

D. 必须

【参考答案】 C

【答案解析】 根据《国家税务总局关于印发〈大企业税务风险管理指引（试行）〉的通知》（国税发〔2009〕90 号）第四条第五款的规定，企业税务部门应参与企业战略规划和重大经营决策的制定，并跟踪和监控相关税务风险。

38. 2023 年总局大企业经济分析的主要方向是（　　）。

A. 宏观经济分析

B. 专题性经济分析

C. 企业经济分析

D. 政策效应分析

【参考答案】 B

【答案解析】 略。

39. 下列将信息技术应用于企业税务风险管理工作的做法中，不正确的是（　　）。

A. 利用计算机系统和网络技术，对具有非重复性不规律性的涉税事项进行自动控制

B. 将税务申报纳入计算机系统管理，利用有关报表软件提高税务申报的准确性

C. 建立年度税务日历，自动提醒相关责任人完成涉税业务，并跟踪和监控工作完成情况

D. 建立税务文档管理数据库，采用合理的流程和可靠的技术对涉税信息资料安全存储

【参考答案】 A

【答案解析】 根据《国家税务总局关于印发〈大企业税务风险管理指引（试行）〉的通知》（国税发〔2009〕90 号）第五条第三款的规定，利用计算机系统和网络技术，对具有重复性规律性的涉税事项进行自动控制；将税务申报纳入计算机系统管理，利用有关报表软件提高税务申报的准确性；建立年度税务日历，自动提醒相关责任人完成涉税业

务，并跟踪和监控工作完成情况；建立税务文档管理数据库，采用合理的流程和可靠的技术对涉税信息资料安全存储。

40. 企业直报数据采集口径为(　　)。

A. 单一企业

B. 正常企业

C. 注销企业

D. 以集团为统计对象，涵盖所有合并财务报表成员企业数据

【参考答案】 D

【答案解析】 企业直报数据采集口径为以集团为统计对象，涵盖所有合并财务报表成员企业数据。

41. 大企业服务与管理工作中，不属于应建立健全的各类制度的是(　　)。

A. 税收风险分析制度

B. 税务稽查工作制度

C. 纳税服务制度

D. 税收风险应对制度

【参考答案】 B

【答案解析】 税务稽查工作制度不属于大企业服务与管理工作中应建立健全的制度。

42. 在大企业税收管理中，(　　)一方面把税法遵从看作是纳税人的自身的一种利益，另一方面把提高税法遵从度作为税务机关的工作目标，这两者之间具有较高的相关度和统一性。

A. 分类管理理论

B. 客户关系理论

C. 平衡治理理论

D. 遵从管理理论

【参考答案】 C

【答案解析】 平衡治理理论，一方面把税法遵从看作是纳税人的自身的一种利益，另一方面把提高税法遵从度作为税务机关的工作目标，这两者之间具有较高的相关度和统一性。

43. 千户集团企业第二季度财务会计报表的本期营业收入编制规则是(　　)。

A. 1 月 1 日至 6 月 30 日的营业收入

B. 4 月 1 日至 6 月 30 日的营业收入

C. 5 月 1 日至 6 月 30 日的营业收入

D. 6 月 30 日的营业收入

【参考答案】 A

【答案解析】 根据财务会计相关制度要求，利润表数据应为当年累计值。

44. 关于大企业信息平台的安全管理，下列说法不正确的是(　　)。

A. 严格管控省内用户数量和使用范围

B. 不得为大企业管理部门之外人员开通账号

C. 用户权限申请上报省局审批前，须通过市局审核

D. 对调离大企业管理部门的人员，要及时删除用户账号及权限

【参考答案】 C

【答案解析】 根据《国家税务总局大企业税收管理司关于印发〈千户集团涉税电子财务数据安全管理办法(试行)〉的通知》(税总企便函〔2019〕41 号)第六条第(三)项的规定，严格履行大企业信息化平台的安全管理责任；严格管控省内用户数量和使用范围，用户权限申请上报总局审批前，须通过省内审核，不得为大企业管理部门之外人员开通账号；用户岗位调整时，需及时变更用户权限，对调离大企业管理部门的人员，要及时删除用户账号及权限。

45. 澳大利亚税务局在税法遵从风险管理和服务、业务流程创建、国际税收、信息化建设、大企业税收管理体制等方面的制度构架和运行中，充分体现了(　　)的治税理念。

A. 风险管税

B. 国际协作

C. 依法治税

D. 合作遵从

【参考答案】 D

【答案解析】 ATO 在大企业税收管理体制、税法遵从风险管理和服务、业务流程创建国际税收、信息化建设等方面的制度构架和运行中，充分体现了合作遵从的治税理念。

46. 税收经济分析的过程是一个推理、论证的过程，是一个从(　　)、事实分析论证出有指导经济决策价值结论的过程。

A. 连续数据

B. 离散数据

C. 集中数据

D. 分散数据

【参考答案】 D

【答案解析】 税收经济分析是一个从分散数据、事实分析论证出有指导经济决策价值结论的过程。

47. 国家税务总局、省税务机关结合计算机扫描结果，开展(　　)，形成《千户集团税收风险分析报告》。

A. 人工识别

B. 专业复评

C. 人工专业复评

D. 人工分析

【参考答案】 C

【答案解析】 结合计算机扫描结果，国家税务总局和各省市税务局大企业部门开展人工专业复评。

48. 千户集团及其成员企业风险管理工作依托(　　)开展。

A. 总局大企业税收服务和管理系统

B. 总局大企业税收服务和管理工作平台

C. 区局大企业税收服务与管理平台

D. 区局税务审计软件

【参考答案】 A

【答案解析】 千户集团及其成员企业风险管理工作依托总局大企业税收服务和管理系统开展。

49. 企业可以委托符合资质要求的中介机构，根据大企业税务风险管理指引和相关执业准则的要求，对企业税务风险管理相关的内部控制有效性进行评估，并出具评估报告提交给(　　)。

A. 企业税务部门

B. 税务机关

C. 企业上级主管部门

D. 企业决策部门

【参考答案】 B

【答案解析】 《国家税务总局关于印发〈大企业税务风险管理指引(试行)〉的通知》(国税发〔2009〕90 号)规定：企业可以委托符合资质要求的中介机构，根据本指引和相关执业准则的要求，对企业税务风险管理相关的内部控制有效性进行评估，并向税务机关出具评估报告。

50.税收与经济的对比分析方法主要是相对数比较，主要用(　　)表示。

A.税率

B.弹性

C.税负

D.增长率

【参考答案】 B

【答案解析】 税收与经济的对比分析方法主要是相对数比较，主要用弹性表示。

51.税务机关分析、评估企业关联交易时，因企业与可比企业营运资本占用不同而对营业利润产生的差异原则上不作调整。确需调整的，须层报(　　)批准。

A.主管税务机关

B.省级税务机关

C.财政部

D.国家税务总局

【参考答案】 D

【答案解析】 税务机关分析、评估企业关联交易时，因企业与可比企业营运资本占用不同而对营业利润产生的差异原则上不作调整。确需调整的，须层报国家税务总局批准。

52.大企业税收风险管理内部控制通过查找梳理评估大企业税收风险管理工作中的各类风险，制定完善并有效实施一系列制度流程方法和标准，对大企业税收风险管理工作风险进行事前防范、事中控制、事后监督和纠正的动态管理过程和机制，这些活动要以(　　)。

A.风险识别为导向

B.风险分析为导向

C.风险防控为导向

D.风险应对为导向

【参考答案】 C

【答案解析】 根据《国家税务总局关于印发〈大企业税收风险管理内部控制制度(试行)〉的通知》(税总发〔2018〕177号)第三条，本制度所称大企业税收风险管理内部控制，是指以风险防控为导向，通过查找梳理评估大企业税收风险管理工作中的各类风险，制定完善并有效实施一系列制度流程方法和标准，对大企业税收风险管理工作风险进行事前防范、事中控制、事后监督和纠正的动态管理过程和机制。

53. 下列关于各级税务机关应及时受理辖区内成员企业提出的涉税诉求的说法中，错误的是（　　）。

A. 税务总局可受理企业集团及其成员企业的涉税诉求，并根据不同情况决定直接办理或交由省以下税务机关办理

B. 各级税务机关大企业税收管理部门在处理需要征求其他部门意见的涉税诉求时，应先征求其他相关部门意见，再提出具体处理建议

C. 各级税务机关大企业税收管理部门根据本级的职责权限处理企业涉税诉求，遇有非本级职权范围事项的，应按规定向有权税务机关移送

D. 各级税务机关应建立大企业涉税事项协调会议制度，研究解决重大涉税事项以及企业反映的普遍性行业性涉税问题

【参考答案】 B

【答案解析】 根据《国家税务总局关于印发〈国家税务总局大企业税收服务和管理规程（试行）〉的通知》（国税发〔2011〕71 号）第十一条的规定，各级税务机关大企业税收管理部门在处理需要征求其他部门意见的涉税诉求时，应先提出具体处理建议，再征求其他相关部门意见。

54. 总局大企业税收服务和管理系统税务人员通过（　　）可以对企业上报的余额表、总分类账、明细账、记账凭证、多年度总账、多年度凭证、标准科目余额、标准科目总账、账务资料进行综合查询。

A. 电子账套

B. 数据中心

C. 数据账套

D. 阅账中心

【参考答案】 A

【答案解析】 总局大企业税收服务和管理系统税务人员通过电子账套可以对企业上报的余额表、总分类账、明细账、记账凭证、多年度总账、多年度凭证、标准科目余额、标准科目总账、账务资料进行综合查询。

55. 下列关于企业税务风险管理的信息与沟通说法中，不正确的是（　　）。

A. 企业应建立税务风险管理的信息与沟通制度，明确税务相关信息的收集处理和传递程序

B. 企业应与税务机关和其他相关单位保持有效的沟通，及时收集和反馈相关信息

C. 企业税务风险管理信息系统数据的记录、收集、处理、传递和保存应符合税法和税务风险控制的要求

D. 企业应根据业务特点和成本可控原则，将信息技术应用于税务风险管理的各项工作

【参考答案】 D

【答案解析】 根据《国家税务总局关于印发〈大企业税务风险管理指引（试行）〉的通知》（国税发〔2009〕90 号）第五条第三款规定，企业应根据业务特点和成本效益原则，将信息技术应用于税务风险管理的各项工作，建立涵盖风险管理基本流程和内部控制系统各环节的风险管理信息系统。

56. 在大企业税收服务和管理工作中，要严格落实大企业税收风险管理内控要求，最大限度地减少人为干预风险。下列不属于防范税收执法风险和廉政风险的措施是（　　）。

A. 规范岗位职责

B. 强化联动分析

C. 强化关键岗位风险管控

D. 提升内控内生化水平

【参考答案】 B

【答案解析】 《2024 年大企业税收服务和管理工作要点》第八部分内容规定，严格落实大企业税收风险管理内控要求，最大限度地减少人为干预风险。梳理、更新大企业税收管理中的执法内控风险点，规范岗位职责、细化操作办法、完善内控措施，强化关键节点、关键岗位风险管控，提升内控内生化水平，切实防范税收执法风险和廉政风险。

57.《国家税务总局关于进一步健全大企业税收服务和管理新格局的意见》指出，税务总局每年选择若干集团列入税收风险管理计划，由（　　）牵头组织实施。

A. 集团总部所在地属地税务机关

B. 承担“总对总”联系的省税务局

C. 承担“总对总”联系的税务总局

D. 承担“总对总”联系的省税务局或税务总局

【参考答案】 D

【答案解析】 税务总局每年选择若干集团列入税收风险管理计划，由承担“总对总”联系的省税务局或税务总局牵头组织实施。

58. 各级税务机关以（　　）为基础，按照千户集团税收管理需要，集成现有各类应用系统涉税数据。

A. 电子底账系统

B. 发票系统

C. 金税三期

D. 大企业平台

【参考答案】 C

【答案解析】 按照《千户集团税收风险管理工作规程(试行)》的要求,各级税务机关以金税三期为基础,按照千户集团税收管理需要,集成现有各类应用系统涉税数据。

59. 已入选千户集团名单的企业集团总部按(　　)维护集团名册信息,应按照要求填报相关信息,定期报送省税务机关。

A. 月

B. 季度

C. 半年

D. 年

【参考答案】 D

【答案解析】 按照《国家税务总局关于发布〈千户集团名册管理办法〉的公告》(国家税务总局2017年第7号公告)有关规定,已入选千户集团名单的企业集团总部按年维护集团名册信息,应按照要求填报相关信息,定期报送省税务机关。

60. 为了更好地开展税务风险审计,美国收入局大企业和国际税务管理局内设五个层次的管理团队,主要负责下列事项:①研究、制订审计计划;②实施个案的审计;③定期对审计工作进行绩效评估,跟踪管理;④提交审计案件,对各个岗位绩效进行绩效评定;⑤根据需要外聘会计公司参与审计工作,提供专业指导。下列不构成其团队的是(　　)。

A. 财务研究和技术服务保障团队

B. 研究分析团队

C. 管理层

D. 绩效评估监控团队

【参考答案】 A

【答案解析】 IRS大企业和国际税务管理局内设五个层次的管理团队。一是研究分析团队,主要负责研究、制订审计计划,对审计对象进行归类,发出工作指令。二是审计团队,负责实施个案的审计,主要由审计专业人员、审计小组、项目负责人负责。三是绩效评估监控团队,定期对审计工作进行绩效评估,跟踪管理,实时调整资源配置提供支持,制定改进办法。四是管理层,负责管理提交审计案件,对各个岗位绩效进行绩效评定。五是在实际工作中,根据需要外聘会计公司参与审计工作,提供专业指导。

61. 经济分析要坚持发挥优势,是指(　　)。

A. 深入研究税收经济分析基础理论,不断提升分析报告质量,形成一批有分量有大

影响的分析产品

B. 始终站在全局高度考虑问题谋划工作，强化分析成果应用，为党中央、国务院和地方各级党委政府提供决策参考

C. 充分发挥税务部门大数据的独特优势，立足从税收观察经济的独特视角，深入开展经济税源分析；着眼于反映税务部门工作成效，不断强化政策效应分析

D. 着力建立精心挑选梯队培养实战磨炼团队攻关的多层次人才选拔培育体系

【参考答案】 C

【答案解析】 略。

62. 增值税专用发票电子化试点网格化服务和管理工作要求纪律监督工作要聚焦“三个全”，以下不属于“三个全”的是（　　）。

A. 全方位

B. 全时段

C. 全过程

D. 全覆盖

【参考答案】 B

【答案解析】《增值税专用发票电子化试点网格化服务和管理工作规范 1.0 版》规定，“纪律监督工作要聚焦‘三个全’，实现全方位、全过程、全覆盖监督”。

63. 重要数据的处理者应当按照规定对其数据处理活动定期开展（　　），并向有关主管部门报送（　　）。

A. 风险评估　风险评估报告

B. 风险检查　风险检查报告

C. 风险自查　风险自查报告

D. 风险排查　风险排查报告

【参考答案】 A

【答案解析】 重要数据的处理者应当按照规定对其数据处理活动定期开展风险评估，并向有关主管部门报送风险评估报告。

64. 以下不属于大企业整体性税收风险管理要求的是（　　）。

A. 进行集团整体性、业务链条式、架构穿透性的税收风险分析

B. 风险分析时重点关注集团股权转让、并购重组、关联交易等重大事项

C. 风险管理时重点关注大型企业集团所属的单户成员企业、单一税费种风险

D. 将税收风险管理成果拓展运用至大型企业集团所在行业

【参考答案】 C

【答案解析】 大型企业集团所属的单户成员企业、单一税费种风险不是大企业税收管理部门重点关注的集团整体性税收风险。

65. 省级大企业税收管理部门为大企业量身定制的一套遵从计划，包括企业税法遵从的基本情况、当前主要存在的税务风险、年度风险防控措施及执行计划安排，是落实税企合作遵从的一项基础制度，也是大企业个性化服务的一个主打产品，这一主打产品称为（ ）。

A. 年度内控调查计划

B. 年度风险防控计划

C. 年度遵从计划安排

D. 年度纳税服务计划

【参考答案】 C

【答案解析】 根据征管规范 2.0 第五部分，年度遵从计划安排是指省级大企业税收管理部门为大企业量身定制的一套遵从计划，包括企业税法遵从的基本情况、当前主要存在的税务风险、年度风险防控措施及执行计划安排。年度遵从计划安排是落实税企合作遵从的一项基础制度，也是大企业个性化服务的一个主打产品。

66. 在风险应对的过程中，对确定风险等级为高的风险任务，一般采取的风险应对方式是（ ）。

A. 风险提醒

B. 纳税评估

C. 税务审计

D. 税务稽查

【参考答案】 D

【答案解析】 在风险应对的过程中，对确定风险等级为高的风险任务，一般采取的风险应对方式是税务稽查。

67.《大企业税务风险管理指引（试行）》中规定，企业可结合生产经营特点和内部税务风险管理的要求设立的机构和岗位是（ ）。

A. 内控风险

B. 税务管理

C. 信息沟通

D. 法规监管

【参考答案】 B

【答案解析】 根据《国家税务总局关于印发〈大企业税务风险管理指引（试行）〉的

通知》(国税发〔2009〕90 号)的规定，企业可结合生产经营特点和内部税务风险管理的要求设立税务管理机构和岗位，明确岗位的职责和权限。

68. 为降低大企业重大事项涉税风险成本，对大企业股权转让、关联交易、跨境投资等重大交易事项，税务机关应建立的制度是(　　)。

A. 重大事项辅导制度

B. 重大事项报备制度

C. 重大事项许可制度

D. 重大事项审批制度

【参考答案】 A

【答案解析】 根据《国家税务总局办公厅关于印发〈深化大企业纳税服务若干工作措施〉的通知》(税总发〔2017〕170 号)第七条，对股权转让、关联交易、跨境投资等重大交易事项，建立重大事项辅导制度。

69. 在美国，在项目开发、实施、后期运行和维护方面的审计选案系统必须考虑许多先决条件，下列哪项不是需要考虑的问题？(　　)

A. 技术

B. 数据

C. 组织

D. 人力

【参考答案】 D

【答案解析】 有效的审计选案系统必须考虑许多先决条件。在项目开发、实施、后期运行和维护方面都要考虑组织、技术、数据、程序四个方面的问题。

70. 在主营业务收入变动率与主营业务成本变动率弹性分析中，主营业务收入变动率与主营业务成本变动率弹性系数＝主营业务收入变动率÷主营业务成本变动率，下列分析正确的是(　　)。

A. 正常情况下二者基本同步增长，比值接近 1

B. 当弹性系数＜1，且相差较大，二者都为正时，可能存在企业多列成本费用、扩大税前扣除范围等问题

C. 当弹性系数＞1，且相差较大，二者都为负时，可能存在企业多列成本费用、扩大税前扣除范围等问题

D. 当弹性系数为负数，且前者为负后者为正时，可能存在企业多列成本费用、扩大税前扣除范围等问题

【参考答案】 A

【答案解析】 根据《纳税评估管理办法(试行)》等相关规定,正常情况下主营业务收入变动率与主营业务成本变动率弹性基本同步增长,比值接近1。当比值<1,且相差较大,二者都为负时,可能存在企业多列成本费用、扩大税前扣除范围等问 题;当比值>1,且相差较大,二者都为正时,可能存在企业多列成本费用、扩大税前扣除范围等问题;当比值为负数,且前者为正后者为负时,可能存在企业多列成本费用、扩大税前扣除范围等问题。

71. 按照国际惯例,在大企业认定时,为避免"一刀切"带来的管理不便,大企业认定标准多采用(　　)。

A. 单一标准

B. 共性标准

C. 复合标准

D. 分级标准

【参考答案】 C

【答案解析】 在大企业认定时,多采用复合标准,多维度定义大企业,避免"一刀切"带来的管理不便。

72. 下列哪一项不是经济税源分析?(　　)

A. 重大发展战略分析

B. 区域比较分析

C. 新旧动能转换分析

D. 税收负担及收入分配分析

【参考答案】 D

【答案解析】 略。

73. 千户集团税收风险程度测试指标体系建设的要求是(　　)。

A. "研发—应用—优化"三位一体

B. "研发—优化—提升"三位一体

C. "研发—验证—优化"三位一体

D. "研发—验证—应用"三位一体

【参考答案】 D

【答案解析】 《千户集团税收风险程度测试指标体系3.0版研发大纲(修订稿)》(税总企便函〔2017〕127号)规定:千户集团税收风险程度测试指标体系研发"永远在路上",指标模型研发的过程需要不断打磨持续完善。在后续验证和应用过程中,也需要对指标模型持续优化改进,不断提升,形成"研发—验证—应用"三位一体的指标模型建设闭环。

74. 当前千户集团数量有(　　)户。

A. 1 000

B. 1 500

C. 2 080

D. 2 000

【参考答案】 D

【答案解析】 根据集团合并重组破产注销跨省迁移和新纳入央企新上榜 500 强企业情况,梳理出新的 2 000 户集团名单。

75. 千户集团电子财务数据工具(企业端)的核心作用是(　　)。

A. 数据加密

B. 数据逻辑初步校验

C. 数据格式审核

D. 大众标准财务软件数据自动采集

【参考答案】 A

【答案解析】 数据工具(企业端)主要作用是数据加密,数据格式审核数据逻辑初步校验,大众标准财务软件数据自动采集,其中最为核心的是数据加密。

76. 千户集团数据采集工作的主要责任人是(　　)。

A. 千户集团会计

B. 千户集团财务负责人

C. 千户集团数据联络员

D. 千户集团法人代表

【参考答案】 C

【答案解析】 《国家税务总局大企业税收管理司关于印发〈千户集团数据联络员管理办法〉通知》(税总企便函〔2017〕9 号)第三条规定:千户集团总部设置独立或兼职联络员 1 名,与税务机关大企业管理部门直接对接,是千户集团数据采集工作的主要责任人。

77. 以下财务指标和税收指标分析中,表述正确的是(　　)。

A. 销售额变动率高于正常峰值,而增值税税负率低于正常峰值的,只可能存在企业少计应税收入的风险

B. 运用投入产出法,通过单位产品耗用原材料测算实际产量和实际销量,经测算的销售收入大于其申报的销售收入,主要税收风险是取得不符合规定的增值税进项发票,原材料规模虚增

C. 将主营业务成本变动率与主营业务利润变动率配比分析，当两者比值小于 1，都为正时，一定存在多列成本的问题

D. 将存货变动率、资产利润率、总资产周转率配比分析，若本期存货增加不大，即存货变动率≤0，本期总资产周转率－上年同期总资产周转率≤0，可能存在隐匿销售收入问题

【参考答案】 D

【答案解析】 将存货变动率、资产利润率、总资产周转率配比分析，若本期存货增加不大，即存货变动率≤0，本期总资产周转率－上年同期总资产周转率≤0，可能存在隐匿销售收入问题。

78. 按照目前千户集团电子财务数据采集工作要求，以下哪类企业属于采集对象？（　　）

A. 集团境内成员的企业

B. 挂靠经营的企业

C. 采取手工记账方式的企业

D. 注销、破产、关停并转的企业

【参考答案】 A

【答案解析】 千户集团电子财务数据主要采集对象为集团及其境内成员企业。

79. 以下哪项不是税收分析工作中常用的数据主要来源？（　　）

A. 征管信息系统

B. 计会统报表

C. 重点税源监控

D. 互联网数据

【参考答案】 D

【答案解析】 略。

80. 大企业纳税服务中的“遵从引导”，要做到对辖区内重点行业税收风险事项进行细化研究，编制（　　）。

A. 行业指引

B. 行业税收指引

C. 行业风险管理指引

D. 行业税收风险管理指引

【参考答案】 D

【答案解析】 国家税务总局大企业管理司对重点行业税收风险事项进行细化研

究，编制行业税收风险管理指引。

81. 下列选项中，不属于大企业在开展税务风险识别时应重点关注的税务风险因素是（　　）。

A. 经济形势、产业政策、市场竞争及行业惯例

B. 财务人员的职业操守和专业胜任能力

C. 企业产品质检部门人员的税收遵从意识

D. 组织机构、经营方式和业务流程

【参考答案】 C

【答案解析】 根据《国家税务总局关于印发〈大企业税务风险管理指引（试行）〉的通知》（国税发〔2009〕90 号）第三条，企业应结合管理机制和实际经营情况，重点识别下列税务风险因素：董事会、监事会等企业治理层以及管理层的税收遵从意识和对待税务风险的态度；涉税员工的职业操守和专业胜任能力；组织机构、经营方式和业务流程；技术投入和信息技术的运用；财务状况、经营成果及现金流情况；相关内部控制制度的设计和执行；经济形势、产业政策、市场竞争及行业惯例；法律法规和监管要求；其他有关风险因素。

82. 当千户集团不同区域的成员企业分别向其主管税务机关咨询同一税收政策执行口径时，若得到的答复不一致，税务机关可以采取的做法是（　　）。

A. 两地大企业部门协调

B. 提请上级单位协调

C. 与同级税政部门沟通

D. 请示部门领导意见

【参考答案】 B

【答案解析】 根据《国家税务总局办公厅关于印发〈深化大企业纳税服务若干工作措施〉的通知》（税总办发〔2017〕170 号）第八条，针对跨区域经验的企业集团各地税收政策理解、执行不一致问题，加强组织协调，提出解决方案，及时提请上级单位协调，提高各地政策执行一致性。

83.《关于进一步深化税收征管改革的意见》要求，完善现代税收制度，更好发挥（　　），促进建立现代财税体制。

A. 职能作用

B. 税收作用

C. 驱动作用

D. 税收大数据作用

【参考答案】 B

【答案解析】《关于进一步深化税收征管改革的意见》要求，完善现代税收制度，更好发挥税收作用，促进建立现代财税体制。

84. 企业的资产负债率什么样最好？（　　）

A. 90%及以上

B. 70%～80%

C. 40%～60%

D. 10%～30%

【参考答案】 C

【答案解析】 略。

85.《关于加强大企业税收服务和管理工作的指导意见》提出，完善大企业重组涉税事项纳税服务工作机制，（　　）为大企业协调解决重组中的疑难事项。

A. 依职权

B. 依岗责

C. 依请示

D. 依申请

【参考答案】 D

【答案解析】《关于加强大企业税收服务和管理工作的指导意见》提出，完善大企业重组涉税事项纳税服务工作机制，依申请为大企业协调解决重组中的疑难事项。

86. 大企业涉税事项协调会议制度的召开周期为（　　）。

A. 每月一次

B. 每年一次

C. 半年一次

D. 每季度一次

【参考答案】 D

【答案解析】 根据国家税务总局办公厅关于完善大企业涉税事项协调会议制度及有关工作机制的意见，协调会议原则上每季度召开一次。特殊情况下，经局领导批准，可临时召开。

87. 通过企业资产负债率的分析可以衡量企业（　　）。

A. 盈利能力

B. 发展潜力

C. 经营效率

D. 偿债能力

【参考答案】 D

【答案解析】 资产负债率是期末负债总额除以资产总额的百分比，也就是负债总额与资产总额的比例关系，用以衡量企业的偿债能力。

88. 企业可以参照大企业税务风险管理指引，结合自身经营情况税务风险特征和已有的内部风险控制体系，建立相应的税务风险管理制度。税务管理的可以相容职责是(　　)。

A. 税务规划的起草与审批

B. 税务资料的准备与审查

C. 纳税申报表的填报与审批

D. 发票购买保管

【参考答案】 D

【答案解析】 《国家税务总局关于印发〈大企业税务风险管理指引(试行)〉的通知》(国税发〔2009〕90 号)规定：企业应建立科学有效的职责分工和制衡机制，确保税务管理的不相容岗位相互分离制约和监督。税务管理的不相容职责包括：税务规划的起草与审批；税务资料的准备与审查；纳税申报表的填报与审批；税款缴纳划拨凭证的填报与审批；发票购买保管与财务印章保管；税务风险事项的处置与事后检查；其他应分离的税务管理职责。

89. 金税四期的愿景目标是全面推进(　　)，建成国内领先国际一流的智慧税务。

A. 税收征管和行政管理数字化升级和智能化改造

B. 税收征管数字化升级和智能化改造

C. 以数治税

D. 数据赋能

【参考答案】 A

【答案解析】 为深入贯彻习近平总书记关于建设网络强国数字中国智慧社会的重要指示批示精神，认真落实 2021 年 3 月中共中央办公厅、国务院办公厅印发《关于进一步深化税收征管改革的意见》关于建设智慧税务的部署要求，经国家发改委正式批复立项，税务总局党委正式启动了发票电子化改革(金税四期)建设，全面推进税收征管和行政管理数字化升级和智能化改造。

90. 税务总局按照年度计划，以千户集团税收风险指标模型体系为基础，对采集的千户集团总部及其成员企业信息进行计算机扫描，形成(　　)。

A. 风险识别报告

B. 风险分析报告

C. 风险应对报告

D. 风险评估报告

【参考答案】 A

【答案解析】 按照《千户集团税收风险管理工作规程(试行)》的要求,税务总局按照年度计划,以千户集团税收风险指标模型体系为基础,对采集的千户集团总部及其成员企业信息进行计算机扫描,形成风险识别报告。

91. 大企业税收服务和管理系统部署在国家税务总局内网,税务人员通过(   )使用浏览器登录进行相关功能操作。

A. 外网计算机

B. 内网计算机

C. 笔记本电脑

D. 平板电脑

【参考答案】 B

【答案解析】 大企业税收服务和管理系统部署在国家税务总局内网,税务人员通过内网计算机使用浏览器登录进行相关功能操作。

92. 税务人员若发现企业下列(   )指标过高,说明企业可能存在资本弱化问题。

A. 销售净利率

B. 所有者权益报酬率

C. 资产负债率

D. 总资产周转率

【参考答案】 C

【答案解析】 税务人员若发现企业资产负债率过高,企业可能存在资本弱化问题。

93.《关于进一步深化税收征管改革的意见》提出,坚持(   ),善于运用法治思维和法治式深化改革,不断优化税务执法方式,着力提升税收法治化水平。

A. 强化管理

B. 精细服务

C. 依法治税

D. 精诚共治

【参考答案】 C

【答案解析】《关于进一步深化税收征管改革的意见》提出,坚持依法治税,善于运用法治思维和法治式深化改革,不断优化税务执法方式,着力提升税收法治化水平。

94. 进行经济税收的相关性分析，与地区税收总量对应的经济指标是(　　)。

A. 地区利润总额

B. 地区营业收入总额

C. 地区工业增加值

D. 地区生产总值

【参考答案】 D

【答案解析】 与地区税收总量对应的经济指标是地区生产总值，即某地区的 GDP。

95. 根据国家税务总局 2021 年千户集团税收风险管理计划，税收风险任务推送之前，国家税务总局、集团总部所在省税务局，根据各自分析的对象分集团形成(　　)。

A. “体检式”税收风险分析报告

B. “集成式”税收风险分析报告

C. “检查式”税收风险分析报告

D. “审计式”税收风险分析报告

【参考答案】 A

【答案解析】 税收风险任务推送之前，国家税务总局、集团总部所在省税务局，根据各自分析的对象分集团形成“体检式”税收风险分析报告。

96. 经济发展的“晴雨表”是(　　)。

A. 财政支出数据

B. 税收数据

C. 央行货币数据

D. 经济统计数据

【参考答案】 B

【答案解析】 经济发展的“晴雨表”是税收数据。

97. XBRL 是什么语言？(　　)

A. 可拓展商业报告语言

B. 大数据语言

C. 程序语言

D. 图表语言

【参考答案】 A

【答案解析】 略。

98. 制定有效的行业风险识别模型需要选取调查的企业样本数量是(　　)。

A. 大于或等于 10

B. 大于或等于 30

C. 大于或等于 50

D. 大于或等于 100

【参考答案】 B

【答案解析】 根据《纳税评估管理办法(试行)》及税收风险管理等相关规定，在进行税源分类基础上，针对不同行业、选择不同规模、不同类型的纳税人进行调查，摸清行业特点，探索行业经营规律，制定出有效的行业风险识别模型。选取调查的企业样本数量应当大于或等于 30。

99. 下列有关经济指标的说法正确的是(　　)。

A. 恩格尔系数越大，说明一个家庭越富裕

B. CPI 指数越大，说明居民的就业率越高

C. 货币供应量越大，说明居民的消费水平越高

D. 基尼系数的数值越接近 0，说明收入分配越公平

【参考答案】 D

【答案解析】 恩格尔系数越大说明家庭收入越低，CPI 越大说明通货膨胀越严重，货币供应量并不能反映居民的消费水平。

100. 税收弹性表现出的税收增长与相关经济指标增长之间的对比关系，税收弹性>1，则说明(　　)。

A. 税收富有弹性，税收增长速度快于相关经济指标的增长速度，或者说高于经济增长速度

B. 税收为单位弹性，税收增长速度与相关经济指标的增长速度同步，或者说与经济发展同步

C. 税收缺乏弹性，税收增长速度慢于相关经济指标的增长速度

D. 税收增长与经济增长不相关

【参考答案】 A

【答案解析】 税收收入弹性=(税收收入增量/税收收入总量)/(GDP 的增量/国内生产总值)，税收弹性系数用以反映税收与经济的“同步增长”情况。弹性系数大于 1，说明税收超过经济增长，弹性系数小于 1，说明税收增长滞后于经济。理论上认为税收弹性系数在 0.8～1.2 比较合适。

101. 企业直报数据月度报送的时间是(　　)。

A. 每月 10 日前

B. 每月 15 日前

C. 月末最后一天

D. 每月 18 日前

【参考答案】 D

【答案解析】 企业直报数据月度报送的时间是每月 18 日前。

102. 国家税务总局是(　　)年正式提出“试行大企业涉税事项事先裁定制度”。

A. 2012

B. 2013

C. 2014

D. 2015

【参考答案】 B

【答案解析】 略。

103. 千户集团总部设置独立或兼职联络员(　　)名，与税务机关大企业管理部门直接对接，是千户集团数据采集工作的主要责任人。

A. 2

B. 3

C. 1

D. 4

【参考答案】 C

【答案解析】 按照《千户集团数据联络员管理办法》的规定，千户集团总部设置独立或兼职联络员 1 名，与税务机关大企业管理部门直接对接，是千户集团数据采集工作的主要责任人。

104. 用户在使用大企业税务审计软件时，系统会自动记录登录用户的每一步操作，实现的管理类型是(　　)。

A. 流程管理

B. 跟踪管理

C. 痕迹管理

D. 操作管理

【参考答案】 C

【答案解析】 用户在使用大企业税务审计软件时，系统会自动记录登录用户的每一步操作，实现的管理类型是痕迹管理。

105. 投入产出法主要适用于产品相对较为单一的制造业企业。以下不属于投入产出分析方法的是(　　)。

A. 原材料投入产出比

B. 辅助材料耗用定额

C. 废料产出及再利用率

D. 单位产品工时耗用比

【参考答案】 D

【答案解析】 根据《纳税评估管理办法(试行)》及税收风险管理等相关规定，投入产出法主要适用于产品相对较为单一的制造业企业。由于测算、分析侧重的内容和角度不同，不同的行业适用的投入产出测算指标和模型不同，以及投入产出表现形式的不同，分析的方法也不尽相同，如按其表现形式可分为投入产出比、单位产品定耗的分析；按其侧重面的不同可分为原材料投入产出比、废料的产出及再利用率、单位产品辅助材料(包装物)耗用定额的分析等。

106.(　　)是反映一定时期内城乡居民所购买的生活消费品和服务项目价格变动趋势和程度的相对数，是对城市居民消费价格指数和农村居民消费价格指数进行综合汇总计算的结果。

A. 城市居民消费价格指数

B. 居民消费价格指数

C. 农村居民消费价格指数

D. 商品零售价格指数

【参考答案】 B

【答案解析】 略。

107. 现场审计团队根据发现的涉税风险事项形成现场审计报告，把现场审计过程中已经核实确认并且税法规定明确的税收风险，及时推送给(　　)。

A. 税务总局

B. 省级税务机关

C. 市级税务机关

D. 企业所在地税务机关

【参考答案】 D

【答案解析】《国家税务总局关于税务总局定点联系企业税收风险管理工作有关事项的通知(税总发〔2014〕26 号)规定：现场审计团队根据发现的涉税风险事项形成现场审计报告，把现场审计过程中已经核实确认并且税法规定明确的税收风险，及时推送给企业所在地税务机关。

108. 企业税务部门应参与企业战略规划和重大经营决策的制定，并跟踪和监控相

关税务风险。下列哪项不属于企业重大经营决策？(　　)

A. 重要合同或协议的签订

B. 重大对外投资

C. 年终利润分配

D. 经营模式的改变

【参考答案】 C

【答案解析】 根据《国家税务总局关于印发〈大企业税务风险管理指引(试行)〉的通知》(国税发〔2009〕90号)第四条第五款规定，企业重大经营决策包括重大对外投资、重大并购或重组、经营模式的改变以及重要合同或协议的签订等。

109. 2019年2月，某县税务局税收风险管理部门对D超市进行风险分析，发现其部分申报数据如下：

单位：元

	D超市	
	2017年	2018年
销售收入	331 418 475.44	376 209 990.32
增值税税负率	2.49%	1.28%

当年超市行业税负正常峰值为1.5%，则下列表述中错误的是(　　)。

A. 销售额变动率高于正常峰值，税负率低于正常峰值的，可列入疑点范围

B. 销售额变动率低于正常峰值，税负率高于正常峰值，可列入疑点范围

C. 销售额变动率及税负率均高于正常峰值的可列入疑点范围

D. 销售额变动率及税负率均低于正常峰值的可列入疑点范围

【参考答案】 B

【答案解析】 税负率＝(本期应纳税额÷本期应税主营业务收入)×100%。

计算分析纳税人税负率，与销售额变动率等指标配合使用，将销售额变动率和税负率与相应的正常峰值进行比较，销售额变动率高于正常峰值，税负率低于正常峰值的，销售额变动率低于正常峰值，税负率低于正常峰值的，销售额变动率及税负率均高于正常峰值的均可列入疑点范围。

110. 合并重组、破产注销或年度缴纳税额未达到国家税务总局管理服务标准的企业集团，应从千户集团名册管理范围内调出，前提是合并重组、破产注销或年度缴纳税额(　　)。

A. 连续二年未达到国家税务总局管理服务标准

B. 连续三年未达到国家税务总局管理服务标准

C. 连续四年未达到国家税务总局管理服务标准

D. 连续五年未达到国家税务总局管理服务标准

【参考答案】 D

【答案解析】 根据《国家税务总局关于发布〈千户集团名册管理办法〉的公告》(国家税务总局公告 2017 年第 7 号)第八条,合并重组、破产注销或年度缴纳税额连续五年未达到国家税务总局管理服务标准的企业集团,应从名册管理范围内调出。

111. 使用数据工具(税务端)开展集团上报数据的核对工作,主要核对的内容是(　　)。

A. 必采数据报送的完整性

B. 账套数据的准确性

C. 报送附列资料内容

D. 科目对应文件内容

【参考答案】 A

【答案解析】 使用数据工具(税务端)开展集团上报数据的核对工作,主要核对的内容是必采数据报送的完整性。

112. 总局大企业税收服务和管理系统中,权限税务机关为地市局的用户,只能查看辖区内纳税人的数据,如需要查看跨区域数据,需要省局用户管理用户通过(　　)功能,授权省内其他地区的数据查询权限。

A. 用户管理

B. 用户授权

C. 数据管理

D. 数据授权

【参考答案】 D

【答案解析】 总局大企业税收服务和管理系统中,权限税务机关为地市局的用户,只能查看辖区内纳税人的数据,如需要查看跨区域数据,需要省局用户管理用户通过数据授权功能,授权省内其他地区的数据查询权限。

113. 企业税务风险管理信息系统数据的记录、收集、处理、传递和保存(　　)。

A. 应符合税法和财务管理制度的要求

B. 应符合税法和税务风险控制的要求

C. 应符合财务管理制度和税务风险控制的要求

D. 应符合税法和数据安全管理的要求

【参考答案】 B

【答案解析】《国家税务总局关于印发〈大企业税务风险管理指引(试行)〉的通知》(国税发〔2009〕90号)规定:企业税务风险管理信息系统数据的记录、收集、处理、传递和保存应符合税法和税务风险控制的要求。

114.2018年8月,A县税务局税收风险管理部门对甲设备制造股份有限公司2017年度纳税情况进行风险分析,该公司部分数据如下:

甲设备制造股份有限公司所得税申报分析表　　单位:元

项目	2015年	2016年	2017年
主营业务收入	907 720 166	858 046 677	−5.47
主营业务成本	444 880 435	484 240 635	8.85

下列表述中错误的是(　　)。

A.正常情况下主营业务收入变动率与主营业务成本变动率二者基本同步增长,比值接近1

B.当二者比值<1,且相差较大,二者都为负时,可能存在企业多列成本费用、扩大税前扣除范围等问题

B.当二者比值>1,且相差较大,二者都为正时,可能存在企业多列成本费用、扩大税前扣除范围等问题

D.当比值为负数,且前者为负后者为正时,可能存在企业多列成本费用、扩大税前扣除范围等问题

【参考答案】 D

【答案解析】 主营业务收入变动率与主营业务成本变动率配比分析,正常情况下二者基本同步增长,比值接近1。当比值<1,且相差较大,二者都为负时,可能存在企业多列成本费用、扩大税前扣除范围等问题;当比值>1且相差较大,二者都为正时,可能存在企业多列成本费用、扩大税前扣除范围等问题;当比值为负数,且前者为正后者为负时,可能存在企业多列成本费用、扩大税前扣除范围等问题。

115.税务人员在进行税收分析时需要把握资产负债表中存货所包括的范围,下列项目中属于存货的是(　　)。

A.货币资金

B.应收账款

C.库存商品

D.应付账款

【参考答案】 C

【答案解析】 存货是指企业在日常经营活动中持有的以备出售的产成品或商品；处在生产过程中的在产品；在生产过程中或提供劳务过程中耗用的各种材料、物料。包括：各类材料、在产品、半成品、产成品或库存商品、包装物、委托加工物资、低值易耗品。

116. 税务人员在进行税收分析时应当把握资产负债表中资产的构成。资产负债表中的资产类至少应当单独列示反映信息的是（　　）。

A. 固定资产

B. 应付账款

C. 应交税费

D. 未分配利润

【参考答案】 A

【答案解析】 部门（单位）合并资产负债表中的资产类至少应当单独列示反映货币资金、短期投资、财政应返还额度、应收票据、应收账款净额、预付账款、应收股利、应收利息、其他应收款净额、存货、待摊费用、一年内到期的非流动资产、长期股权投资、长期债券投资、固定资产净值、工程物资、在建工程、无形资产净值、研发支出、公共基础设施净值、政府储备物资、文化文物资产、保障性住房净值、长期待摊费用、待处理财产损溢、受托代理资产。

117. 某电子产品销售公司，2018 年资产负债表存货年初数为 3 580 万元，年末数为 2 190 万元，存货减少 1 390 万元。2018 年所得税申报营业收入 1 270 万元。两者差额 120 万元，排除电子产品低于成本价销售的情况下，可能存在的风险是（　　）。

A. 少申报收入

B. 虚增成本

C. 多列支期间费用

D. 隐瞒营业外收入

【参考答案】 A

【答案解析】 存货减少额大于销售收入，分析企业存货减少额大于销售额的原因，关注企业是否存在少计收入的情况，是否存在投资、抵债、捐赠、交换等行为。

118. 2018 年 3 月，某商贸公司对使用了 8 年的一座仓库推倒重置，该仓库购入时的原值为 300 万元，已经计提折旧 160 万元。2018 年 7 月末，仓库建造完工，支付工程款 560 万元。税法规定新建仓库的使用年限为 20 年，采用直线法计提折旧。可在 2018 年度税前扣除的推倒重置后的折旧是（　　）万元。

A. 7

B. 15.56

C. 14.58

D. 6.8

【参考答案】 C

【答案解析】 企业对房屋、建筑物固定资产在未足额提取折旧前进行改扩建的，如属于推倒重置的，该资产原值减除提取折旧后的净值，应并入重置后的固定资产计税成本，并在该固定资产投入使用后的次月起，按照税法规定的折旧年限，一并计提折旧。2018年的折旧额＝[560＋(300－160)]÷20÷12×5＝14.58(万元)。

119. 下列关于增值税纳税评估方法描述不正确的是(　　)。

A. 税负对比分析法的适用范围很广，基本上对所有行业均可适用

B. 工时耗用法主要适用于单位产品耗用工时或者工资基本稳定，工资或工时记录完整、核算规范的工业企业

C. 能耗测算法主要适用于产品相对较为单一的工业企业

D. 设备生产能力法主要适用于一些特定的行业，如造纸业、发电等行业

【参考答案】 C

【答案解析】 根据《国家税务总局关于印发增值税纳税评估部分方法及行业纳税评估指标的通知》，能耗测算法广泛应用于工业企业。

120. 统计学中最常用“平均值±标准差”法来确定预警值的是(　　)。

A. 上下界限

B. 偏离度

C. 离散度

D. 波动情况

【参考答案】 A

【答案解析】 预警值的测算，统计学中最常用的为“平均值±标准差”法来确定预警值的上下界限。

121. 以购买股份的形式进行并购，那么评估的最终目标和谈判焦点是(　　)。

A. 卖方的股权价值

B. 买方的股权价值

C. 卖方的实体价值

D. 买方的实体价值

【参考答案】 A

【答案解析】 并购大多数是以购买股份形式完成交易的，一次评估的最终目标和双方谈判焦点是卖方的股权价值。

122. 大企业税收服务和管理工作中，制度规划建设工作不包括（　　）。

A. 科学配置业务部门

B. 建立健全各类制度

C. 强化工作统筹规划

D. 加强内控机制建设

【参考答案】 A

【答案解析】 根据税总企便函〔2018〕67 号（二）制度规划建设：①建立健全各类制度；②强化工作统筹规划；③加强内控机制建设。

123. 下列关于大企业纳税服务工作的说法错误的是（　　）。

A. 针对跨区域经营的企业集团各地税收政策理解、执行不一致问题，加强组织协调，提高政策确定性和执行统一性

B. 收集整理企业风险防控典型案例，汇编成册，不定期发布

C. 推进以集团为对象评定纳税信用等级，增强企业信誉意识

D. 全面地测试企业内控制度实际执行情况，提出完善建议，推动企业提高遵从水平

【参考答案】 D

【答案解析】 根据税总企便函〔2018〕67 号，有重点地测试企业内控制度实际执行情况，提出完善建议，推动企业提高遵从水平。

124. 指标模型建设工作主要风险点不包括（　　）。

A. 未按开发、验证、应用程序进行指标模型建设

B. 未经授权更改指标模型内容

C. 未按规定优化指标模型

D. 未按规定保存和使用指标模型

【参考答案】 C

【答案解析】 根据税总发〔2018〕177 号第九条，指标建设主要风险点：①未按开发、验证、应用程序进行指标模型建设；②未经授权更改指标模型内容；③未按规定保存和使用指标模型。

2.2　多选题

1. 在下列各项中，属于千户集团税收风险管理应当坚持的主要原则有（　　）。

A. 两级统筹

B. 合作推进

C. 信息集成

D. 促进遵从

【参考答案】 ABCD

【答案解析】 依据是《千户集团税收风险管理工作规程(试行)》第四条的规定。

2. 在下列各项中,属于千户集团数据采集内容的有(　　)。

A. 企业端数据

B. 税务端数据

C. 定类数据

D. 第三方数据

【参考答案】 ABD

【答案解析】 依据是《千户集团税收风险管理工作规程(试行)》第九条的规定。

3. 省税务机关应当充分利用现代科技手段,从互联网、报纸杂志等媒体发布的公开信息中,获取千户集团涉税信息,重点关注(　　)等重大事项信息。

A. 企业重组

B. 经营模式

C. 股权转让

D. 关联交易

【参考答案】 ACD

【答案解析】 依据是《千户集团税收风险管理工作规程(试行)》第十条的规定。

4. 在下列各项中,人工专业复评主要包括(　　)。

A. 特殊事项分析

B. 常规风险分析

C. 重大事项分析

D. 行业重点剖析

【参考答案】 BCD

【答案解析】 依据是《千户集团税收风险管理工作规程(试行)》第二十一条的规定。

5. 在下列各项中,人工专业复评应当重点关注的内容有(　　)。

A. 行业特点

B. 财税政策

C. 以前年度风险应对结论

D. 审计报告及相关鉴证报告

【参考答案】 ABCD

【答案解析】 人工专业复评应当重点关注以下内容:(1)企业所处的行业特点;(2)企业适用的产业政策、税收政策、会计准则或会计制度;(3)企业内部控制制度;(4)企业财务报表、审计报告及相关鉴证报告;(5)企业重组、股权转让、关联交易等复杂涉税事项;(6)以前年度风险应对结论,包括纳税评估报告、稽查处理决定书等。

6. 国家税务总局、省税务机关应当加强风险应对结果的增值利用,增值利用方式通常包括(　　)。

A. 优化指标模型

B. 构建风险特征库,典型案例库和行业风险指引提出完善税收政策

C. 强化税收征管的建议

D. 谈签税收遵从协议、出具税收管理建议书

【参考答案】 ABCD

【答案解析】 依据是《千户集团税收风险管理工作规程(试行)》第四十条的规定。

7. 在下列各项中,属于大企业税收服务与管理的工作原则有(　　)。

A. 分类管理,提升层级

B. 平衡治理,合作遵从

C. 风险导向,数据驱动

D. 纵向联合,横向协同

【参考答案】 ABC

【答案解析】 全面落实《深化大企业税收服务与管理改革实施方案》所确定的依法治税、便民办税、科学效能、协同共治、有序推进基本原则,针对大企业税收工作特点,遵循大企业税收服务与管理的工作原则:分类管理,提升层级;平衡治理,合作遵从;风险导向,数据驱动。

8. 在下列各项中属于优化大企业个性化纳税服务的有(　　)。

A. 创新大企业个性化纳税服务方式

B. 提供大企业税收政策研讨式服务

C. 完善大企业税务风险内控制度

D. 健全大企业税收服务协调机制

【参考答案】 ACD

【答案解析】 优化大企业个性化纳税服务,包括:创新大企业个性化纳税服务方式,提供大企业税收政策确定性服务,完善大企业税务风险内控制度,健全大企业税务服务协调机制。

9. 在下列各项中属于税收风险应对手段的有（　　）。

A. 纳税评估

B. 税务审计

C. 反避税调查

D. 税务稽查

【参考答案】 ABCD

【答案解析】 针对纳税人不同类型、不同等级的税收风险合理配置税收管理资源，通过风险提醒、纳税评估、税务审计、反避税调查、税务稽查等风险应对手段，防控税收风险，提高纳税人的税法遵从度提升税务机关管理水平的税收管理活动。

10. 在下列各项中属于企业端数据的有（　　）。

A. 宏观经济数据

B. 企业财务数据

C. 企业生产经营数据

D. 发票领开量数据

【参考答案】 BC

【答案解析】 宏观经济数据属于第三方数据，发票领开量数据属于税务端数据，企业财务数据、企业生产经营数据属于企业端数据。

11. 在下列各项中属于日常涉税事项监控的有（　　）。

A. 登记事项监控

B. 发票事项监控

C. 专项涉税事项监控

D. 税务风险内控情况的监控

【参考答案】 AB

【答案解析】 日常涉税事项监控是指从企业办理税务登记至申报纳税等日常征管环节涉税事项中选取相关事项进行监控，主要包括：登记事项监控，发票事项监控，认定审批事项监控，申报事项监控，其他事项监控等。

12. 下列各项中属于专项涉税事项监控的有（　　）。

A. 税收遵从协议履行情况的监控

B. 认定审批事项监控

C. 企业风险内控情况的监控

D. 企业涉税诉求处理情况的监控

【参考答案】 ACD

【答案解析】 专项涉税事项监控是指从日常涉税事项以外的事项中选取特定事项进行监控，主要包括：企业涉税诉求处理情况的监控，企业风险内控情况的监控，税收遵从协议履行情况的监控等。

13. 在下列各项中属于风险评估工作方式的有（ ）。

A. 计算机评估和人工评估

B. 定量评估和定性评估

C. 定期评估和临时评估

D. 事后评估和实时评估

【参考答案】 ABCD

【答案解析】 依据是《国家税务总局大企业税收服务和管理规程（试行）》第三十二条的规定。

14. 各级税务机关大企业税收管理部门应根据风险评估报告，按照风险等级，对企业实施针对性管理措施，主要包括（ ）。

A. 案头审计

B. 强制监控

C. 实地调查

D. 税务约谈

【参考答案】 ACD

【答案解析】 各级税务机关大企业税收管理部门应根据风险评估报告，按照风险等级，对企业实施针对性管理措施，主要包括：纳税服务、约谈企业、案头审计、布置企业自查、反避税调查等。

15. 科技税务机关对有遵从意愿但遵从能力较低的中等风险企业，可以采取的针对性管理措施有（ ）。

A. 案头审计

B. 税务约谈

C. 布置自查

D. 纳税服务

【参考答案】 ABC

【答案解析】 各级税务机关对有遵从意愿但遵从能力较低的中等风险企业，可以通过引导和帮助的方式，采取约谈企业、案头审计、布置企业自查等措施，告知企业可能存在的涉税风险和相应的法律责任，帮助企业分析产生风险的原因及防范措施，督促企业整改。

16. 税务机关大企业税收管理部门采集企业涉税信息的方式通常包括(　　)。

A. 征管系统集中抽取

B. 基层税务机关报送

C. 向企业采集

D. 协作互助采集

【参考答案】 ABCD

【答案解析】 税务机关大企业税收管理部门可以通过从征管系统集中抽取、基层税务机关报送、向企业采集、协作互助采集等方式采集企业涉税信息,包括企业基础信息、税务风险内控信息、税法遵从信息、行业特征信息、第三方信息等企业涉税信息。

17. 在下列各项中不属于大企业重组涉税事项纳税服务的对象有(　　)。

A. 千户集团企业

B. 省级重点税源企业

C. 市级重点税源企业

D. 县级重点税源企业

【参考答案】 BCD

【答案解析】 大企业重组设施事项纳税服务对象为千户集团企业。

18. 按照《千户集团税收风险管理工作规程(试行)》文件的规定,人工专业扶贫应当重点关注(　　)。

A. 企业所处的行业特点

B. 企业内部控制制度

C. 企业财务报表、审计报表及相关鉴证报告

D. 以前年度风险应对结论,包括纳税评估报告、税务处理决定书等

【参考答案】 ABCD

【答案解析】 根据《千户集团税收风险管理工作规程(试行)》的规定,人工专业复评应当重点关注以下内容:①企业所处的行业特点;②企业适用的产业政策,税收政策会计准则或会计制度;③企业内部控制制度;④企业财务报表、审计报表及相关鉴证报告;⑤企业重组股权转让关联交易等复杂涉税事项;⑥以前年度风险应对结论,包括纳税评估报告、税务处理决定书等。

19. 企业应建立科学有效的职责分工和制衡机制,确保税务管理的不相容岗位相互分离、制约和监督。税务管理的不相容职责包括(　　)。

A. 纳税申报表的填报与审批

B. 发票购买、保管与财务印章保管

C. 税务资料的准备与审查

D. 税款缴纳划拨凭证的填报与审批

【参考答案】 ABCD

【答案解析】 企业应建立科学有效的职责分工和制衡机制，确保税务管理的不相容岗位相互分离、制约和监督。税务管理的不相容职责包括：税务规划的起草与审批；税务资料的准备与审查；纳税申报表的填报与审批；税款缴纳划拨凭证的填报与审批；发票购买、保管与财务印章保管；税务风险事项的处置与事后检查；其他应分离的税务管理职责。

20. 企业间按照完全独立的无关联关系的企业或个人，依据市场条件下所采用的计价标准或价格来处理其相互之间的收入和费用分配的原则为（　　）。

A. 公平独立原则

B. 应计制原则

C. 正常交易原则

D. 公平交易原则

【参考答案】 ACD

【答案解析】 独立交易原则包括公平独立原则、正常交易原则、公平交易原则，是税务当局处理关联企业间收入和费用分配的指导原则。

21. 定点联系企业税务风险管理信息系统主要组成子系统有（　　）。

A. 风险管理信息采集子系统

B. 企业税务风险评估管理子系统

C. 税务审计查账子系统

D. 反馈和改进风险子系统

【参考答案】 ABC

【答案解析】 根据《国家税务总局关于定点联系企业税务风险管理信息系统有关问题的通知》（国税函〔2010〕513 号）的规定，定点联系企业税务风险管理信息系统主要由风险管理信息采集子系统、企业税务风险评估管理子系统、税务审计查账子系统等部分组成。

22. 风险评估是一个动态循环的过程。采取（　　）的方式，上一次风险评估结果作为下一次风险管理信息的组成部分。

A. 日常评估和专项评估相结合

B. 定期评估和临时评估相结合

C. 事前评估和事后评估相结合

D. 事后评估和实时评估相结合

【参考答案】 BD

【答案解析】 依据是《国家税务总局关于定点联系企业税务风险管理信息系统有关问题的通知》(国税函〔2010〕513号)关于风险评估的规定。

23. 定点联系企业税务风险管理信息系统,需采集的风险管理信息主要包括(　　)。

A. 税务机关已掌握的企业信息

B. 其他企业经营和管理基本信息

C. 相关第三方信息

D. 税收情报交换信息以及反避税可比数据库信息

【参考答案】 ABCD

【答案解析】 根据《国家税务总局关于定点联系企业税务风险管理信息系统有关问题的通知》(国税函〔2010〕513号)的规定,定点联系企业税务风险管理信息系统,需采集的风险管理信息主要包括税务机关已掌握的企业信息、其他企业经营和管理基本信息、相关第三方信息、税收情报交换信息以及反避税可比数据库信息等。

24. 对税务风险管理机制较为健全有效的企业,可通过(　　)措施帮助企业事先应对相关税务风险,开展风险管控。

A. 财务数据自查

B. 归集涉税风险

C. 预约定价安排

D. 遵从保证协议

【参考答案】 CD

【答案解析】 根据《国家税务总局关于定点联系企业税务风险管理信息系统有关问题的通知》(国税函〔2010〕513号)的规定,对税务风险管理机制较为健全有效的企业,可通过预约定价安排,遵从保证协议等措施帮助企业事先应对相关税务风险,开展风险管控。

25. 大企业税收服务和管理工作,应实施科学高效、统一规范的专业化管理。通过有效的(　　),防范和控制税务风险,提高税法遵从度,降低税收遵从成本。

A. 遵从引导

B. 遵从管控

C. 遵从协议

D. 遵从应对

【参考答案】 ABD

【答案解析】 根据《国家税务总局大企业税收服务和管理规程(试行)》的规定,大企业税收服务和管理工作,应实施科学高效、统一规范的专业化管理。通过有效的遵从引导、遵从管控、遵从应对,防范和控制税务风险,提高税法遵从度,降低税收遵从成本。

26. 专项涉税事项监控,是指从日常涉税事项以外的事项中选取特定事项进行监控,主要包括(　　)。

A. 企业涉税诉求处理情况的监控

B. 税务风险内控情况的监控

C. 税收遵从协议履行情况的监控

D. 税务机关自主实施的监控事项

【参考答案】 ABC

【答案解析】 根据《国家税务总局大企业税收服务和管理规程(试行)》的规定,专项涉税事项监控,是指从日常涉税事项以外的事项中选取特定事项进行监控,主要包括企业涉税诉求处理情况的监控、税务风险内控情况的监控和税收遵从协议履行情况的监控。

27. 根据《国家税务总局关于印发〈大企业税收风险管理内部控制制度(试行)〉通知》的规定,下列风险等级表述正确的有(　　)。

A. 根据涉及事项或环节的重要程度、危害程度等因素,大企业税收风险管理工作风险分为高、中、低、无 4 个等级

B. 高风险,是指违反法律、法规、规章及大企业税收风险管理制度开展大企业税收风险管理工作,造成纳税人和缴费人合法权益遭受损害且程度严重的风险;或大企业税收风险管理工作质量和效率受到严重影响的风险

C. 低风险,是指违反法律、法规、规章及大企业税收风险管理制度开展大企业税收风险管理工作,造成纳税人和缴费人合法权益遭受损害但程度轻微的风险;或大企业税收风险管理工作质量和效率受到较轻影响的风险

D. 对大企业税收风险管理具体风险以及等级实行静态管理,根据法律、法规、规章及工作实际变化情况,适时作出调整

【参考答案】 BC

【答案解析】 《国家税务总局关于印发〈大企业税收风险管理内部控制制度(试行)〉通知》(税总发〔2018〕177 号)第四条规定,根据涉及事项或环节的重要程度、危害程度等因素,大企业税收风险管理工作风险分为高、中、低 3 个等级。(1)高风险,是指违反法律、法规、规章及大企业税收风险管理制度开展大企业税收风险管理工作,造成纳

税人和缴费人合法权益遭受损害且程度严重的风险；或大企业税收风险管理工作质量和效率受到严重影响的风险。(2)中风险，是指违反法律、法规、规章及大企业税收风险管理制度开展大企业税收风险管理工作，造成纳税人和缴费人合法权益遭受损害但程度一般的风险；或大企业税收风险管理工作质量和效率受到较大影响的风险。(3)低风险，是指违反法律、法规、规章及大企业税收风险管理制度开展大企业税收风险管理工作，造成纳税人和缴费人合法权益遭受损害但程度轻微的风险；或大企业税收风险管理工作质量和效率受到较轻影响的风险。

28. 国家税务总局印发的《深化大企业税收服务与管理改革实施方案》文件要求，大企业管理部门以(　　)为服务与管理对象。

A. 全国千户集团

B. 各省级局确定的大企业

C. 各市级局确定的大企业

D. 各县级局确定的大企业

【参考答案】 AB

【答案解析】 根据《深化大企业税收服务与管理改革实施方案》(税总发〔2015〕157号)的规定，以全国千户集团和各省(自治区、直辖市和计划单列市)税务局确定的大企业为服务与管理对象，通过完善大企业纳税服务机制，创新大企业个性化纳税服务产品和方式，提供大企业税收政策确定性服务，提升税法遵从度和纳税人满意度；通过转变大企业税收管理方式，将大企业复杂涉税事项提升至总局、省局统筹管理，逐步实现大企业税收服务与管理的全国一体化运作，力争在2020年实现大企业税收管理现代化。

29. 全国千户集团及其成员企业应附报的财务会计报表包含(　　)。

A. 资产负债表

B. 利润表

C. 现金流量表

D. 所有者权益(股东权益)变动表

E. 附注

【参考答案】 ABCDE

【答案解析】 《国家税务总局关于规范全国千户集团及其成员企业纳税申报时附报财务会计报表有关事项的公告》(国家税务总局公告2016年第67号)明确，全国千户集团及其成员企业应附报的财务会计报表，是指按照企业所适用的会计准则、会计制度等编制的财务会计报表，包括资产负债表、利润表、现金流量表、所有者权益(股东权益)变动表、附注等。

30. 下列千户集团企业不用进行附报财务报表的有(　　)。

A. 境外企业

B. 进行了非正常户认定的企业

C. 核定征收企业

D. 非独立核算企业

【参考答案】 ABCD

【答案解析】 境内独立核算、查账征收、处于正常状态的千户集团企业中,在进行企业所得税预缴申报时,需附报财务报表。

31. 下列属于可不采集电子财务数据的千户集团成员企业有(　　)。

A. 未正式运营企业

B. 数据工具采集模板不覆盖企业

C. 企业财务人员采集困难

D. 关停并转企业

【参考答案】 AD

【答案解析】 根据规定,非独立核算的企业,集团境外成员的企业,挂靠经营的企业,采取手工记账方式的企业,注销、破产、关停并转的企业,非正常户、未正式运营等企业,可不纳入采集范围。

32. "四个有人管"是指(　　)。

A. 税收风险没有发现有人管

B. 发现了税收风险没有推送有人管

C. 推送了税收风险没有应对有人管

D. 应对过程中提出了税收建议没有及时处置有人管

【参考答案】 ABCD

【答案解析】 "四个有人管"是指税收风险没有发现有人管、发现了税收风险没有推送有人管、推送了税收风险没有应对有人管、应对过程中提出了税收建议没有及时处置有人管。

33. 2023 年度千户集团风险管理工作的主要模式是(　　)。

A. 总局统筹指导

B. 总部所在省税务局牵头

C. 相关省税务局配合

D. 总局牵头分析

E. 省市两级应对

【参考答案】 ABC

【答案解析】 采取“总局统筹指导、总部所在省税务局牵头、相关省税务局配合”的方式开展税收风险管理。

34. 以下符合大企业服务和管理“总对总”工作要求的是(　　)。

A. 千户集团总部所在省发现的集团性风险，只需对本省范围内的成员企业进行风险排查工作

B. 属地税务机关只需对上级税务机关推送的风险点进行应对工作，无须开展其他风险管理工作

C. 开展年度风险管理工作时，集团总部所在省需要整理掌握某一集团在全国范围内风险管理工作开展情况，并向集团出具风险管理建议书

D. 各级大企业工作领导小组及其办公室要认真研究解决大企业或者下级税务机关提出的政策确定性诉求

E. 成员企业所在省税务局通过研判认为某风险是集团性风险，应及时与总部所在省税务局对接，配合其开展“总对总”沟通工作

【参考答案】 CDE

【答案解析】 A 选项，不能只限于本省成员企业。B 选项，要负责日常风险排查等工作。

35. 大企业管理部门开展千户集团税收风险管理工作时，应注重进行(　　)风险分析。

A. 集团整体性

B. 行业特征性

C. 业务链条式

D. 架构穿透性

【参考答案】 ACD

【答案解析】 略。

36.《国家税务总局关于进一步健全大企业税收服务和管理新格局的意见》提出的工作目标是通过两年努力，大企业税收工作体制机制得到健全，业务体系趋于成熟，服务和管理质效明显提升，基本实现(　　)转变、(　　)转变、(　　)转变。

A. 从分散性服务向集成性服务

B. 从“点对点”服务管理向“总对总”服务管理

C. 从注重事后管理为主向注重事前遵从引导、事中风险防控为主

D. 从传统经验管理向人机结合、数据驱动的智能化管理

【参考答案】 ACD

【答案解析】 基本实现从分散性服务向集成性服务转变，从注重事后管理为主向注重事前遵从引导、事中风险防控为主转变，从传统经验管理向人机结合、数据驱动的智能化管理转变。

37.《国家税务总局关于进一步健全大企业税收服务和管理新格局的意见》提出的对称治理模式，要求大企业税收服务和管理工作应以（　　）为对象、（　　）为抓手、（　　）为基点开展。

A. 集团整体

B. 集团遵从

C. 集团总部

D. 集团成员

E. 集团信用

【参考答案】 ACD

【答案解析】 略。

38.《国家税务总局关于进一步健全大企业税收服务和管理新格局的意见》要求我们进一步健全聚合贯通（　　）（　　）（　　）的大企业税收治理新格局。

A. 总对总

B. 整体对整体

C. 系统对集团

D. 网络对网络

【参考答案】 ACD

【答案解析】 进一步健全聚合贯通“总对总”“系统对集团”“网络对网络”的大企业税收治理新格局。

39. 健全大企业税收服务和管理新格局要求我们（　　）。

A. 将集团税费信息“合起来”

B. 将大企业专业化管理与属地管理“融起来”

C. 将内部不同部门职能管理力量“聚起来”

D. 将部分复杂事项管理层级“提起来”

E. 将税务系统整体优势“展出来”

【参考答案】 ABCDE

【答案解析】 健全大企业税收服务和管理新格局要求将集团税费信息“合起来”，将大企业专业化管理与属地管理“融起来”，将内部不同部门职能管理力量“聚起来”，将部分复杂事项管理层级“提起来”，将税务系统整体优势“展出来”。

40.《国家税务总局关于进一步健全大企业税收服务和管理新格局的意见》指导思想中提到的“三个着力”是指(　　)。

A. 着力改善大企业税收管理体制机制

B. 着力健全合作遵从业务体系

C. 着力强化智慧税务有力支撑

D. 着力提升集团整体性服务和管理水平

【参考答案】 ABC

【答案解析】 略。

41.《国家税务总局关于进一步健全大企业税收服务和管理新格局的意见》中明确的“三个不改变”原则是指(　　)。

A. 不改变税务机关属地管理职责

B. 不改变大企业分类分级管理层级

C. 不改变内部部门税费种管理职责

D. 不改变税款入库级次和归属

【参考答案】 ACD

【答案解析】 在不改变税务机关属地管理职责、不改变内部部门税费种管理职责、不改变税款入库级次和归属的前提下进一步健全大企业税收服务和管理新格局。

42. 2022年年底召开的中央经济工作会议提出，明年经济工作千头万绪，要从(　　)出发，从(　　)(　　)入手，纲举目张做好工作。

A. 战略全局

B. 改善社会心理预期

C. 提振发展信心

D. 统筹疫情防控和经济社会发展

【参考答案】 ABC

【答案解析】 2023年经济工作千头万绪，要从战略全局出发，从改善社会心理预期、提振发展信心入手，纲举目张做好工作。

43. 数据加载工作环节中，以下哪些问题需要进行异常处理(　　)。

A. 科目名称异常

B. 账套企业基本信息和加载的成员企业基本信息不匹配

C. 账套缺失中间部分属期数据

D. 未报送账套

【参考答案】 ABC

【答案解析】 数据加载工作环节中，如出现科目名称异常，账套企业基本信息和加载的成员企业基本信息不匹配，账套缺失中间部分属期数据等问题需要进行异常处理。

44. 省局数据核对工作可以完成以下哪几项工作？（ ）

A. 核对集团报送数据内容正确性

B. 记录纳税人数据缺失原因说明

C. 为数据加载环节提供基础数据

D. 关联集团报送数据文件与纳税人名册信息

【参考答案】 BCD

【答案解析】 省局数据核对工作可以完成记录纳税人数据缺失原因说明，为数据加载环节提供基础数据，关联集团报送数据文件与纳税人名册信息等。

45. 以下哪类企业为非必须采集账套的企业？（ ）

A. 非正常户千户集团企业

B. 未正式运营千户集团企业

C. 独立核算千户集团企业

D. 非千户集团企业

【参考答案】 ABD

【答案解析】 独立核算千户集团企业必须采集账套数据。

46. 在名册管理工作中，省税务局的职责有（ ）。

A. 核实、推荐本省符合千户集团入选标准的企业集团，提出入册企业集团调整建议，协助国家税务总局确定千户集团名单

B. 组织总部在本省的集团报送成员企业名册信息

C. 审核并补充完善本省的成员企业名册信息

D. 总结名册管理工作开展情况，提出工作建议

【参考答案】 ABCD

【答案解析】 在名册管理工作中，省税务局的职责是核实、推荐本省符合千户集团入选标准的企业集团，提出入册企业集团调整建议，协助国家税务总局确定千户集团名单，组织总部在本省的集团报送成员企业名册信息，审核并补充完善本省的成员企业名册信息，总结名册管理工作开展情况，提出工作建议。

47. 下列哪些企业应纳入千户集团管理？（ ）

A. 国资委管理的中央企业

B. 财政部管理的中央金融企业

C. 世界 500 强企业

D. 年缴纳税额高、组织架构复杂、行业代表性强等特征的其他龙头企业

【参考答案】 ABCD

【答案解析】 国资委管理的中央企业、财政部管理的中央金融企业、总部在境内的世界 500 强企业和年缴纳税额高、组织架构复杂、行业代表性强等特征的其他龙头企业纳入千户集团管理。

48. 千户集团"一户式"信息归集功能模块的主要功能亮点有(　　)。

A. "T+1"数据归集

B. 归集了各部门风险应对数据

C. 集团总部所在省可以依权限查询集团在外省的汇总数据

D. 不能查询法人"一户式"相关数据

【参考答案】 ABC

【答案解析】 千户集团"一户式"信息归集功能模块的主要功能亮点是实现了"T+1"数据归集,归集了各部门风险应对数据,集团总部所在省可以依权限查询集团在外省的汇总数据。

49. 风险应对的具体措施包括(　　)、开展税务审计和反避税调查、进行税务稽查及处罚。

A. 落实《大企业税务风险管理指引》,指导企业建立和完善涉税内部控制和风险管理体系

B. 建立行业风险特征库,深入细化分类管理

C. 利用预约定价安排、遵从保证协议等手段,开展风险管控

D. 利用税务风险自查模块,引导企业开展税务自查

【参考答案】 ABCD

【答案解析】 风险应对的具体措施包括落实《大企业税务风险管理指引》,指导企业建立和完善涉税内部控制和风险管理体系;建立行业风险特征库,深入细化分类管理;利用预约定价安排、遵从保证协议等手段,开展风险管控;利用税务风险自查模块,引导企业开展税务自查及其他自我遵从纠正行动;开展税务审计和反避税调查,进行税务稽查及处罚。

50. 某市税务局在税收风险应对过程中,采取的正确应对手段包括(　　)。

A. 以短信方式提醒 XX 建筑公司 2018 年《利润表》和所得税申报表中的数字存在明显笔误

B. 存在多项涉税疑点的 YY 公司进行纳税评估

C. 评估管理分局因人手不足，请中通会计师事务所对大华钢铁集团进行评估

D. 大企业管理分局对 ZZ 贸易公司的跨国关联交易采取反避税调查

E. MM 房地产公司因涉嫌偷税由该市稽查局进行税务稽查

【参考答案】 ABDE

【答案解析】《国家税务总局关于加强税收风险管理工作的意见》指出，税收风险管理贯穿于税收工作的全过程，是税务机关运用风险管理理论和方法，在全面分析纳税人税法遵从状况的基础上，针对纳税人不同类型不同等级的税收风险，合理配置税收管理资源，通过风险提醒、纳税评估、税务审计、反避税调查、税务稽查等风险应对手段，防控税收风险，提高纳税人的税法遵从度，提升税务机关管理水平的税收管理活动。

51. 企业应根据风险产生的原因和条件从组织机构、职权分配、业务流程、信息沟通和检查监督等多方面建立税务风险控制点，根据风险的不同特征采取相应的机制包括(　　)。

A. 人工控制机制

B. 自动化控制机制

C. 预防性控制机制

D. 发现性控制机制

E. 流程性控制机制

【参考答案】 AB

【答案解析】《国家税务总局关于印发〈大企业税务风险管理指引(试行)〉的通知》指出，企业应根据风险产生的原因和条件从组织机构、职权分配、业务流程、信息沟通和检查监督等多方面建立税务风险控制点，根据风险的不同特征采取相应的人工控制机制或自动化控制机制，根据风险发生的规律和重大程度建立预防性控制机制和发现性控制机制。

52. 在下列各项中，税收风险识别的原则有(　　)。

A. 全面周详

B. 综合考察

C. 量力而行

D. 科学计算

【参考答案】 ABCD

【答案解析】 依据是《纳税评估管理办法(试行)》第二条的规定。

53. 在下列各项中，属于税收经济关系分析的主要内容有(　　)。

A. 宏观税负分析

B. 行业税收特征分析

C. 税收经济关系分析

D. 财务信息与分税种纳税信息分析

【参考答案】 ABCD

【答案解析】 选项 ABCD,都属于税收经济关系分析。

54. 企业税务风险防范的主要措施有(　　)。

A. 完善内部控制,防范系统风险

B. 签订遵从协议,强化顶层意识

C. 报送遵从报告,鉴证绩效考核

D. 强化纳税服务,参与企业内部管控

【参考答案】 ABC

【答案解析】 依据是《大企业税务风险管理指引(试行)》(国税发〔2009〕90 号)。

55. 在下列各项中,体现纳税评估和税务稽查的区别主要在于(　　)。

A. 检查目标

B. 检查目的

C. 检查方式

D. 取证要求

【参考答案】 ABD

【答案解析】 略。

56. 在下列各项中,属于税收风险的有(　　)。

A. 税款负担风险

B. 税收违法风险

C. 信誉损失风险

D. 经营风险

【参考答案】 ABC

【答案解析】 略。

57. 在评估企业是否存在转让定价避税嫌疑时,可以运用(　　)。

A. 关联销售变动率与销售收入变动率配比分析

B. 关联销售变动率与销售利润变动率配比分析

C. 关联采购变动率与销售成本变动率配比分析

D. 关联采购变动率与销售利润变动率配比分析

【参考答案】 ABCD

【答案解析】 略。

58. 企业税务风险管理信息系统数据的（　　）、保存，应符合税法和税务风险控制的要求。

A. 记录

B. 收集

C. 处理

D. 传递

【参考答案】 ABCD

【答案解析】 略。

59. 风险内部控制调查的主要内容是（　　）、工薪福利及员工管理内控、资产及其权益关联关系内控、信息系统关联内控等。

A. 整体管理层面的内控

B. 购、销、存及其收支款项业务内控

C. 成本费用管理内控

D. 报、融资及资金管理内控

【参考答案】 ABCD

【答案解析】 略。

60. 大企业的特点包括（　　）。

A. 跨行业、跨区域甚至跨国经营的特性

B. 内部组织架构和核算复杂

C. 生产经营分散而内部决策集中

D. 依法纳税意识和维权意识较强

【参考答案】 ABCD

【答案解析】 略。

61.《关于进一步健全大企业税收服务和管理新格局的意见》对各级税务机关组织实施工作提出了具体要求。下列符合“具体要求”的有（　　）。

A. 加强风险管理

B. 完善配套制度

C. 建强人才队伍

D. 强化廉政内控

【参考答案】 BCD

【答案解析】《关于进一步健全大企业税收服务和管理新格局的意见》对各级税务

机关组织实施工作提出了五个方面的具体要求：一是加强组织领导；二是完善配套制度；三是建强人才队伍；四是强化廉政内控；五是严格绩效考评。

62. 我国在合理设置大企业税收风险多维分类方面，在借鉴国际经验的基础上，进行了“多维”的尝试和探索，下列属于“多维”的内容有（　　）。

A. 区域细分维度

B. 特定事项维度

C. 行业细分维度

D. 纳税申报流程维度

【参考答案】 BCD

【答案解析】 根据《国外大企业税收概览》（国家税务总局大企业税收管理司编著）第十一章第二节，有效采取多种措施，提升风险分析质效。合理设置大企业税收风险多维分类，我国在借鉴国际经验的基础上，也进行了有益的尝试和探索，包括纳税申报流程维度、行业细分维度和特定事项维度。

63. 下列内容中，属于千户集团名册信息表中需要填报的企业规模信息的有（　　）。

A. 是否为上市公司股票

B. 上一年度营业收入

C. 是否为重点税源企业

D. 上一年度缴纳税额

【参考答案】 ABD

【答案解析】 根据《国家税务总局关于发布〈千户集团名册管理办法〉的公告》（国家税务总局公告 2017 年第 7 号）后附《千户集团名册信息表》所列项目可知，企业规模信息的内容包括：上一年度缴纳税额、上一年度营业收入、是否为重点税源企业、是否为上市公司股票。

64. 税务总局组建税收风险分析专业团队，开展千户集团企业的税收风险分析工作，完善税务总局、省局两级统筹下的税收风险分析工作机制，其中省局工作任务包括（　　）。

A. 开展计算机风险扫描

B. 实施人工专业复评

C. 评审税收风险分析报告

D. 报送涉税信息

E. 配合开展税收风险分析工作

【参考答案】 DE

【答案解析】《国家税务总局办公厅关于开展千户集团税收风险分析工作有关事宜的通知》(税总办函〔2016〕169 号)规定:省局工作任务包括报送涉税信息和配合开展税收风险分析工作。

65. 关于主营业务收入变动率与主营业务利润变动率配比分析,下列说法正确的有(　　)。

A. 当比值为负数,且前者为正后者为负时,可能存在企业多列成本费用、扩大税前扣除范围等问题

B. 当比值大于 1 且相差较小,二者都为正时,可能存在企业多列成本费用、扩大税前扣除范围等问题

C. 当比值小于 1 且相差较大,二者都为负时,可能存在企业多列成本费用、扩大税前扣除范围等问题

D. 正常情况下,二者基本同步增长

E. 当比值大于 1 且相差较大,二者都为正时,可能存在企业多列成本费用、扩大税前扣除范围等问题

【参考答案】 ACDE

【答案解析】《国家税务总局关于印发〈纳税评估管理办法(试行)〉的通知》附件 1《纳税评估通用分析指标及使用方法》规定:主营业务收入变动率与主营业务利润变动率配比分析,正常情况下,二者基本同步增长。(1)当比值<1,且相差较大,二者都为负时,可能存在企业多列成本费用、扩大税前扣除范围问题。(2)当比值>1 且相差较大、二者都为正时,可能存在企业多列成本费用、扩大税前扣除范围等问题。(3)当比值为负数,且前者为正后者为负时,可能存在企业多列成本费用、扩大税前扣除范围等问题。

66. 使用税负对比分析法发现企业增值税税负异常时,应结合其他分析方法进行多角度分析,需要考虑的因素主要包括(　　)。

A. 季节性因素

B. 政策性因素

C. 价格因素

D. 经营范围发生较大变化

E. 管理性因素

【参考答案】 ABCD

【答案解析】 根据《国家税务总局关于印发增值税纳税评估部分方法及行业纳税评估指标的通知》,税负对比分析法属于综合分析法,影响因素较多,涉及税基的多个方

面。因此,用该法发现企业税负异常时,应结合其他分析方法进行多角度分析。需要注意的几个问题:(1)季节性因素。(2)政策性因素。(3)价格因素。(4)经营范围发生较大变化等特殊情况。

67. 下列选项中属于企业所得税纳税评估一类指标的包括(　　)。

A. 主营业务收入变动率

B. 主营业务成本变动率

C. 主营业务费用变动率

D. 主营业务利润税收负担率

E. 所得税贡献率

【参考答案】 ADE

【答案解析】 《国家税务总局关于印发〈纳税评估管理办法(试行)〉的通知》附件1《纳税评估通用分析指标及使用方法》规定:企业所得税纳税评估一类指标包括主营业务收入变动率、所得税税收负担率、所得税贡献率、主营业务利润税收负担率。

68. 某公司为外商投资企业,外商(在中国境内未设立机构、场所)投资占比25%,当年未办理所得税扣缴报告。税收风险分析人员了解到该企业2018年度盈利1 263.56万元,年初留存收益16 051.16万元,年末留存收益2 788.37万元。下列涉税分析正确的有(　　)。

A. 2018年理论分配利润14 526.35万元

B. 2018年理论分配利润0万元

C. 外资股东理论应申报股息红利3 631.59万元

D. 理论应扣缴企业所得税363.16万元

E. 理论应扣缴企业所得税726.32万元

【参考答案】 ACD

【答案解析】 2018年理论分配利润:资产负债表年初留存收益+利润表本期净利润−年末留存收益=16 051.16+1 263.56−2 788.37=14 526.35(万元)。外资股东理论应申报股息红利:理论分配利润×外资投资比例=14 526.35×25%=3 631.59(万元)。理论应扣缴非居民所得税:外资股东理论应申报股息红利×税率=3 631.59×10%=363.16(万元),理论值与申报数不符,需要进一步核实。

69. 某房地产开发企业2018年度资产负债表中的存货期初余额5 437.80万元,期末余额159.60万元,预收账款期初余额3 784万元,期末余额为零;《土地增值税清算报告》中反映,该项目已完工,已售面积占可售面积3.31万平方米的87%,开发成本每平方米为1 945元。下列涉税分析描述正确的有(　　)。

A. 存货项目期末余额比期初余额大量减少说明企业成本已基本结转

B. 预收账款项目期末余额为零，说明企业将上年预售收入全部转入当年主营业务收入（不考虑其他因素）

C. 资产负债表中存货项目的期末余额应在 836.93 万元左右

D. 可能存在多转商品房销售成本的问题

E. 资产负债表中的数据变化可以判断企业多转销售成本

【参考答案】 ABCD

【答案解析】 存货项目期末余额比期初余额大量减少说明企业成本已基本结转；预收账款项目期末余额为零，说明企业将上年预售收入全部转入当年主营业务收入（剔除其他因素）；单从资产负债表中的数据变化无法判断企业销售成本的结转情况，结合《土地增值税清算报告》分析，如果未售面积为 13%，经测算未售商品房的开发成本、即资产负债表中“存货”项目的期末余额应为 836.93 万元左右，该公司可能存在多转商品房销售成本的问题。

70. 当前，世界各国大企业税收管理的对象范围划分有单一标准和复合标准两种。复合标准即同时兼顾多种因素，采用多个指标的组合，目前大多数国家采用此标准。下列采用复合标准定义大企业的国家有（　　）。

A. 法国

B. 巴西

C. 意大利

D. 加拿大

【参考答案】 ABD

【答案解析】 根据《国外大企业税收管理概览》第一章第三节“大企业纳税人的认定标准”，总体来讲，各国大企业税收管理的对象范围划分有单一标准和复合标准两种。复合标准即同时兼顾多种因素，采用多个指标的组合，目前大多数国家采用此标准。如加拿大采用直接税和间接税综合考虑的标准；法国采用营业额、资产、控股等因素综合考虑的标准；巴西采用总收入、应纳税额、薪酬支出等因素综合考虑的标准。

71. 为进一步推动债券市场对外开放，自 2018 年 11 月 7 日起下列有关税收政策符合规定的包括（　　）。

A. 对境外机构投资境内债券市场取得的债券利息收入暂免征收增值税

B. 对境外机构投资境内债券市场取得的债券利息收入暂免征收企业所得税

C. 对境外机构在境内设立的机构、场所投资境内债券市场取得的与该机构、场所有实际联系的债券利息征收企业所得税

D. 对境外机构在境内设立的机构、场所投资境内债券市场取得的与该机构、场所有实际联系的债券利息暂免征收企业所得税

【参考答案】 ABC

【答案解析】 根据《关于境外机构投资境内债券市场企业所得税增值税政策的通知》，自 2018 年 11 月 7 日起至 2021 年 11 月 6 日止，对境外机构投资境内债券市场取得的债券利息收入暂免征收企业所得税和增值税。上述暂免征收企业所得税的范围不包括境外机构在境内设立的机构、场所取得的与该机构、场所有实际联系的债券利息。

2.3　判断题

1. 对纳税人会计电算化系统处理存储的会计记录以及其他有关的纳税资料，税务机关有权进入其电算化系统进行检查，但不可复制。（　　）

A. 正确

B. 错误

【参考答案】 B

【答案解析】《国家税务总局关于贯彻〈中华人民共和国税收征收管理法〉及其实施细则若干具体问题的通知》(国税发〔2003〕47 号)文件第十六条规定，对采用电算化会计系统的纳税人，税务机关有权对其会计电算化系统进行查验。对纳税人会计电算化系统处理存储的会计记录以及其他有关的纳税资料，税务机关有权进入其电算化系统进行检查，并可复制与纳税有关的电子数据作为依据。

2. 税务总局将依托税收大数据第三方数据，直接筛选出千户集团企业名单，由各省级大企业管理部门组织核实确认，并及时补充推荐符合条件的集团。（　　）

A. 正确

B. 错误

【参考答案】 A

【答案解析】《国家税务总局大企业税收管理司关于千户集团名册管理办法修订意见的通知》(税总企便函〔2020〕33 号)指出：税务总局将依托税收大数据第三方数据，直接筛选出千户集团企业名单，由各省级大企业管理部门组织核实确认，并及时补充推荐符合条件的集团。

3. 各级大企业税收服务和管理部门要以提升大企业服务和管理能力为目标，细化

工作职责，理顺工作机制，提升工作效能，更好地发挥大企业税收服务和管理在深化税收领域“放管服”改革、优化税收营商环境、实现税收征管现代化中的积极作用。（　　）

A. 正确

B. 错误

【参考答案】 A

【答案解析】《关于加强大企业税收服务和管理工作的指导意见》(税总企便函〔2018〕67号)指出：各级大企业税收服务和管理部门要全面贯彻税收征管体制改革总体部署和要求，以提升大企业服务和管理能力为目标，细化工作职责，理顺工作机制，提升工作效能，更好地发挥大企业税收服务和管理在深化税收领域“放管服”改革、优化税收营商环境、实现税收征管现代化中的积极作用。

4. 2022年，要基本建成统一规范的电子税务局。（　　）

A. 正确

B. 错误

【参考答案】 A

【答案解析】 略。

5. 业务专题是对相关行业和热门问题的综合整理，主要根据纳税人关注度或当前工作重点设立，是对问题解答、办税流程、表证单书等进行整理归集。（　　）

A. 正确

B. 错误

【参考答案】 A

【答案解析】 略。

6. 税收遵从协议是指税务机关与已建立税务内部控制机制的大企业以共同防控税务风险，提高大企业税法遵从度，降低税收成本为目的签订的协议。（　　）

A. 正确

B. 错误

【参考答案】 A

【答案解析】 略。

7. 企业应根据税务风险评估的结果，考虑风险管理的成本和效益，在整体管理控制体系内，制定税务风险应对策略。（　　）

A. 正确

B. 错误

【参考答案】 A

【答案解析】 略。

8. 遵从引导是指通过个性化的纳税服务和专业化的税收管理，提高企业自身依法处理涉税事务的能力。（　　）

A. 正确

B. 错误

【参考答案】 A

【答案解析】 略。

9. 涵养税源分析是指深入分析地方经济税源状况和增长潜力，特别是对地方重大发展战略重点项目税源状况进行跟踪分析，发现税源发展中存在的问题，进而提出培植税源、涵养税源、促进税源健康发展的意见建议。（　　）

A. 正确

B. 错误

【参考答案】 A

【答案解析】 略。

10. 大企业税收风险管理内部控制制度适用于各级税务机关对辖区所有大企业的税收风险管理工作。（　　）

A. 正确

B. 错误

【参考答案】 B

【答案解析】 本制度适用于各级税务机关对千户集团总部及其成员企业、本省列名企业的税收风险管理工作。

11. 千户集团直报上报数据时会在系统内自动进行数据校验，如果校验不通过，则数据上报终止。（　　）

A. 正确

B. 错误

【参考答案】 A

【答案解析】 上报数据时会触发自动校验，如果有数据审核校验不通过，则数据上报终止，需要进行修改，直到数据通过审核校验。

12. 加强大企业经济分析工作要税务总局、省税务局统筹联动，充分运用大企业涉税数据，以税助企，以税资政。（　　）

A. 正确

B. 错误

【参考答案】 A

【答案解析】 略。

13. 税务部门的数据具有最大颗粒度特征，最能反映经济社会发展运行情况。因为它覆盖的经济活动领域最全，反映的经济活动动态最新，表现的经济活动内容最实，记载的经济活动结果最准。（　　）

A. 正确

B. 错误

【参考答案】 B

【答案解析】 税务部门的数据具有最小颗粒度特征。

14. 大企业税收管理团队只能从税务干部选拔人员组建，不得采用合作外包等形式组建专家顾问团队。（　　）

A. 正确

B. 错误

【参考答案】 B

【答案解析】 根据《千户集团税收风险管理工作规程（试行）》第五条，省税务机关要按照分类分级管理要求，明晰职责，健全机制，不断充实大企业税收管理专业化队伍。根据工作特点和岗位需求，对大企业税收管理人员实施专业化培训，优化大企业税收管理人才团队，实现人力资源与大企业税收管理工作要求相匹配。可以聘请大专院校行业协会中介机构专家，组建大企业税收管理顾问团队，通过合作外包等方式，开展大企业税收管理技术手段研发和相关项目研究。

15. 税务总局确定年度风险分析计划时，应根据千户集团企业规模、风险等级、税收规模等因素，直接确定并下发分析集团名单。（　　）

A. 正确

B. 错误

【参考答案】 B

【答案解析】 根据《国家税务总局大企业税收管理司关于进一步完善千户集团税收风险分析工作流程的通知》（税总企便函〔2018〕28 号），统筹考虑千户集团风险等级排序、税收规模、区域分布等因素，结合税收风险管理开展情况，与稽查局等部门统筹，确定分析集团名单，制订下发千户集团税收风险分析年度计划。

16. 有一些千户集团成员企业和列名大企业在金税系统中显示为正常经营状态，但事实上并没有在经营，也未办理注销，每个月仍正常申报税款（税款为零），这些企业无须报送财务会计报表。（　　）

A. 正确

B. 错误

【参考答案】 B

【答案解析】 根据附报应报送企业的筛选条件，这类企业在应附报范围内，其月度或季度财务报表不能为空。

17. 大企业纳税服务必须与时俱进。要采取各种有效措施，创新纳税服务产品，优化纳税服务手段，全面提升大企业纳税服务质效。（　　）

A. 正确

B. 错误

【参考答案】 A

【答案解析】 根据《国家税务总局办公厅关于印发〈深化大企业纳税服务若干工作措施〉的通知》（税总发〔2017〕170 号），随着千户集团税收风险管理模式的逐步确立，大企业税收管理对象和工作模式发生变化。大企业纳税服务必须与时俱进。要采取各种有效措施，创新纳税服务产品，优化纳税服务手段，全面提升大企业纳税服务质效。

18. 经济分析的经济运行风险分析是指通过对税收经济指标的监控分析和预警识别，及早发现经济社会运行中的结构性、苗头性、倾向性问题，及时建言献策，提高防范化解重大风险的能力。（　　）

A. 正确

B. 错误

【参考答案】 A

【答案解析】 略。

19. 风险应对是调动企业积极性主动排除税务风险的一项有效措施。（　　）

A. 正确

B. 错误

【参考答案】 B

【答案解析】《国家税务总局关于税务总局定点联系企业税收风险管理工作有关事项的通知》（税总发〔2014〕26 号）规定：风险自查是调动企业积极性主动排除税务风险的一项有效措施。

20. 风险应对人员发现纳税人有逃避缴纳税款、骗取出口退税或其他需要立案查处的税收违法行为嫌疑的，应当将发现的问题及相关资料，制作《移交税务稽查情况表》，移交同级税务稽查部门处理。（　　）

A. 正确

B. 错误

【参考答案】 A

【答案解析】 根据《千户集团税收风险管理工作规程(试行)》中风险应对有关规定。

21. 大企业税收风险管理工作风险分为特高、高、中、低四个等级。 ( )

A. 正确

B. 错误

【参考答案】 B

【答案解析】 大企业税收风险管理工作风险分为高、中、低三个等级。

22. 综合利用千户集团直报数据、附报数据、第三方数据,全面反映经济税收各方面的运行成效亮点和问题,拓展经济分析的广度和深度,着力提升税收经济分析质效,打造大企业税收经济分析拳头产品。 ( )

A. 正确

B. 错误

【参考答案】 A

【答案解析】 根据《国家税务总局大企业税收管理司关于印发〈关于加强大企业税收服务和管理工作的指导意见〉的通知》(税总企便函〔2018〕67 号),打造拳头产品。综合利用千户集团直报数据、附报数据、第三方数据,全面反映经济税收各方面的运行成效亮点和问题,拓展经济分析的广度和深度,着力提升税收经济分析质效,打造大企业税收经济分析拳头产品。

23. 微观税收分析是指在了解和掌握具体纳税人生产经营情况和财务数据的基础上,对纳税人的税收经济关系和税收缴纳状况进行客观评价和说明的分析。 ( )

A. 正确

B. 错误

【参考答案】 A

【答案解析】 《国家税务总局办公厅关于印发〈微观税收分析基本方法〉的通知》(国税办函〔2006〕26 号)规定:微观税收分析是指在了解和掌握具体纳税人生产经营情况和财务数据的基础上,对纳税人的税收经济关系和税收缴纳状况进行客观评价和说明的分析。

24. 大企业经济分析基础保障包括组织保障、数据保障、人才保障、经费保障、激励保障。 ( )

A. 正确

B. 错误

【参考答案】 A

【答案解析】 略。

25. 税务机关对大企业涉税诉求的处理意见不一致的，应召开大企业涉税事项协调会议，明确处理意见后及时回复企业。（　　）

A. 正确

B. 错误

【参考答案】 A

【答案解析】 根据《国家税务总局大企业税收服务和管理规程》有关规定。

26. 大企业税收服务和管理部门要定期归集整理税收风险，适时推送，助力企业防范风险。（　　）

A. 正确

B. 错误

【参考答案】 A

【答案解析】 根据《国家税务总局大企业税收管理司关于印发〈关于加强大企业税收服务和管理工作的指导意见〉的通知》（税总企便函〔2018〕67 号），大企业税收服务和管理部门要定期归集整理税收风险，适时推送，助力企业防范风险。

27. 如果企业遵从度持续提高，可以调低企业风险等级；如果仍未改善或继续恶化，应调高企业的风险等级。（　　）

A. 正确

B. 错误

【参考答案】 A

【答案解析】 依据是《国家税务总局关于定点联系企业税务风险管理信息系统有关问题的通知》（国税函〔2010〕513 号）中关于风险应对的规定。

28. 金税四期要推动税收大数据服务国家治理和经济社会发展从"自用""共用"向"智用"迈进。（　　）

A. 正确

B. 错误

【参考答案】 A

【答案解析】 从国家治理和经济社会视角，推动税收大数据服务国家治理和经济社会发展从"自用""共用"向"智用"迈进。

29. 经济分析的重大发展战略分析是指以国家或地区出台的产业结构调整区域协同

发展功能重新定位等重大发展战略为研究对象，通过观察战略出台前和实施后的经济发展变化，客观反映重大发展战略实施情况，提出深入推进战略实施的意见建议。（　　）

A. 正确

B. 错误

【参考答案】 A

【答案解析】 略。

30. 企业应当参照《大企业税务风险管理指引》，结合自身经营情况、税务风险特征和已有的内部风险控制体系，建立相应的税收风险管理制度。（　　）

A. 正确

B. 错误

【参考答案】 B

【答案解析】《国家税务总局关于印发〈大企业税务风险管理指引（试行）〉的通知》（国税发〔2009〕90 号）规定：企业可以参照本指引，结合自身经营情况、税务风险特征和已有的内部风险控制体系，建立相应的税务风险管理制度。

31. 企业主管税务机关应参与企业战略规划和重大经营决策的制定，并跟踪和监控相关税务风险。（　　）

A. 正确

B. 错误

【参考答案】 B

【答案解析】《国家税务总局关于印发〈大企业税务风险管理指引（试行）〉的通知》（国税发〔2009〕90 号）规定：企业税务部门应参与企业战略规划和重大经营决策的制定，并跟踪和监控相关税务风险。

32. 在日常风险分析中发现的同质性高、相似性强、涉及面广的风险点，统一由该分公司所在省税务机关协调集团总部所在省税务机关，向集团总部进行提示告知。（　　）

A. 正确

B. 错误

【参考答案】 B

【答案解析】 根据《千户集团税收风险管理工作规程（试行）》第二十五条，对风险分析中发现的同质性高、涉及面广的风险点，税务总局可以协调集团总部所在省税务机关，向集团总部进行提示告知。

33. 税务总局确定年度风险分析计划时，应根据千户集团企业规模风险等级税收规模等因素，直接确定并下发分析集团名单。（　　）

A. 正确

B. 错误

【参考答案】 B

【答案解析】 根据《国家税务总局大企业税收管理司关于进一步完善千户集团税收风险分析工作流程的通知》(税总企便函〔2018〕28 号)，统筹考虑千户集团风险等级排序、税收规模区域分布等因素，结合税收风险管理开展情况，与稽查局等部门统筹，确定分析集团名单，制订下发千户集团税收风险分析年度计划。

34. 大企业税收服务和管理部门要定期归集整理税收风险，适时推送，助力企业防范风险。 (　　)

A. 正确

B. 错误

【参考答案】 A

【答案解析】 根据《国家税务总局大企业税收管理司关于印发〈关于加强大企业税收服务和管理工作的指导意见〉的通知》(税总企便函〔2018〕67 号)，大企业税收服务和管理部门要定期归集整理税收风险，适时推送，助力企业防范风险。

35. 中风险，是指违反法律、法规、规章及大企业税收风险管理制度开展大企业税收风险管理工作，造成纳税人和缴费人合法权益遭受损害且程度严重的风险；或大企业税收风险管理工作质量和效率受到严重影响的风险。 (　　)

A. 正确

B. 错误

【参考答案】 B

【答案解析】 高风险，是指违反法律、法规、规章及大企业税收风险管理制度开展大企业税收风险管理工作，造成纳税人和缴费人合法权益遭受损害且程度严重的风险；或大企业税收风险管理工作质量和效率受到严重影响的风险。

36. 经济分析的减免税政策效应分析是指运用税收财务经济等数据对宏观税负、微观税负企业成本等进行分析，得出客观准确的结论报送党中央、国务院和各级党委政府，回应社会关切。通过分析中央与省市县等各级政府间的收入分配及财力状况，反映地方财政收入运行状况，剖析存在的问题，提出促进收入稳定增长和收入质量不断提高的意见建议。 (　　)

A. 正确

B. 错误

【参考答案】 B

【答案解析】 经济分析的减免税政策效应分析是指通过对享受税收优惠政策企业的类型户数税负变化优惠规模等数据统计，分析减免税政策对企业生产经营及产业上下游的影响变化，对优惠政策落实是否到位、预期目标是否实现等进行评估，进而提出完善政策的意见建议。

37. 各省级大企业税收服务和管理部门制订本省千户集团年度风险分析计划，确定集团及成员企业名单后需上报总局备案。 （ ）

A. 正确

B. 错误

【参考答案】 A

【答案解析】 根据《国家税务总局大企业税收管理司关于印发〈关于加强大企业税收服务和管理工作的指导意见〉的通知》（税总企便函〔2018〕67 号），各省级大企业税收服务和管理部门统筹考虑相关因素，制订本省千户集团年度风险分析计划，确定集团及成员企业名单，并上报总局备案。

38. 企业应建立税务风险管理的信息与沟通制度，明确税务相关信息的收集、处理和传递程序，确保企业税务部门内部，企业税务部门与其他部门，企业税务部门与董事会、监事会等企业治理层以及管理层，企业税务部门与税务机关的沟通和反馈，发现问题应及时报告并采取应对措施。 （ ）

A. 正确

B. 错误

【参考答案】 B

【答案解析】 《国家税务总局关于印发〈大企业税务风险管理指引（试行）〉的通知》（国税发〔2009〕90 号）规定：企业应建立税务风险管理的信息与沟通制度，明确税务相关信息的收集、处理和传递程序，确保企业税务部门内部，企业税务部门与其他部门，企业税务部门与董事会、监事会等企业治理层以及管理层的沟通和反馈，发现问题应及时报告并采取应对措施。

39. 企业应根据税务风险评估的结果，考虑风险管理的成本和效益，在整体管理控制体系内，制定税务风险应对策略。 （ ）

A. 正确

B. 错误

【参考答案】 A

【答案解析】 略。

40.现场审计团队拟定初步审计意见后，可根据发现的涉税风险事项形成现场审计报告。（　　）

A. 正确

B. 错误

【参考答案】 B

【答案解析】 《国家税务总局关于税务总局定点联系企业税收风险管理工作有关事项的通知》（税总发〔2014〕26号）规定：现场审计团队拟定初步审计意见，听取企业陈述和申辩意见，填写《询问（调查）笔录》和《陈述申辩笔录》。

41.经济分析的工作机制包括选题会商机制、项目管理机制、联合分析机制和实地调查机制。（　　）

A. 正确

B. 错误

【参考答案】 B

【答案解析】 实地调查机制不属于经济分析的工作机制。

42.大企业因内部组织架构经营模式或外部环境发生重大变化，以及受行业惯例和监管的约束而产生的重大税务风险，必须及时向税务机关报告，以寻求税务机关辅导和帮助。（　　）

A. 正确

B. 错误

【参考答案】 B

【答案解析】 《国家税务总局关于印发〈大企业税务风险管理指引（试行）〉的通知》（国税发〔2009〕90号）规定：企业因内部组织架构经营模式或外部环境发生重大变化，以及受行业惯例和监管的约束而产生的重大税务风险，可以及时向税务机关报告，以寻求税务机关的辅导和帮助。

43.通过加强税收风险管理，对纳税人实施差别化精准管理，对暂未发现风险的纳税人不打扰，对低风险纳税人予以提醒辅导，对中高风险纳税人重点监管。（　　）

A. 正确

B. 错误

【参考答案】 A

【答案解析】 根据《国家税务总局关于进一步加强税收风险管理工作的通知》（税总发〔2016〕54号），税收风险管理是促进纳税遵从的根本途径，通过加强税收风险管理，对纳税人实施差别化精准管理，对暂未发现风险的纳税人不打扰，对低风险纳税人予以提醒辅导，对中高风险纳税人重点监管。

44.《大企业税务风险管理指引》旨在引导大企业合理控制税务风险，防范税务违法行为，依法履行纳税义务，避免因没有遵循税法可能遭受的法律制裁、财务损失或声誉损害。（　）

A. 正确

B. 错误

【参考答案】 A

【答案解析】 略。

45. 省税务局可根据自身需要，扩展税务总局统一建设的省税务局大数据平台，以满足个性化的应用需求。条件成熟时，省税务局可基于税务总局大数据平台实现相关数据应用。（　）

A. 正确

B. 错误

【参考答案】 A

【答案解析】《国家税务总局关于转变税收征管方式提高税收征管效能的指导意见》(税总发〔2017〕45 号)第十六条规定：省税务局可根据自身需要，扩展税务总局统一建设的省税务局大数据平台，以满足个性化的应用需求。条件成熟时，省税务局可基于税务总局大数据平台实现相关数据应用。

46. 千户集团成员企业标准中，控制的概念严格执行《企业会计准则第 33 号——合并财务报表有关规定》。（　）

A. 正确

B. 错误

【参考答案】 A

【答案解析】 千户集团之间应当不存在控制或被控制关系，即不在其他千户集团的合并报表范围或不为其他千户集团所控制，控制的概念严格执行《企业会计准则第 33 号——合并财务报表有关规定》。

47. 千户集团电子财务数据上传至加载系统以后即为完成数据加载。（　）

A. 正确

B. 错误

【参考答案】 B

【答案解析】 千户集团电子财务数据上传以后需要跟踪确认加载结果，加载以后仍需要进行数据审核和异常确认。

48. 千户集团总部企业在附报年度财务报表时，除附报本级年度财务会计报表外，还要报送集团合并财务报表。（　　）

A. 正确

B. 错误

【参考答案】 A

【答案解析】《国家税务总局关于规范全国千户集团及其成员企业纳税申报时附报财务会计报表有关事项的公告》（国家税务总局公告 2016 年第 67 号）规定，千户集团总部除附报本级年度财务会计报表外，还要报送集团合并财务报表。

49. 大企业税收事先裁定是指税务机关依大企业纳税人申请，对大企业预期未来发生的，有重要经济利益关系且难以直接适用税法的特定重大交易事项，给予税收政策适用确定性的纳税服务行为。（　　）

A. 正确

B. 错误

【参考答案】 A

【答案解析】 略。

50.《关于进一步深化税收征管改革的意见》提出，对隐瞒收入、虚列成本、转移利润以及利用“税收洼地”“阴阳合同”和关联交易等逃避税行为，加强风险指标建设，加大依法防控和监督检查力度。（　　）

A. 正确

B. 错误

【参考答案】 B

【答案解析】《关于进一步深化税收征管改革的意见》提出，对隐瞒收入、虚列成本、转移利润以及利用“税收洼地”“阴阳合同”和关联交易等逃避税行为，加强预防性制度建设，加大依法防控和监督检查力度。

51. 经济分析的主要任务是政策效应分析和经济税源分析。（　　）

A. 正确

B. 错误

【参考答案】 A

【答案解析】 略。

52. 大企业涉税事项协调会议原则上每季度召开一次。特殊情况下，经局领导批准，可临时召开。（　　）

A. 正确

B. 错误

【参考答案】 A

【答案解析】《国家税务总局办公厅关于完善大企业涉税事项协调会议制度及有关工作机制的意见》(国税办发〔2010〕15 号)规定:协调会议原则上每季度召开一次,特殊情况下,经局领导批准,可临时召开。

53. 对审定通过的千户集团税收风险分析报告通过税务总局大企业税收管理部门推送至各省税务局应对。 ( )

A. 正确

B. 错误

【参考答案】 B

【答案解析】《国家税务总局办公厅关于千户集团税收风险分析及相关工作任务细化分工的通知》(税总办发〔2016〕144 号)规定:大企业税收管理部门对审定通过的千户集团税收风险分析报告通过税务总局风险办统一推送至各省税务局应对。

54. 税务机关在出台重大税收政策和管理制度之前,应征求企业意见,并对意见进行认真分析。 ( )

A. 正确

B. 错误

【参考答案】 A

【答案解析】《国家税务总局关于印发〈国家税务总局大企业税收服务和管理规程(试行)〉的通知》(国税发〔2011〕71 号)第五条规定:税务机关在出台重大税收政策和管理制度之前,应征求企业意见,并对意见进行认真分析研究。

55. 大企业税收风险管理内部控制的是对大企业税收风险管理工作风险进行事前防范、事中控制、事后监督和纠正的动态管理过程和机制。 ( )

A. 正确

B. 错误

【参考答案】 A

【答案解析】 大企业税收风险管理内部控制的是对大企业税收风险管理工作风险进行事前防范、事中控制、事后监督和纠正的动态管理过程和机制。

56. 有一些企业在金税系统中显示为正常经营状态,但事实上并没有在经营,也未办理注销,每个月仍正常申报税款(税款为零),这些企业报送附报时数值可以为空。( )

A. 正确

B. 错误

【参考答案】 B

【答案解析】 根据附报应报送企业的筛选条件，这类企业在应附报范围内，其月度或季度财务报表不能为空。

57. 采集千户集团电子财务数据，对查找税收管理薄弱环节，帮助企业防范税收风险，提高企业纳税成本，提高企业税收遵从度和满意度，具有重要意义。（　　）

A. 正确

B. 错误

【参考答案】 B

【答案解析】 采集千户集团电子财务数据，对查找税收管理薄弱环节，帮助企业防范税收风险，降低企业纳税成本，提高企业税收遵从度和满意度，具有重要意义。

58. 坚持重大涉税事项、重大决策事项的集体审议和会签，有效防范相关风险。（　　）

A. 正确

B. 错误

【参考答案】 A

【答案解析】 略。

59. 大企业因内部组织架构、经营模式或外部环境发生重大变化，以及受行业惯例和监管的约束而产生的重大税务风险，必须及时向税务机关报告，以寻求税务机关辅导和帮助。（　　）

A. 正确

B. 错误

【参考答案】 B

【答案解析】 《国家税务总局印发〈大企业税务风险管理指引（试行）〉的通知》（国税发〔2009〕90 号）规定：企业因内部组织架构、经营模式或外部环境发生重大变化，以及受行业惯例和监管的约束而产生的重大税务风险，可以及时向税务机关报告，以寻求税务机关的辅导和帮助。

60. 原则上税务总局每年组织各省更新 1 次千户集团名册信息，并根据经济发展状况，不定期调整千户集团入选标准。（　　）

A. 正确

B. 错误

【参考答案】 B

【答案解析】 《国家税务总局大企业税收管理司关于千户集团名册管理办法修订意见的通知》（税总企便函〔2020〕33 号）指出：原则上税务总局每年组织各省更新 1 次千

户集团名册信息,并根据经济发展状况,定期调整千户集团入选标准。

61. 对税务总局推送的风险应对任务,省税务局大企业管理部门可以组织开展二次分析。 ( )

A. 正确

B. 错误

【参考答案】 A

【答案解析】 根据《国家税务总局办公厅关于千户集团税收风险分析及相关工作任务细化分工的通知》(税总办发〔2016〕144 号),针对税务总局推送的风险应对任务,结合本省掌握的信息,由大企业税收管理部门组织开展二次或深度分析,在此基础上开展风险应对,提高税收风险分析质效。

62. 大企业税收入库统计时,不包括关税船舶吨税以及企业代扣代缴的个人所得税,不扣减出口退税和财政部门办理的减免税。 ( )

A. 正确

B. 错误

【参考答案】 A

【答案解析】 略。

63. 大企业经济分析以重点集团龙头企业为主要对象,开展税务财务业务的贯通分析。 ( )

A. 正确

B. 错误

【参考答案】 A

【答案解析】 略。

64. 按照"因人设岗、分类管事"原则确立岗责体系,明确各个岗位的工作职责。

( )

A. 正确

B. 错误

【参考答案】 B

【答案解析】 按照"因事设岗、分类管事"原则确立岗责体系,明确各个岗位的工作职责。

65. 千户集团总部及其成员企业应在企业所得税预缴纳税申报时附报本级财务会计报表,以及税务机关根据实际需要要求附报的其他纳税资料。年度终了,应在企业所得税年度纳税申报时,附报本级年度财务会计报表,以及税务机关根据实际需要要求附

报的其他纳税资料。（　　）

A. 正确

B. 错误

【参考答案】 B

【答案解析】 略。

66. 企业应当参照《大企业税务风险管理指引》，结合自身经营情况、税务风险特征和已有的内部风险控制体系，建立相应的税收风险管理制度。（　　）

A. 正确

B. 错误

【参考答案】 B

【答案解析】《国家税务总局关于印发〈大企业税务风险管理指引（试行）〉的通知》（国税发〔2009〕90 号）规定：企业可以参照本指引，结合自身经营情况、税务风险特征和已有的内部风险控制体系，建立相应的税务风险管理制度。

67. 市局用户可将千户集团直报数据直接上报至国家税务总局。（　　）

A. 正确

B. 错误

【参考答案】 B

【答案解析】 市局用户将所辖的集团的数据批量导入到系统中，数据成功导入系统后，要对导入的本期数据进行检查，确认无问题后，将数据上报到省局。数据成功上报到省局后，省局用户人员要检查数据，将数据上报到总局。

68. 重大或复杂涉税事项由省级大企业服务和管理部门直接组织实施风险应对。（　　）

A. 正确

B. 错误

【参考答案】 A

【答案解析】 根据《国家税务总局大企业税收管理司关于印发〈关于加强大企业税收服务和管理工作的指导意见〉的通知》（税总企便函〔2018〕67 号），对重大或复杂涉税事项由省级大企业服务和管理部门直接组织实施风险应对。

69. 完善大企业数据联络员制度，促进数据报送、诉求协调、风险管理等工作顺畅高效。定期走访大企业，认真听取意见和建议，了解生产经营及重大涉税事项情况，及时回应涉税问题，做到沟通及时，处理快捷。（　　）

A. 正确

B. 错误

【参考答案】 B

【答案解析】 完善大企业数据联络员制度，促进数据报送、诉求协调、风险管理等工作顺畅高效。不定期走访大企业，认真听取意见和建议，了解生产经营及重大涉税事项情况，及时回应涉税问题，做到沟通及时，处理快捷。

70. 对低风险应对任务，风险应对部门可选择对纳税人开展风险提示或税务约谈。风险应对实施过程中，各省税务局根据企业需求，辅导企业自查。 （ ）

A. 正确

B. 错误

【参考答案】 B

【答案解析】 对中风险应对任务，风险应对部门可选择对纳税人开展风险提示或税务约谈。风险应对实施过程中，各省税务局根据企业需求，辅导企业自查。

71. 纳税人经税务约谈，税务风险仍然无法排除的，风险应对部门应转入实地核实等其他执法程序开展应对。达到移交税务稽查、反避税调查条件的，应移交相关部门。 （ ）

A. 正确

B. 错误

【参考答案】 A

【答案解析】 略。

72. 风险应对是调动企业积极性、主动排除税务风险的一项有效措施。 （ ）

A. 正确

B. 错误

【参考答案】 B

【答案解析】《国家税务总局关于税务总局定点联系企业税收风险管理工作有关事项的通知》（税总发〔2014〕26 号）规定：风险自查是调动企业积极性、主动排除税务风险的一项有效措施。

73. 对低风险应对任务，风险应对部门首先对纳税人推送风险提示。纳税人不能排除风险的，可以选择对纳税人开展税务约谈。 （ ）

A. 正确

B. 错误

【参考答案】 A

【答案解析】 对低风险应对任务，风险应对部门首先对纳税人推送风险提示。经风险提示，纳税人自行纠正或排除风险的，风险应对结束；不能排除风险的，可以选择对纳税人开展税务约谈。

74. 税务总局、省税务机关结合计算机扫描结果，开展人工专业复评，形成《千户集团税收风险分析报告》。（　　）

A. 正确

B. 错误

【参考答案】 A

【答案解析】 按照《千户集团税收风险管理工作规程（试行）》的要求，税务总局、省税务机关结合计算机扫描结果，开展人工专业复评，形成《千户集团税收风险分析报告》。

75. 对中风险应对任务，风险应对部门必须进行风险提示后再对纳税人开展税务约谈。（　　）

A. 正确

B. 错误

【参考答案】 B

【答案解析】 对中风险应对任务，风险应对部门可直接选择对纳税人开展税务约谈。

76. 由于技术性较强，数据采集工作可能需要纳税人的财务部门和技术部门协同开展。（　　）

A. 正确

B. 错误

【参考答案】 A

【答案解析】 由于数据采集工作的复杂性，建议由企业财务与技术人员配合开展。

77. 建立税收风险快速响应机制，各级税务机关在纳税服务、基础管理和风险分析中发现情况紧急、风险特征明显、风险指向明确的具体事项，可以直接推送至稽查部门组织税务稽查。（　　）

A. 正确

B. 错误

【参考答案】 B

【答案解析】 《国家税务总局关于转变税收征管方式提高税收征管效能的指导意见》（税总发〔2017〕45 号）规定，建立税收风险快速响应机制，各级税务机关在纳税服务、基础管理和风险分析中发现情况紧急、风险特征明显、风险指向明确的具体事项，可以直接推送至纳税人的主管税务机关组织应对。

78. 企业名册管理工作分为代码准备、名册采集、任务分发、名册核实、结果上报、名册反馈和工作总结七个阶段。（　　）

A. 正确

B. 错误

【参考答案】 A

【答案解析】 依据是《国家税务总局定点联系企业名册管理办法》。

79. 税务总局大企业税收管理司应当和市（地）级大企业税收服务和管理部门之间的数据互联、模型共享、风险互推和服务直达。（　　）

A. 正确

B. 错误

【参考答案】 B

【答案解析】 《关于加强大企业税收服务和管理工作的指导意见》的通知（税总企便函〔2018〕67 号）规定：按照总省联动、省省互动的业务要求，积极推进总局、省局两级大企业信息化平台的有效衔接，实现税务总局大企业税收管理司和各省级大企业税收服务和管理部门之间的数据互联、模型共享、风险互推和服务直达。所以，应当是总局与省级税务机关风险直达而非市（地）级税务机关。

80. 千户集团名册信息采集方式，逐步由“人工填写”优化为“自动生成”。（　　）

A. 正确

B. 错误

【参考答案】 A

【答案解析】 《国家税务总局大企业税收管理司关于千户集团名册管理办法修订意见的通知》（税总企便函〔2020〕33 号）指出：优化名册信息采集方式。逐步由“人工填写”优化为“自动生成”。

81. 金税四期的建设目标之一是以票控税。（　　）

A. 正确

B. 错误

【参考答案】 B

【答案解析】 金税四期的建设目标之一是以数治税。

82. 企业应定期进行税务风险评估，税务风险评估由税务机关协同企业相关职能部门实施，也可聘请具有相关资质和专业能力的中介机构协助实施。（　　）

A. 正确

B. 错误

【参考答案】 B

【答案解析】《国家税务总局关于印发〈大企业税务风险管理指引(试行)〉的通知》(国税发〔2009〕90 号)规定:企业应定期进行税务风险评估。税务风险评估由企业税务部门协同相关职能部门实施,也可聘请具有相关资质和专业能力的中介机构协助实施。

83. 税源监控包括一般涉税事项监控和特殊涉税事项监控。（　）

A. 正确

B. 错误

【参考答案】 B

【答案解析】 略。

84. 对纳入年度风险分析计划的本省千户集团及列名企业,以税收风险指标模型体系为基础,进行计算机扫描,形成相关集团及成员企业的税收风险识别报告。（　）

A. 正确

B. 错误

【参考答案】 A

【答案解析】 根据《国家税务总局大企业税收管理司关于印发〈关于加强大企业税收服务和管理工作的指导意见〉的通知》(税总企便函〔2018〕67 号),对纳入年度风险分析计划的本省千户集团及列名企业,以税收风险指标模型体系为基础,进行计算机扫描,形成相关集团及成员企业的税收风险识别报告。

85. 税务机关在开展税收风险分析工作时,在同一年度内对同一纳税人的税务检查次数原则上不超过两次。（　）

A. 正确

B. 错误

【参考答案】 B

【答案解析】 税务机关应积极开展税收风险分析工作,及时识别和应对风险纳税人,但在同一年度内对同一户纳税人的税务检查原则上不超过一次。

86. 大企业税收管理团队只能从税务干部选拔人员组建,不得采用合作、外包等形式组建专家顾问团队。（　）

A. 正确

B. 错误

【参考答案】 B

【答案解析】 根据《千户集团税收风险管理工作规程(试行)》第五条省税务机关要

按照分类分级管理要求，明晰职责，健全机制，不断充实大企业税收管理专业化队伍。根据工作特点和岗位需求，对大企业税收管理人员实施专业化培训，优化大企业税收管理人才团队，实现人力资源与大企业税收管理工作要求相匹配。可以聘请大专院校、行业协会、中介机构专家，组建大企业税收管理顾问团队，通过合作、外包等方式，开展大企业税收管理技术手段研发和相关项目研究。

87. 千户集团成员企业和列名大企业附报考核中使用的“应报送附报户数”，是以各单位在金税系统决策一包中查询到的数据统计结果为准。（　　）

A. 正确

B. 错误

【参考答案】 A

【答案解析】 略。

88.《千户集团税收风险管理工作规程（试行）》仅适用于千户集团总部的税收风险管理工作。（　　）

A. 正确

B. 错误

【参考答案】 B

【答案解析】《千户集团税收风险管理工作规程（试行）》第二条规定，本规程适用于各级税务机关对千户集团总部及其成员企业的税收风险管理工作。

89. 风险应对过程中发现的新增风险事项，应定期整理，定期处理。（　　）

A. 正确

B. 错误

【参考答案】 B

【答案解析】 风险应对过程中发现的新增风险事项，应定期整理，一并处理。

90. 采用企业会计制度的企业，现金流量表的“本期金额”指年初至本期期末累计数，“上期金额”指上年同期累计数。（　　）

A. 正确

B. 错误

【参考答案】 B

【答案解析】 采用企业会计制度的企业，报表中的“金额”为年初至本期期末的累计数；采用企业会计准则的企业，现金流量表的“本期金额”指年初至本期期末累计数，“上期金额”指上年同期累计数。

91. 经济税源分析是指深入研究税务部门的各类数据与经济运行的关系，深刻反映

经济税源发展状况，进而总结规律查找问题，提出有助于宏观经济决策和社会管理的意见建议。（　　）

A. 正确

B. 错误

【参考答案】 A

【答案解析】 略。

92. 千户集团名册管理范围分为内资企业集团、外资企业集团和合资企业集团。

（　　）

A. 正确

B. 错误

【参考答案】 B

【答案解析】《国家税务总局关于发布〈千户集团名册管理办法〉的公告》（国家税务总局公告 2017 年第 7 号）第二条规定：千户集团名册管理范围分为内资企业集团、外资企业集团。

93. 千户集团直报数据成功导入报送系统后，省局无须检查，即可将数据上报总局。

（　　）

A. 正确

B. 错误

【参考答案】 B

【答案解析】 省局用户将集团数据批量地导入到系统中。数据成功导入系统后，对导入的本期数据进行检查，确认没问题后，将数据上报总局。

94. 成本费用法，是税务机关根据纳税人执行期月均成本费用支出总额的基础上，依据典型调查确定的每一行业所得率（不同于应税所得率，类似企业的经营毛利率）标准，确定其定额的一种计算方法。（　　）

A. 正确

B. 错误

【参考答案】 A

【答案解析】 略。

95.《农产品增值税进项税额核定扣除试点实施办法》规定，年度终了，主管税务机关应根据试点纳税人本年实际对当年已抵扣的农产品增值税进项税额进行纳税调整，重新核定当年的农产品耗用率，但不作为下一年度的农产品耗用率。（　　）

A. 正确

B. 错误

【参考答案】 B

【答案解析】 年度终了，主管税务机关应根据试点纳税人本年实际对当年已抵扣的农产品增值税进项税额进行纳税调整，重新核定当年的农产品耗用率，并作为下一年度的农产品耗用率。

96. 利用公开数据可扩展商业报告语言（XBRL）等国内外可比数据，开展国际间同类型大企业比较分析，研判大企业发展态势，助力提升全区大企业国际竞争力。（　　）

A. 正确

B. 错误

【参考答案】 A

【答案解析】 略。

97. 千户集团总部每月的18日前（含18日）需上报基础涉税数据（直报数据）到税务机关。（　　）

A. 正确

B. 错误

【参考答案】 B

【答案解析】 千户集团总部1月28日前上报上一年度直报数据，其他月份均需18日前上报上一个月份直报数据。

98. 采用企业会计准则的企业，利润表的“本期数”指本期期末数，“上期数”指上年同期数。（　　）

A. 正确

B. 错误

【参考答案】 B

【答案解析】 采用企业会计准则的企业，利润表的“本期数”指年初至本期期末累计数，“上期数”指上年同期累计数。

99. 税收经济分析空间广阔，大有可为。通过挖掘税收大数据蕴含的价值，反映政策执行效果，反映税务部门工作成效，反映经济社会发展状况及趋势，更好地发挥税收在国家治理中的基础性、支柱性、保障性作用。（　　）

A. 正确

B. 错误

【参考答案】 A

【答案解析】 略。

100. 千户集团及其成员企业均需要上报基础涉税数据(直报数据)到税务机关。（　　）

A. 正确

B. 错误

【参考答案】 B

【答案解析】 千户集团基础涉税数据仅需集团总部报送。

101. 增值税发票风险快速反应机制主要对虚假注册、买壳卖壳、走逃失联等涉嫌虚开增值税发票的风险源头企业，以及无实际交易、变票配票等涉嫌故意接受虚开增值税发票金额较大的下游企业虚开增值税发票违法行为形成有效遏制。（　　）

A. 正确

B. 错误

【参考答案】 A

【答案解析】 略。

102. 千户集团名单由财政部和国家税务总局确定，定期发布，实行动态管理。（　　）

A. 正确

B. 错误

【参考答案】 B

【答案解析】 《国家税务总局关于发布〈千户集团名册管理办法〉的公告》(国家税务总局公告 2017 第 7 号)第五条规定：千户集团名单由国家税务总局确定，定期发布，实行动态管理。

103. 税收遵从协议是指税务机关与已建立税务内部控制机制的大企业以共同防控税务风险，提高大企业税法遵从度，降低税收成本为目的签订的协议。（　　）

A. 正确

B. 错误

【参考答案】 A

【答案解析】 略。

104. 千户集团总部直报上报数据省局数据核对工作流程是由税务机关对集团报送的各类数据开展检查，无须运行在税务内网。（　　）

A. 正确

B. 错误

【参考答案】 B

【答案解析】 千户集团总部直报上报数据省局数据核对工作流程是在税务内网大

企业税收服务和管理工作平台(http://100.16.92.198)实现。

105. 税务总局将逐步建立名册信息“收集—应用—反馈—更新”的质量管理闭环,由各级大企业管理部门及时收集千户集团税收服务管理各环节的成员企业变更信息,反馈至税务总局定期更新调整,持续提升名册信息质量。 ( )

A. 正确

B. 错误

【参考答案】 A

【答案解析】《国家税务总局大企业税收管理司关于千户集团名册管理办法修订意见的通知》(税总企便函〔2020〕33 号)指出:强化名册信息质量管控。逐步建立名册信息“收集—应用—反馈—更新”的质量管理闭环,由各级大企业管理部门及时收集千户集团税收服务管理各环节的成员企业变更信息,反馈至税务总局定期更新调整,持续提升名册信息质量。

106. 根据规定,2018 年千户集团报送范围由原 2017 年千户集团调整为 2018 年千户集团和年纳税额 1 亿元以上的扩围集团。 ( )

A. 正确

B. 错误

【参考答案】 B

【答案解析】《国家税务总局大企业税收管理司关于调整千户集团相关基础涉税数据报送对象范围的通知》(税总企便函〔2018〕22 号)规定:将集团报送范围由原 2016 年千户集团调整为 2017 年千户集团和年纳税额 1 亿元以上的扩围集团。

107. 企业应定期进行税务风险评估,税务风险评估由税务机关协同企业相关职能部门实施,也可聘请具有相关资质和专业能力的中介机构协助实施。 ( )

A. 正确

B. 错误

【参考答案】 B

【答案解析】《国家税务总局关于印发〈大企业税务风险管理指引(试行)〉的通知》规定,企业应定期进行税务风险评估。税务风险评估由企业税务部门协同相关职能部门实施,也可聘请具有相关资质和专业能力的中介机构协助实施。

108. 根据千户集团采集范围,税务总局大企业管理司制定了电子财务数据采集清单,包括“全行业数据采集清单”和 9 个“分行业数据采集清单”。 ( )

A. 正确

B. 错误

【参考答案】 B

【答案解析】《国家税务总局大企业税收管理司关于分行业开展千户集团电子财务数据采集有关工作的通知》(税总企便函〔2018〕7 号)规定:根据采集范围,税务总局大企业管理司制定了电子财务数据采集清单,包括“全行业数据采集清单”和 8 个“分行业数据采集清单”。

109. 风险分析报告是开展税收经济分析工作的基本要素。　(　　)

A. 正确

B. 错误

【参考答案】 B

【答案解析】 税收数据是开展税收经济分析工作的基本要素。

110. 千户集团总部企业在附报年度财务报表时,除附报本级年度财务会计报表外,还要报送集团合并财务报表。　(　　)

A. 正确

B. 错误

【参考答案】 A

【答案解析】《国家税务总局关于规范全国千户集团及其成员企业纳税申报时附报财务会计报表有关事项的公告》(国家税务总局公告 2016 年第 67 号)规定,千户集团总部除附报本级年度财务会计报表外,还要报送集团合并财务报表。

111. 风险应对人员发现纳税人有逃避缴纳税款、骗取出口退税或其他需要立案查处的税收违法行为嫌疑的,应当将发现的问题及相关资料,制作《移交税务稽查情况表》,移交同级税务稽查部门处理。　(　　)

A. 正确

B. 错误

【参考答案】 A

【答案解析】 根据《千户集团税收风险管理工作规程(试行)》中风险应对有关规定。

112. 不得将安装大企业税务审计软件的计算机交由外来人员使用,严禁与大企业税务管理工作无关的人员登录系统进行操作。　(　　)

A. 正确

B. 错误

【参考答案】 B

【答案解析】《关于加强大企业税务审计软件数据安全管理的通知》(税总企便函

〔2014〕53 号)规定:不得将安装大企业税务审计软件的计算机交由外来人员使用,严禁与大企业税务审计工作无关的人员登录系统进行操作。

113. 大企业税收管理工作中,人工专业复评主要内容包括常规风险分析、行业重点剖析和重大事项分析。 ( )

A. 正确

B. 错误

【参考答案】 A

【答案解析】 《国家税务总局关于印发〈千户集团税收风险管理工作规程(试行)〉的通知》(税总发〔2017〕128 号)规定,人工专业复评主要包括常规风险分析、行业重点剖析和重大事项分析。

114.《大企业税务风险管理指引(试行)》旨在引导大企业合理控制税务风险,防范税务违法行为,依法履行纳税义务,避免因没有遵循税法可能遭受的法律制裁、财务损失或声誉损害。企业必须按照本指引,建立相应的税务风险管理制度。 ( )

A. 正确

B. 错误

【参考答案】 B

【答案解析】 《国家税务总局关于印发〈大企业税务风险管理指引(试行)〉的通知》(国税发〔2009〕90 号)指出:《大企业税务风险管理指引(试行)》旨在引导大企业合理控制税务风险,防范税务违法行为,依法履行纳税义务,避免因没有遵循税法可能遭受的法律制裁、财务损失或声誉损害。企业可以参照本指引,结合自身经营情况、税务风险特征和已有的内部风险控制体系,建立相应的税务风险管理制度。

115. 针对重点企业,研究企业生产流程、整体架构、行业特征和核算特点,量身定制专门服务手册。收集整理企业风险防控典型案例,汇编成册,不定期发布。 ( )

A. 正确

B. 错误

【参考答案】 A

【答案解析】 《关于加强大企业税收服务和管理工作的指导意见》(税总企便函〔2018〕67 号)指出:针对重点企业,研究企业生产流程、整体架构、行业特征和核算特点,量身定制专门服务手册。收集整理企业风险防控典型案例,汇编成册,不定期发布。

116. 风险自查是全流程税收风险管理的起始环节。 ( )

A. 正确

B. 错误

【参考答案】 B

【答案解析】《国家税务总局关于税务总局定点联系企业税收风险管理工作有关事项的通知》指出，风险评估是全流程税收风险管理的起始环节。

117.遵从管控是指通过个性化的纳税服务和专业化的税收管理，提高企业自身依法处理涉税事务的能力。（　　）

A.正确

B.错误

【参考答案】 B

【答案解析】《〈国家税务总局大企业税收服务和管理规程（试行）〉的通知》（国税发〔2011〕71号）规定：遵从引导是指通过个性化的纳税服务和专业化的税收管理，提高企业自身依法处理涉税事务的能力。

118.集团总部所在省级大企业部门负责千户集团成员企业名册信息的审核确认，成员企业所在省级大企业部门无须配合。（　　）

A.正确

B.错误

【参考答案】 B

【答案解析】 成员企业所在地税务机关集团总部所在地税务机关分别开展初审和复审。

119.微观税收分析是指在了解和掌握具体纳税人生产经营情况和财务数据的基础上，对纳税人的税收经济关系和税收缴纳状况进行客观评价和说明的分析。（　　）

A.正确

B.错误

【参考答案】 A

【答案解析】《国家税务总局办公厅关于印发〈微观税收分析基本方法〉的通知》规定，微观税收分析是指在了解和掌握具体纳税人生产经营情况和财务数据的基础上，对纳税人的税收经济关系和税收缴纳状况进行客观评价和说明的分析。

120.根据中共中央办公厅、国务院办公厅印发的《关于进一步深化税收征管改革的意见》精神，国家税务总局制定了《关于进一步健全大企业税收服务和管理新格局的意见》（简称《意见》）。促进大企业税收遵从不符合《意见》制定宗旨。（　　）

A.正确

B.错误

【参考答案】 B

【答案解析】 国家税务总局2022年6月21日审议通过的《关于进一步健全大企业税收服务和管理新格局的意见》是根据中共中央办公厅、国务院办公厅印发的《关于进一步深化税收征管改革的意见》精神制定的，旨在更好地服务大企业做强做优做大，助力建设世界一流企业，促进经济高质量发展。

121.优化大企业重大涉税事项处理途径，让大企业“多跑马路、少跑网路”。（　　）

A.正确

B.错误

【参考答案】 B

【答案解析】 根据《国家税务总局办公厅关于印发〈深化大企业纳税服务若干工作措施〉的通知》（税总办发〔2017〕170号），优化大企业重大涉税事项处理途径，让大企业“多跑网路、少跑马路”。

122.开展大企业税收风险管理工作应当按照规定制作并完整保留各项工作底稿、相关税务文书及送达回证、证据资料、集体审议会议纪要等资料。（　　）

A.正确

B.错误

【参考答案】 A

【答案解析】 略。

123.在千户集团成员企业和列名大企业报送附报时，金融机构分支行可以不上报月度季度年度现金流量表。（　　）

A.正确

B.错误

【参考答案】 B

【答案解析】 此类企业可以不上报月度或季度现金流量表，但应编制并报送年度现金流量表。

124.报送财务报表的期限依据企业所得税的申报期限而定，即报送期限和企业所得税申报期限相同，年度终了时，在5月31日前报送年度财务会计报表。（　　）

A.正确

B.错误

【参考答案】 A

【答案解析】 略。

125.税费数据是指各级税务机关在行使职能过程中依法采集或加工整理的，以一定形式记录、保存的涉税费数据（含涉税费管理数据）。（　　）

A. 正确

B. 错误

【参考答案】 A

【答案解析】 根据《国家税务总局关于加强税费数据查询权限和留痕管理的通知》规定，税费数据是指各级税务机关在行使职能过程中依法采集或加工整理的，以一定形式记录、保存的涉税费数据（含涉税费管理数据）。

126.《关于进一步健全大企业税收服务和管理新格局的意见》对各级税务机关组织实施工作提出了加强风险管理的具体要求。（　　）

A. 正确

B. 错误

【参考答案】 B

【答案解析】《关于进一步健全大企业税收服务和管理新格局的意见》对各级税务机关组织实施工作提出了五个方面的具体要求：一是加强组织领导；二是完善配套制度；三是建强人才队伍；四是强化廉政内控；五是严格绩效考评。

127. 实地调查机制是经济分析的一种工作机制。（　　）

A. 正确

B. 错误

【参考答案】 B

【答案解析】 实地调查机制不属于经济分析的工作机制。

128. 经济分析要坚持发挥优势，充分发挥税务部门大数据的独特优势，立足从税收观察经济的独特视角，深入开展经济税源分析；着眼于反映税务部门工作成效，不断强化政策效应分析。（　　）

A. 正确

B. 错误

【参考答案】 A

【答案解析】 略。

129. 对存在应报未报、提供虚假名册信息或拒绝报送名册信息的企业集团，税务机关有权记录相关信息用于纳税信用评价。（　　）

A. 正确

B. 错误

【参考答案】 A

【答案解析】 根据《国家税务总局关于发布〈千户集团名册管理办法〉的公告》（国

家税务总局公告 2017 年第 7 号)第十条,对应报未报、提供虚假名册信息或拒绝报送名册信息的企业集团,省税务机关应及时上报国家税务总局。情节严重的,按照《中华人民共和国税收征收管理法》及其实施细则等有关规定对集团总部及相应成员企业进行处理。对存在上述情形的集团总部及成员企业,税务机关记录相关纳税信用信息,相关信息用于纳税信用评价。

130. 千户集团名单更新不需要与集团进行确认。 ( )

A. 正确

B. 错误

【参考答案】 B

【答案解析】 千户集团名单更新需要与集团进行确认。

131. 千户集团电子财务数据上传至加载系统以后即为完成数据加载。 ( )

A. 正确

B. 错误

【参考答案】 B

【答案解析】 千户集团电子财务数据上传以后需要跟踪确认加载结果,加载以后仍需要进行数据审核和异常确认。

132. 税务总局通过完善千户集团数据联络员机制、明确数据业务标准、规范数据检测机制等方式,不断强化数据质量保障。 ( )

A. 正确

B. 错误

【参考答案】 A

【答案解析】 按照《千户集团税收风险管理工作规程(试行)》的要求,税务总局通过完善千户集团数据联络员机制、明确数据业务标准、规范数据检测机制等方式,不断强化数据质量保障。

133. 制度保障是税收经济分析需强化的基础保障。 ( )

A. 正确

B. 错误

【参考答案】 B

【答案解析】 激励保障是税收经济分析需强化的基础保障。

134. 各级税务机关大企业税收管理部门及主管税务机关应各自制定标准,开展对企业涉税信息的采集和整理、处理及应用工作,构建大企业税收管理信息系统,实现信息共享。 ( )

A. 正确

B. 错误

【参考答案】 B

【答案解析】 《〈国家税务总局大企业税收服务和管理规程(试行)〉的通知》(国税发〔2011〕71 号)第五十条规定:各级税务机关大企业税收管理部门及主管税务机关应按照统一标准,开展对企业涉税信息的采集和整理、处理及应用工作,构建大企业税收管理信息系统,实现信息共享。

135. 大企业是国民经济的重要支柱,也是纳税服务的重中之重,应按照"放管服"改革要求,进一步深化大企业纳税服务,实现大企业涉税需求与税务部门服务供给平衡发展。 (　　)

A. 正确

B. 错误

【参考答案】 A

【答案解析】 根据《国家税务总局办公厅关于印发〈深化大企业纳税服务若干工作措施〉的通知》(税总办发〔2017〕170 号),"放管服"改革是国家行政管理方式改革的重要内容。加快推进"放管服"改革,优化大企业营商环境,是新时代大企业纳税服务工作的内在要求。大企业是国民经济的重要支柱,也是纳税服务的重中之重,应按照"放管服"改革要求,进一步深化大企业纳税服务,实现大企业涉税需求与税务部门服务供给平衡发展。

136. 税务总局大企业税收管理司应当和市(地)级大企业税收服务和管理部门之间的数据互联模型共享风险互推和服务直达。 (　　)

A. 正确

B. 错误

【参考答案】 B

【答案解析】 《国家税务总局〈关于加强大企业税收服务和管理工作的指导意见〉的通知》(税总企便函〔2018〕67 号)规定:按照总省联动省省互动的业务要求,积极推进总局、省局两级大企业信息化平台的有效衔接,实现税务总局大企业税收管理司和各省级大企业税收服务和管理部门之间的数据互联模型共享风险互推和服务直达。所以,应当是总局与省级税务机关风险直达而非市(地)级税务机关。

137. 千户集团成员企业指纳入集团总部合并会计报表范围,或虽未编制合并会计报表,但为集团控制且办理了工商或税务登记的境内各级分公司和子公司控股的境外公司以及其他涉税组织机构。 (　　)

A. 正确

B. 错误

【参考答案】 A

【答案解析】 略。

138. 大企业税收服务和管理工作，应以税务机关的需求为导向，提供针对性的纳税服务，以风险为导向，实施科学高效、统一规范的专业化管理。 （　　）

A. 正确

B. 错误

【参考答案】 B

【答案解析】 根据《国家税务总局关于印发〈国家税务总局大企业税收服务和管理规程（试行）〉的通知（国税发〔2011〕71 号）第二条，大企业税收服务和管理工作，应以纳税人的需求为导向，提供针对性的纳税服务，以风险为导向，实施科学高效、统一规范的专业化管理。

139. 通过深入开展税收风险分析，客观评价企业税务风险管理水平，查找和防范税收风险，为分类分级实施差别化推送应对提供依据。 （　　）

A. 正确

B. 错误

【参考答案】 A

【答案解析】 根据《国家税务总局办公厅关于开展千户集团税收风险分析工作有关事宜的通知》，通过深入开展税收风险分析，客观评价企业税务风险管理水平，查找和防范税收风险，为分类分级实施差别化推送应对提供依据。

140. 对审定通过的千户集团税收风险分析报告通过税务总局大企业税收管理部门推送至各省税务局应对。 （　　）

A. 正确

B. 错误

【参考答案】 B

【答案解析】《国家税务总局办公厅关于千户集团税收风险分析及相关工作任务细化分工的通知》，大企业税收管理部门对审定通过的千户集团税收风险分析报告通过税务总局风险办统一推送至各省税务局应对。

141.《关于进一步健全大企业税收服务和管理新格局的意见》提出要健全业务体系，在深化分析辅助遵从方面，要实现的转变是从全类型分析向特色化分析转变。 （　　）

A. 正确

B. 错误

【参考答案】 A

【答案解析】 根据《关于进一步健全大企业税收服务和管理新格局的意见》第三条规定，健全业务体系，即优化服务引导遵从、防控风险促进遵从、深化分析辅助遵从，强调大企业管理部门重在集团整体性、架构穿透式、业务链条状、跨区域、跨税费种、定制性、专题性的服务、管理和分析。在深化分析辅助遵从方面，提出充分运用大企业涉税数据，开展重点企业、重点行业、产业链、供应链分析，国际间同类型大企业比较分析等，实现从全类型分析向特色化分析转变。

142. 微观税收分析是指在了解和掌握具体纳税人生产经营情况和财务数据的基础上，对纳税人的税收经济关系和税收缴纳状况进行客观评价和说明的分析。　（　）

A. 正确

B. 错误

【参考答案】 A

【答案解析】 《国家税务总局办公厅关于印发〈微观税收分析基本方法〉的通知》规定，微观税收分析是指在了解和掌握具体纳税人生产经营情况和财务数据的基础上，对纳税人的税收经济关系和税收缴纳状况进行客观评价和说明的分析。

143. 按行业进行服务与管理，并兼顾各个行业在区域上的分布设定行业分局的管理范围和业务边界的管理模式是“区域＋行业”。　（　）

A. 正确

B. 错误

【参考答案】 A

【答案解析】 根据《国外大企业税收概览》（国家税务总局大企业税收管理司编著）第十章第一节，完善纳税人分类分级管理制度。从管理模式上看，“区域＋行业”的管理模式已被多数国家认可，此类管理模式是指按行业进行服务与管理，并兼顾各个行业在区域上的分布设定行业分局的管理范围和业务边界。

144. 国家税务总局负责跨省区域企业税收管理的总体协调工作，各级税务机关应建立的企业税收管理制度是跨区域联络制度。　（　）

A. 正确

B. 错误

【参考答案】 B

【答案解析】 根据《国家税务总局关于印发〈国家税务总局大企业税收服务和管理规程（试行）〉的通知》（国税发〔2011〕71 号）第六十二条规定，各级税务机关应建立企业税收管理跨区域协作制度。国家税务总局负责跨省区域企业税收管理的总体协调工作，省税务机关大企业税收管理部门负责辖区内跨区域企业的协调工作。

145. 通过加强税收风险管理，对纳税人实施差别化精准管理，对暂未发现风险的纳税人不打扰，对低风险纳税人予以提醒辅导，对中高风险纳税人重点监管。（ ）

A. 正确

B. 错误

【参考答案】 A

【答案解析】 《国家税务总局关于进一步加强税收风险管理工作的通知》税收风险管理是促进纳税遵从的根本途径，通过加强税收风险管理，对纳税人实施差别化精准管理，对暂未发现风险的纳税人不打扰，对低风险纳税人予以提醒辅导，对中高风险纳税人重点监管。

146. 主营业务收入变动率与主营业务成本变动率配比，当比值＜1，且相差较大，二者都为负数，可能存在多列成本费用、扩大税前扣除范围的问题。（ ）

A. 正确

B. 错误

【参考答案】 A

【答案解析】 根据《纳税评估管理办法（试行）》，主营业务收入变动率与主营业务成本变动率配比，当比值＜1，且相差较大，二者都为负数，可能存在多列成本费用、扩大税前扣除范围的问题。

147. 受理并处理大企业集团总部提出的重组涉税事项书面咨询请求的是所在地省税务机关。（ ）

A. 正确

B. 错误

【参考答案】 B

【答案解析】 根据《国家税务总局办公厅关于建立大企业重组涉税事项纳税服务工作机制的通知》（税总办发〔2017〕139 号）第三条第一款规定，大企业集团总部可以直接向税务总局提出重组涉税事项书面咨询请求，也可以通过所在地省税务机关向税务总局提出书面咨询请求。

2.4 问答题

1. 大企业内控制度主要内容构成有哪些？

（1）合理的组织机构设置——独立、专业的税务管理机构。

(2)涉税事项风险管理责任制度。

(3)重大业务决策税务管理参与制度。

(4)业务、财务、税务相互牵制制度。

(5)业务、财务、税务信息关联制度。

(6)企业内部税务审计制度。

(7)税务风险管理绩效考核制度。

(8)税务风险管理奖惩制度。

2.某市一家中美合资企业主要生产印刷电路板,产品分别通过美国的一家关联公司和另一家非关联公司在美国市场销售。销往该两家公司的电路板产品质量、规格等各方面都相同,双方签订的销售条款也基本相同。唯一不同点是关联公司的货款支付期限规定为85天,而非关联公司的货款支付期限规定为40天。

根据以上资料回答下列问题:

(1)该内部非受控交易电路板产品是否可比?

(2)在何种情况下可以考虑使用非受控价格法?

(1)不可比。在非可比受控交易法中,需要关注购销或转让过程,包括交易时间与地点、交货条件、交货手续、支付条件、交易数量、售后服务的时间和地点等。

(2)如果可以将支付期限调整后,可以使用非受控价格法。

3.与中小企业相比,简述大企业的特点。

(1)规模庞大,社会经济影响显著。大企业的组织机构规模较大,多元化经营比较普遍,具有显著的资源配置能力和市场影响力,大多数都是行业龙头企业或地区支柱企业,是国家综合经济实力的体现,对社会经济生活具有举足轻重的影响。

(2)数量占比小,税收贡献大。大企业通常是各国税收收入的主要来源。就税收贡献率来说,大企业在各种经济组织形式中数量占比很小,但为国家贡献税收收入比重较大,国际经验表明,低于1%的大企业纳税人占有整个国家税收收入的60%~70%。因此,大企业是反映国家经济运行基本面的"晴雨表",大企业税收管理工作的好坏,直接关系到经济社会发展和税收工作的全局。

(3)经营活动和组织架构复杂。从产业链的行业布局看,大企业的生产经营业务非常复杂,分工专业化程度高、关联企业之间交易频繁;从价值链的实现环节看,大企业多为集团化运作,组织架构精密,普遍建立了较为完善的公司治理结构和覆盖公司所有部门、所有业务、所有人员的内部控制机制。

(4)多元化、跨区域和跨国经营频繁。大企业的经营范围非常广泛,横跨多个行业,经营活动呈现多元化趋势。它们往往在国家内部跨越不同的行政区域开展经营活动,甚至在不同国家间开展各项业务，积极参与到全球商业竞争之中。

4. 简述大企业税收管理的主要理论。

(1)风险管理理论。风险管理理论起源于20世纪30年代，其核心思想是如何以最有效的方式分配现有资源，以最小的成本获得最佳结果。

(2)分类管理理论。分类管理以纳税人为中心，对特定纳税人进行专门管理，对不同的纳税群体采取不同的管理方式，制定不同的管理重点，较好地体现了税收管理效益至上的原则。

(3)平衡治理理论。平衡治理是西方公共管理学中的重要理念，指通过公共政策的制定和实施来协调各种社会利益关系和利益纠纷，充分发挥公共政策的平衡功能。

(4)遵从管理理论。对税务部门、纳税人和税务中介三者间的关系进行了专门分析，倡导在平等的基础上，鼓励纳税人和税务部门建立合作和信任关系。

5. 简述千户集团税源监控内容。

税源监控包括日常涉税事项监控和专项涉税事项监控。日常涉税事项监控是指从企业办理税务登记至申报纳税等日常征管环节涉税事项中选取相关事项进行监控，主要包括登记事项监控、发票事项监控、认定审批事项监控、申报事项监控、其他事项监控等。

专项涉税事项监控是指从日常涉税事项以外的事项中选取特定事项进行监控，主要包括企业涉税诉求处理情况的监控、税务风险内控情况的监控、税收遵从协议履行情况的监控等。

6. 简述税收遵从协议的主要内容。

税务机关根据企业内控体系状况及税法遵从能力，选择税务风险内控完善的企业集团，在自愿、平等、公开、互信的基础上，签订《税收遵从合作协议》或者《税收遵从合作备忘录》，共同承诺税企双方合作防控税务风险。同时加强后续跟踪服务管理，建立工作台账，定期出具遵从评价报告，推动企业提高遵从水平。

7. 各级税务机关定期调查和评价企业税务风险内控体系情况包含哪些内容？

(1)企业内控制度及其运行情况；

(2)企业税务风险管理组织机构、岗位和职责；

(3)企业税务风险识别和评估机制；

(4)企业税务风险控制和应对机制；

(5)企业税务信息管理体系和沟通机制；

(6)税务风险管理的监督和改进机制；

(7)与企业内控体系有关的其他情况。

8.简述千户集团名册管理工作中总局、省局、企业集团的主要职责。

(1)国家税务总局在千户集团名册管理工作中的主要职责:制定、完善千户集团名册管理办法;确定、调整千户集团名单和千户集团名册信息项目;协调集团总部所在地的省税务机关和成员企业所在地的省税务机关的名册核实工作;建立、完善千户集团名册管理系统并提供技术支持;开展千户集团名册管理工作组织绩效考评;其他名册管理工作。

(2)省税务机关在千户集团名册管理工作中的主要职责包括:核实、推荐本省符合千户集团入选标准的企业集团,提出企业集团调整建议,协助国家税务总局确定千户集团名单;组织总部在本省的集团报送成员企业名册信息;审核并补充完善本省的成员企业名册信息;评价总部在本省的集团报送的名册质量,向企业集团反馈评价结果;总结名册管理工作开展情况,提出工作建议;其他名册管理工作。

(3)列入千户集团名单的企业集团在千户集团名册管理工作中的主要职责包括:按照税务机关要求,组织开展名册信息填写、审核和报送;根据税务机关反馈的核实结果,组织开展名册信息校正;开展集团内部名册管理工作培训,对成员企业提供指导;其他名册管理工作。

9.千户集团数据联络员主要职责包括哪些内容?

(1)负责落实和统筹本集团总部及其成员单位涉税数据采集、审核和报送工作;

(2)在税务机关提供的统一平台上组织完成数据采集工作;

(3)及时反馈千户集团数据采集工作的意见与建议;

(4)对税务机关布置的数据采集任务、数据内容负有安全保密责任;

(5)配合税务机关做好其他数据相关工作。

10.简述大企业税收风险分析的工作流程。

(1)制订目标规划。总局大企业税收管理司在广泛征求各省税务局大企业税收管理部门意见建议的基础上,统筹考虑千户集团风险等级排序、税收规模、区域分布等因素,结合税收风险管理开展情况,与稽查局等部门统筹,确定分析集团名单,制订下发千户集团税收风险分析年度计划。

(2)风险识别。大企业税收管理司进行计算机扫描,计算机扫描生成的相关集团和成员单位的税收风险识别报告下发各省税务局大企业税收管理部门,同时向大企业税收管理司反馈识别报告下发情况。

(3)人工复评。总局和各省税务局大企业税收管理部门结合计算机扫描生成的税收风险识别报告,依托相关数据信息,通过人工深入分析,开展人工专业复评,形成分户税收风险分析报告。

(4)风险推送。总局对风险分析报告进行审核,审核通过后推送至各省税务局组织税收风险应对。

第三章

大企业税收管理各税种习题

3.1 单选题

1. 自 2018 年 5 月 1 日起，增值税小规模纳税人标准为年应征增值税销售额（　　）万元及以下。

A. 50

B. 100

C. 150

D. 500

【参考答案】 D

【答案解析】《财政部 税务总局关于统一增值税小规模纳税人标准的通知》（财税〔2018〕33 号）明确，自 2018 年 5 月 1 日起，增值税小规模纳税人标准为年应征增值税销售额 500 万元及以下。

2. 下列消费品中，应在零售环节征收消费税的是（　　）。

A. 钻石

B. 卷烟

C. 镀金首饰

D. 高档手表

【参考答案】 A

【答案解析】 略。

3.新购进单价不超过500万元的设备、器具,允许一次性计入当期成本费用在税前扣除。下列符合“新购进”规定的是(　　)。

A.接受捐赠取得的固定资产

B.接受投资取得的固定资产

C.债务重组取得的固定资产

D.自行建造取得的固定资产

【参考答案】 D

【答案解析】 根据《国家税务总局关于设备 器具扣除有关企业所得税政策执行问题的公告》(国家税务总局公告2018年第46号)所称购进,包括以货币形式购进或自行建造。A、B、C选项均为非货币形式取得的,D选项正确。

4.税务行政复议的申请人可以在知道税务机关作出具体行政行为之日起一定期间内提出行政复议申请,这一期间是指(　　)。

A.15日

B.30日

C.60日

D.90日

【参考答案】 C

【答案解析】《税务行政复议规则》规定,申请人可以在知道税务机关作出具体行政行为之日起60日内提出行政复议申请。

5.下列关于印花税纳税义务发生时间的说法,错误的是(　　)。

A.营业账簿在启用时贴花

B.房屋产权证在领受时贴花

C.购销合同在国外签订,必须在国外贴花

D.产权转移书据在国内立据时贴花

【参考答案】 C

【答案解析】 合同在国外签订,并且不便于在国外贴花的,应在将合同带入境时办理贴花纳税手续。

6.张某兄妹2人均为居民个人,父母均年满60周岁。同时张某还赡养其祖父母,2020年张某综合所得申报缴纳个人所得税时,最多可以扣除的金额是(　　)元。

A.6 000

B.12 000

C. 24 000

D. 18 000

【参考答案】 B

【答案解析】 非独生子女，赡养老人支出最多扣除不超过 1 000 元/月，一年最多 12 000 元。

7. 下列关于房地产开发企业销售自行开发的房地产项目增值税征收管理的表述中，错误的是（　　）。

A. 一般纳税人应建立台账登记土地价款的扣除情况，扣除的土地价款不得超过纳税人实际支付的土地价款

B. 房地产开发企业中的一般纳税人销售其开发的房地产项目（选择简易计税方法的房地产老项目除外），在取得土地时向其他单位或个人支付的拆迁补偿费用也允许在计算销售额时扣除

C. 房地产开发企业（包括多个房地产开发企业组成的联合体）受让土地向政府部门支付土地价款后，设立项目公司对该受让土地进行开发，同时符合规定条件的，可由项目公司按规定扣除房地产开发企业向政府部门支付的土地价款

D. 计算当期允许扣除的土地价款时，"当期销售房地产项目建筑面积"和"房地产项目可供销售建筑面积"，是指计容积率地上建筑面积，包括地下车位建筑面积

【参考答案】 D

【答案解析】 略。

8. 下列哪项不属于个人所得税专项附加扣除项目？（　　）

A. 子女教育

B. 继续教育

C. 住房公积金

D. 大病医疗

【参考答案】 C

【答案解析】 住房公积金不属于个税专项附加扣除项目。

9. 根据《中华人民共和国刑法》规定，纳税人采取欺骗隐瞒手段进行虚假纳税申报或者不申报，逃避缴纳税款数额较大并且占应纳税额百分之十以上的，应处以的刑罚是（　　）。

A. 二年以下有期徒刑或者拘役

B. 三年以下有期徒刑或者拘役

C. 四年以下有期徒刑或者拘役

D. 五年以下有期徒刑或者拘役

【参考答案】 B

【答案解析】 《中华人民共和国刑法》第二百零一条规定:“纳税人采取欺骗隐瞒手段进行虚假纳税申报或者不申报,逃避缴纳税款数额较大并且占应纳税额百分之十以上的,处三年以下有期徒刑或者拘役。”

10. 居民个人从中国境外取得所得的,应当在取得所得的次年(　　)申报纳税。

A. 3 月 31 日前

B. 3 月 1 日至 6 月 30 日内

C. 5 月 31 日前

D. 6 月 30 日前

【参考答案】 B

【答案解析】 3 月 1 日至 6 月 30 日,为个税申报期。

11. 企业向职工发放的供暖费补贴、职工防暑降温费应作为(　　)处理。

A. 工资薪金支出

B. 职工福利费

C. 职工工会经费

D. 职工家庭生活支出

【参考答案】 B

【答案解析】 企业向职工发放的供暖费补贴、职工防暑降温费应作为职工福利费处理。

12. 工资总额由六个部分组成:计时工资、计件工资、(　　)、津贴和补贴、加班加点工资和特殊情况下支付的工资。

A. 劳务报酬

B. 股息红利

C. 分红

D. 奖金

【参考答案】 D

【答案解析】 工资总额由计时工资、计件工资、奖金、津贴和补贴、加班加点工资和特殊情况下支付的工资六个部分组成。

13. 企业发生的下列支出中,在计算企业所得税应纳税所得额时准予扣除的是(　　)。

A. 缴纳的增值税税款

B. 违反消防规定被处以的行政罚款

C. 向投资者分配的红利

D. 按规定缴纳的财产保险费

【参考答案】 D

【答案解析】 选项 A、B、C 均不可扣除。

14. 某增值税一般纳税人企业由于管理不善，在 2022 年丢失库存的一批外购材料。该批材料账面成本 30 450 元，已抵扣过进项税额 3 958.5 元，保险公司审理后同意赔付 30 000 元，税务机关接受了该企业的资产损失专项申报，则该企业在企业所得税前可扣除的损失金额为（　　）元。

A. 450

B. 1 850.5

C. 4 408.5

D. 5 000

【参考答案】 C

【答案解析】 管理不善造成的材料丢失，导致不得从销项税额中抵扣的进项税额，应视同企业资产损失，准予与存货损失一起在企业所得税前按规定扣除。

因此：30 450＋3 958.5－30 000＝4 408.5（元）。

15. 企业支付给如下员工的工资，不属于《中华人民共和国企业所得税法》规定的工资薪金支出范畴的是（　　）。

A. 为产品宣传雇用的临时工

B. 为产品生产雇用的季节工

C. 管理部门招聘的实习生

D. 职工食堂返聘的退休厨师

【参考答案】 D

【答案解析】 选项 D 是福利部门的非常规用工的工资，属于福利费支出。

16. 符合条件的非营利性组织取得下列收入，应缴纳企业所得税的是（　　）。

A. 按照省级以上财政部门规定收取的会费收入

B. 因政府购买服务而取得的收入

C. 接受个人的捐赠收入

D. 免税收入孳生的银行存款利息收入

【参考答案】 B

【答案解析】 选项A、C、D均不缴纳企业所得税。

17. 2022年中秋节，某食品厂将自己生产的月饼和果汁作为福利，发放给职工。其中，月饼的成本为20万元，公允价值为25万元（不含税，下同），果汁的公允价值为10万元。根据企业所得税法相关规定，该厂发放上述福利应确认的收入是（　　）。

A. 10万元

B. 20万元

C. 30万元

D. 35万元

【参考答案】 D

【答案解析】 应确认的收入＝25＋10＝35（万元）。

18. 纳税人开采或者生产应税产品自用的，应当缴纳资源税；但是，自用于连续生产应税产品的，（　　）资源税。

A. 不缴纳

B. 减按25%

C. 减半缴纳

D. 减按75%

【参考答案】 A

【答案解析】 根据《中华人民共和国资源税法》规定纳税人开采或者生产应税产品自用的，应当缴纳资源税；但是自用于连续生产应税产品的，不缴纳资源税。

19. 契税的纳税义务发生时间，为纳税人签订土地、房屋权属转移合同的________，或者纳税人取得其他具有土地、房屋权属转移合同性质凭证的________。（　　）

A. 当日，当日

B. 五日内，五日内

C. 七日内，七日内

D. 十五日内，十五日内

【参考答案】 A

【答案解析】 根据《中华人民共和国资源税法》规定契税的纳税义务发生时间，为纳税人签订土地、房屋权属转移合同的当日，或者纳税人取得其他具有土地、房屋权属转移合同性质凭证的当日。

20. 证券交易印花税对证券交易的（　　）征收。

A. 出让方和受让方

B. 出让方

C. 受让方

D. 任一方

【参考答案】 B

【答案解析】 证券交易印花税对证券交易的出让方征收，不对受让方征收。

21. 某公司在确定土地增值税清算的扣除项目时，该公司缴纳的下列税金中，属于“与转让房地产有关的税金”项目的是（　　）。

A. 企业所得税

B. 城市维护建设税

C. 个人所得税

D. 烟叶税

【参考答案】 B

【答案解析】 与转让房地产有关的税金，是指在转让房地产时缴纳的城市维护建设税、印花税。因转让房地产缴纳的教育费附加，也可视同税金予以扣除。

22. 下列关于出口业务增值税政策的表述，正确的是（　　）。

A. 境内的单位和个人提供存储地点在境内的仓储服务免征增值税

B. 境内的单位和个人在境外提供的广播影视节目（作品）的播映服务要缴纳增值税

C. 动漫软件出口免征增值税

D. 进料加工复出口的货物，适用增值税免税不退税政策

【参考答案】 C

【答案解析】 根据财税 2016 年 36 号文，只有发动漫软件出口为免税，其余均为境内发生，征税，故选 C。

23. 下列各项中，应计入出口货物关税完税价格的是（　　）。

A. 出口关税税额

B. 货物在我国境内输出地点装载后的保险费

C. 货物在我国境内输出地点装载后的运输费用

D. 货物运至我国境内输出地点装载前的保险费

【参考答案】 D

【答案解析】 出口货物的完税价格，由海关以该货物向境外销售的成交价格为基础审查确定，并应包括货物运至我国境内输出地点装载前的运输及并相关费用、保险费。

24. 下列增值税应税行为中，不属于“金融服务”的是（　　）。

A. 贷款服务

B. 保险服务

C. 金融经纪服务

D. 直接收费金融服务

【参考答案】 C

【答案解析】 《财政部、国家税务总局关于全面推开营业税改征增值税试点的通知》(财税〔2016〕36 号)中规定,金融经纪服务属于经纪代理服务。

25. 某啤酒生产企业为增值税一般纳税人,2018 年 10 月销售啤酒 20 吨给副食品公司,取得不含税收入 56 000 元,另收取包装物 3 480 元。该啤酒厂当月应缴纳的消费税是(　　)元。

A. 4 000

B. 4 400

C. 5 000

D. 4 600

【参考答案】 B

【答案解析】 (56 000＋3 480)/20＜3 000 元,属于乙类啤酒,每吨消费税 220 元,应缴纳消费税 20×220＝4 400 元。

26. 根据增值税的现行规定,下列不免征增值税的是(　　)。

A. 个人转让著作权

B. 古旧图书

C. 技术转让

D. 单位销售使用过的物品

【参考答案】 D

【答案解析】 选项 A、B、C 免征增值税。

27. 下列企业中,不属于消费税纳税义务人的是(　　)。

A. 零售金银首饰的首饰店

B. 从事涂料批发业务的商贸企业

C. 进口高档化妆品的外贸企业

D. 委托加工烟丝的卷烟厂

【参考答案】 B

【答案解析】 涂料是在生产(进口)环节征收消费税。

28. 一个纳税年度内在船航行时间累计满________天的远洋船员,其取得的工资薪

金收入减按________计入应纳税所得额，依法交纳个人所得税。（　　）

A. 183；75%

B. 183；50%

C. 128；75%

D. 128；50%

【参考答案】 B

【答案解析】 根据《财政部、国家税务总局关于延续实施远洋船员个人所得税政策的公告》（财政部、税务总局公告2023年第31号）规定，至2027年12月31日，一个纳税年度内在船航行时间累计满183天的远洋船员，其取得的工资薪金收入减按50%计入应纳税所得额，依法交纳个人所得税。

29. 某房地产公司为购买者的按揭贷款提供了价值1 500万元的担保。该担保金正确的税务处理是（　　）。

A. 可以从销售收入中扣减

B. 作为销售费用在税前列支

C. 作为财务费用在税前列支

D. 实际发生损失时可据实扣除

【参考答案】 D

【答案解析】 企业采取银行按揭方式销售开发产品的，凡约定企业为购买方的按揭贷款提供担保的，其销售开发产品时向银行提供的保证金（担保金）不得从销售收入中减除，也不得作为费用在当期税前扣除，但实际发生损失时可据实扣除。

30. 下列未包含在进口货物价格中的项目，应计入关税完税价格的是（　　）。

A. 设备进口后的技术维修费用

B. 由买方负担的包装材料和包装劳务费

C. 进口货物在境内的复制权费

D. 境外考察费用

【参考答案】 B

【答案解析】 根据关税法 关税完税价格第二十五条进口货物的下列费用应当计入计税价格：（一）由买方负担的购货佣金以外的佣金和经纪费；（二）由买方负担的与该货物视为一体的容器的费用；（三）由买方负担的包装材料费用和包装劳务费用；故选B。

31. 下列应税消费品中不属于在零售环节缴纳消费税的是（　　）。

A. 镀金首饰

B. 银基合金首饰

C. 铂金首饰

D. 银基合金的镶嵌首饰

【参考答案】 A

【答案解析】 镀金首饰在生产环节缴纳消费税。

32. 某房地产公司(增值税一般纳税人)2022 年 7 月通过省级土地行政主管部门设立的交易平台转让补充耕地指标,取得收入 2 000 万元(不含增值税)。该项收入当期计算的增值税销项税额是(　　)。

A. 260 万元

B. 120 万元

C. 180 万元

D. 100 万元

【参考答案】 B

【答案解析】 根据《国家税务总局关于明确中外合作办学等若干增值税征管问题的公告》(税务总局公告 2018 年第 42 号)规定,纳税人通过省级土地行政主管部门设立的交易平台转让补充耕地指标,按照销售无形资产缴纳增值税,增值税税率为 6%。2 000×6%=120 万元。

33. 高新技术企业在 2022 年 10 月 1 日至 2022 年 12 月 31 日期间新购置的设备、器具,允许当年一次性全额在计算应纳税所得额时扣除,并允许在税前实行(　　)加计扣除。

A. 50%

B. 75%

C. 100%

D. 120%

【参考答案】 C

【答案解析】 根据《财政部、国家税务总局、科技部关于加大支持科技创新税前扣除力度的公告》(财政部、国家税务总局、科技部公告 2022 年第 28 号)规定,高新技术企业在 2022 年 10 月 1 日至 2022 年 12 月 31 日期间新购置的设备、器具,允许当年一次性全额在计算应纳税所得额时扣除,并允许在税前实行 100%加计扣除。

34. 自 2019 年 4 月 1 日起,纳税人购进农产品,原适用 10%扣除率的,扣除率调整为 9%。纳税人购进用于生产或者委托加工 13%税率货物的农产品,按照(　　)的扣除率计算进项税额。

A. 9%

B. 10%

C. 11%

D. 13%

【参考答案】 B

【答案解析】 根据《财政部 税务总局 海关总署关于深化增值税改革有关政策的公告》自2019年4月1日起，纳税人购进农产品，原适用10%扣除率的，扣除率调整为9%。纳税人购进用于生产或者委托加工13%税率货物的农产品，按照10%的扣除率计算进项税额。

35. 2020年，某油气田企业开采100万吨原油，当月销售20万吨，加热用了10万吨，对外投资20万吨，每吨不含增值税售价1 000元，适用的资源税税率为6%，该油气田当月应缴纳的资源税为（　　）万元。

A. 3 000

B. 1 200

C. 6 000

D. 2 400

【参考答案】 D

【答案解析】 该油气田当月应缴纳的资源税＝(20＋20)×1 000×6%＝2400(万元)。

36. 计算财产转让时的个人所得税，下列各项不属于机械设备原值的是（　　）。

A. 购进价格

B. 运输费

C. 装卸费

D. 修理费

【参考答案】 D

【答案解析】 参照中华人民共和国个人所得税有关费用减除标准的规定，计算财产转让时的个人所得税，修理费不属于机械设备原值。

37. 计算商铺租赁所得个人所得税时，不得在税前扣除的是（　　）。

A. 缴纳的印花税

B. 缴纳的城市维护建设税

C. 经核准的修缮费用

D. 违章租赁的罚款

【参考答案】 D

【答案解析】 个人出租财产取得的财产租赁收入，在计算交纳个人所得税时，应依次扣除以下费用:(1)财产租赁过程中缴纳的税费;(2)向出租方支付的租金;(3)由纳税人负担的该出租财产实际开支的修缮费用;(4)税法规定的费用扣除标准。

38. 一家砂石开采企业2023年10月份销售自采砂石原矿500吨，销售收入5万元(不含增值税)，已知砂石原矿适用的税率为每吨5元，则该企业2023年10月应缴纳资源税(　　)。

A. 500元

B. 2 000元

C. 2 500元

D. 25万元

【参考答案】 C

【答案解析】《中华人民共和国资源税法》第三条规定，实行从量计征的，应纳税额按照应税产品的销售数量乘具体适用税率计算。砂石实行从量计征，该公司应纳资源税税额为:应纳税额=计税销售数量×适用税率=500×5=2 500元。

39. 下列货物在批发、零售环节征收增值税的是(　　)。

A. 图书

B. 芹菜

C. 草莓

D. 鸡蛋

【参考答案】 C

【答案解析】 略。

40. 税务人员实地检查中发现，某企业对已提足折旧的房屋进行扩建，其支出计入长期待摊费用。该企业最可能存在的涉税风险是(　　)。

A. 少缴土地使用税

B. 少缴房产税

C. 少缴增值税

D. 少缴企业所得税

【参考答案】 B

【答案解析】 根据《中华人民共和国房产税暂行条例》规定，经营自用的房屋，以房产的计税余值作为计税依据，房产余值是指依照税法规定按房屋10%至30%的损耗价值以后的余额。房产原值是指纳税人按照会计制度规定，在账簿“固定资产”科目中记载的房屋原价屋进行改建、扩建的，要相应增加房屋的原值。所以该纳税人存在少缴房产税的嫌疑。

41. 某外国公司实际管理机构不在中国境内，也未在中国境内设立机构场所，2016年从中国境内某企业取得其专利技术使用权转让收入21.2万元(含增值税)，发生成本10万元。该外国公司在中国境内应缴纳企业所得税(　　)万元。

A. 2.5

B. 2

C. 5

D. 1

【参考答案】 B

【答案解析】 外国公司在中国境内应缴纳企业所得税＝21.2÷(1＋6%)×10%＝2万元。

42. 出租车公司向使用本公司自有出租车的司机收取管理费用，应缴纳增值税。该业务属于增值税征税范围中的(　　)。

A. 陆路运输服务

B. 居民日常服务

C. 物流辅助服务

D. 商务辅助服务

【参考答案】 A

【答案解析】 出租车公司向使用本公司自有出租车的出租车司机收取的管理费用，按照“交通运输服务——陆路运输服务”缴纳增值税。

43. 某企业拥有一辆排气量为2.0升的小汽车，当年缴纳车船税480元，当年6月末该车辆被盗，企业凭完税证明去纳税所在地的主管税务机关申请退税，则当年应退还车船税为(　　)元。

A. 160

B. 240

C. 480

D. 280

【参考答案】 D

【答案解析】 可以退还被盗当月至年底的车船税，应退还的车船税＝480/12×7＝280元。

44. 某非居民企业未在中国境内设立机构，把一套设备出租给境内企业使用共收取租金10万元，租期满后作价转让境内企业收款20万元，已知该设备的财产净值为80

万元，则该非居民企业应纳企业所得税为(　　)万元。(不考虑其他相关税费)

A. 4

B. 6

C. 8

D. 10

【参考答案】 A

【答案解析】 应纳企业所得税＝(100＋20－80)×10％＝4(万元)。

45. 依据《财政部、税务总局关于延续实施小额贷款公司有关税收优惠政策的公告》(财政部、税务总局公告 2023 年第 54 号)，对经省级地方金融监督管理部门批准成立的小额贷款公司取得的农户小额贷款利息收入，免征(　　)。

A. 印花税

B. 契税

C. 企业所得税

D. 增值税

【参考答案】 D

【答案解析】 依据《财政部、税务总局关于延续实施小额贷款公司有关税收优惠政策的公告》(财政部、税务总局公告 2023 年第 54 号)规定，对经省级地方金融监督管理部门批准成立的小额贷款公司取得的农户小额贷款利息收入，免征增值税。

46. 关于动漫产业增值税政策，下列说法不正确的是(　　)。

A. 自 2018 年 1 月 1 日至 2018 年 4 月 30 日，对动漫企业增值税一般纳税人销售其自主开发生产的动漫软件，按照 17％的税率征收增值税后，对其增值税实际税负超过 3％的部分，实行即征即退政策

B. 自 2018 年 5 月 1 日至 2020 年 12 月 31 日，对动漫企业增值税一般纳税人销售其自主开发生产的动漫软件，按照 16％的税率征收增值税后，对其增值税实际税负超过 3％的部分，实行即征即退政策

C. 动漫软件出口免征增值税

D. 动漫软件进口免征增值税

【参考答案】 D

【答案解析】 财税[2018]38 号《财政部 国家税务总局关于延续动漫产业增值税政策的通知 》三、动漫软件出口免征增值税。进口征收，故选 D

47. 某企业为增值税一般纳税人，2023 年员工李某因公出差并取得两张注明身份信息的火车票，票价均为 400 元。请问该企业可计算抵扣的增值税进项税额是(　　)。

A. 66.06 元

B. 33.03 元

C. 23.3 元

D. 11.65 元

【参考答案】 A

【答案解析】 按照《财政部、国家税务总局、海关总署关于深化增值税改革有关政策的公告》(2019 年第 39 号)的有关规定，纳税人购进国内旅客运输服务，其进项税额允许从销项税额中抵扣。纳税人取得注明旅客身份信息的铁路车票的，为按照下列公式计算的进项税额：铁路旅客运输进项税额－票面金额－(1＋9％)×9％。因此，该企业按规定可计算抵扣的进项税额＝(400＋400)≥(1＋9％)×9％＝66.06(元)。

48. 对企业发现以前年度实际发生的、按照税收规定应在企业所得税前扣除而未扣除或者少扣除的支出，企业做出专项申报及说明后，准予追补至该项目发生年度计算扣除，但追补确认期限不得超过(　　)。

A. 1 年

B. 3 年

C. 5 年

D. 10 年

【参考答案】 C

【答案解析】 根据《国家税务总局关于企业所得税应纳税所得额若干税务处理问题的公告》(国家税务总局公告 2012 年第 15 号)规定："根据《中华人民共和国税收征收管理法》的有关规定，对企业发现以前年度实际发生的、按照税收规定应在企业所得税前扣除而未扣除或者少扣除支出，企业做出专项申报及说明后，准予追补至该项目发生年度计算扣除，但追补确认期限不得超过 5 年。"

49. 对经营性文化事业单位转制为企业可以享受的税收优惠政策，下列说法错误的是(　　)。

A. 经营性文化事业单位转制为企业，自转制注册之日起五年内免征企业所得税。2018 年 12 月 31 日之前已完成转制的企业，自 2019 年 1 月 1 日起可继续免征五年企业所得税

B. 由财政部门拨付事业经费的文化单位转制为企业，自转制注册之日起五年内对其自用房产免征房产税。2018 年 12 月 31 日之前已完成转制的企业，自 2019 年 1 月 1 日起对其自用房产可继续免征五年房产税

C. 经营发行、印刷业务的党报、党刊文化企业，自注册之日起所取得的党报、党刊发

行收入和印刷收入免征增值税

D. 对经营性文化事业单位转制中资产评估增值、资产转让或划转涉及的企业所得税、增值税、城市维护建设税、契税、印花税等，符合现行规定的享受相应税收优惠政策

【参考答案】 C

【答案解析】 财政部 税务总局 中央宣传部公告2023年第71号《财政部 税务总局 中央宣传部关于延续实施文化体制改革中经营性文化事业单位转制为企业有关税收政策的公告》(三)党报、党刊将其发行、印刷业务及相应的经营性资产剥离组建的文化企业，自注册之日起所取得的党报、党刊发行收入和印刷收入免征增值税。故C错误。

50. 境内某家电生产企业2017年度境内所得应纳税所得额为500万元，在全年已预缴税款100万元，来源于境外A国税前所得200万元，境外实纳税款40万元，该企业当年汇算清缴应补退的税款为(　　)万元。

A. 25

B. 35

C. 100

D. 125

【参考答案】 B

【答案解析】 境外所得抵免限额＝200×25％＝50(万元)，其在境外实际缴纳40万元，应在我国补缴10万元。境内所得应缴纳所得税＝500×25％＝125(万元)，该企业当年应补缴税额＝125－100＋10＝35(万元)。

51. 根据个人所得税法规定，下列哪项所得以每次收入额为应纳税所得额？(　　)

A. 特许权使用费所得

B. 利息、股息、红利所得

C. 劳务报酬所得

D. 经营所得

【参考答案】 B

【答案解析】 《中华人民共和国个人所得税法》第六条规定：利息、股息、红利所得，以每次收入额为应纳税所得额。

52. 关于对超豪华小汽车征收消费税的规定下列说法正确的是(　　)。

A. 征税对象为每辆销售价格130万元(含增值税)及以上的小汽车

B. 计税价格是不含消费税的计税销售价格

C. 纳税人是消费者

D. 纳税环节是生产环节和零售环节

【参考答案】 D

【答案解析】 选项A、B,销售价格应该不含增值税、含消费税;选项C,纳税人是将超豪华小汽车销售给消费者的单位和个人。

53. 某县一铁矿山2018年10月开采并销售铁矿石原矿1 000吨,连续加工精矿1 000吨,当期全部对外销售,当月铁精矿销售价格为600元/吨,铁原矿销售价格为300元/吨,该矿山品位为40%,换算比为1.25,资源税税率为5%。则该矿山当月应当缴纳的资源税为(　　)元。

A. 48 750

B. 45 000

C. 56 250

D. 49 250

【参考答案】 A

【答案解析】 该矿山当月应当缴纳资源税=(1 000×600+1 000×300×1.25)×5%=48 750元。

54. 根据耕地占用税的有关规定,以下免征耕地占用税的有(　　)。

A. 铁路线路占用耕地

B. 学校占用耕地

C. 公路线路占用耕地

D. 航道占用耕地

【参考答案】 B

【答案解析】 学校占用耕地免征耕地占用税。

55. 某大型超市的下列行为,属于增值税视同销售的是(　　)。

A. 外购的洗发水发放给职工

B. 外购的水果用于接待客户

C. 外购的矿泉水赠送给消费者

D. 外购的月饼发放给职工

【参考答案】 C

【答案解析】 职工福利应进项转出;业务招待属于个人消费应进项转出;视同销售。

56. 下列选项中不属于税收分析主要内容的是(　　)。

A. 税负分析

B. 税收弹性分析

C. 税收增减幅度分析

D. 税收关联分析

【参考答案】 C

【答案解析】 根据《国家税务总局关于印发〈税收分析工作制度〉的通知》(国税发〔2007〕46 号)规定:税收分析的主要内容包括税负分析、税收弹性分析、税源分析、税收关联分析等。

57. 在国外分支机构存在亏损的情况下,下列限额抵免方法中最有利于跨国纳税人的是(　　)。

A. 综合限额抵免法

B. 分国限额抵免法

C. 单项限额抵免法

D. 不分项限额抵免法

【参考答案】 B

【答案解析】 分国限额抵免法在国外分支机构存在亏损的情况下最有利于跨国纳税人。

58. 根据企业所得税法的规定,下列说法不正确的是(　　)。

A. 税务机关的罚款不可以税前扣除

B. 企业转让资产,该项资产的净值,准予在计算应纳税所得额时扣除

C. 企业之间支付的租金允许税前扣除

D. 广告性质的赞助支出不允许税前扣除

【参考答案】 D

【答案解析】 非广告性质的赞助支出不允许税前扣除。

59. 纳税人计算企业应纳税所得额准予扣除的税金为(　　)。

A. 增值税消费税营业税印花税城市维护建设税

B. 消费税、营业税、城市维护建设税、资源税、土地增值税

C. 增值税、营业税、印花税、房产税土地增值税

D. 增值税、消费税、营业税、个人所得税、印花税

【参考答案】 B

【答案解析】 增值税是价外税,不得税前扣除。

60. 纳税人超过应纳税额缴纳的税款,纳税人自结算缴纳税款之日起(　　)内发现的,可以向税务机关要求退还多缴的税款并加算银行同期存款利息。

A. 一年

B. 三年

C. 五年

D. 十年

【参考答案】 B

【答案解析】 纳税人超过应纳税额缴纳的税款，纳税人自结算缴纳税款之日起三年内发现的，可以向税务机关要求退还多缴的税款并加算银行同期存款利息。

61. 纳税人排放应税大气污染物或者水污染物的浓度值低于国家和地方规定的污染物排放标准50%的，（　　）。

A. 减按30%征收环境保护税

B. 减按50%征收环境保护税

C. 减按75%征收环境保护税

D. 免征

【参考答案】 B

【答案解析】 纳税人排放应税大气污染物或者水污染物的浓度值低于国家和地方规定的污染物排放标准50%的，减按50%征收环境保护税。

62. 下列各项中符合房产税纳税人规定的是（　　）。

A. 产权属于集体的，由承典人缴纳房产税

B. 房屋产权出典的，由出典人缴纳房产税

C. 产权纠纷未解决的，由代管人或使用人缴纳房产税

D. 产权属于国家所有的不缴纳房产税

【参考答案】 C

【答案解析】 产权属于集体的，由集体单位缴纳房产税；产权出典的，由承典人缴纳房产税；产权属于国家的，由经营管理单位缴纳房产税。

63. 某企业转让代个人持有的限售股，取得转让收入103万元，但不能提供真实的限售股凭证，该企业就限售股转让应缴纳的企业所得税是（　　）。

A. 20.6万元

B. 23.18万元

C. 24.46万元

D. 21.89万元

【参考答案】 D

【答案解析】 企业转让代个人持有的限售股，取得的收入应作为企业应税收入计算纳税；企业不能提供完整、真实的限售股原值凭证，不能准确计算该限售股原值的，主管税务机关一律按该限售股转让收入的15%，核定为该限售股原值和合理税费。该企

业就该限售股应缴纳的企业所得税＝103×(1－15％)×25％＝21.89(万元)。

64.企业购买商品入库后，对于享受的现金折扣，应当(　　)。

A.冲减商品入账成本

B.计入营业外收入

C.冲减财务费用

D.冲减管理费用

【参考答案】 C

【答案解析】 购买企业在偿付应付账款时对实际发生的现金折扣应冲减财务费用。

65.某企业2018年4月向大气排放汞及其化合物500千克，汞及其化合物的污染当量值为0.000 1千克，假设当地适用税额为每污染当量8元。该企业当月应缴纳环境保护税(　　)万元。

A.8 000

B.400

C.4 000

D.2 000

【参考答案】 C

【答案解析】 该企业当月应缴纳环境保护税＝500÷0.000 1×8＝4 000(万元)。

66.乙公司于2023年4月1日成立，从事国家非限制和禁止行业，设立时登记为增值税一般纳税人，从业人数、资产总额分别为280人和4 500万元。乙公司于4月10日受让一处经营用房，在办理产权过户时，按次申报产权转移书据印花税，(　　)申报享受减免优惠。

A.可以

B.不可以

C.暂无法确定可以

D.先享受后再视情况更正申报

【参考答案】 A

【答案解析】 根据题目，乙公司符合国家非限制和禁止行业的条件，并且在设立时登记为增值税一般纳税人。此外，从业人数和资产总额也符合相关要求。因此，在办理产权过户时，乙公司可以按照规定申报享受减免产权转移书据印花税的优惠。

67.以下哪个行业可以享受进项税额加计10％抵减应纳税额？(　　)

A.中国邮政集团有限公司

B.中国移动通信集团公司

C. 咨询服务公司

D. 万豪国际酒店

【参考答案】 D

【答案解析】 按照财政部、税务总局公告 2023 年第 1 号，允许生活性服务业纳税人按照当期可抵扣进项税额加计 10%抵减应纳税额。生活性服务业纳税人，是指提供生活服务取得的销售额占全部销售额的比重超过 50%的纳税人。

68. 某公司专门为社区老人提供养老服务，其取得的社区养老服务收入相关税务处理正确的是（　　）。

A. 按 9%税率缴纳增值税

B. 按 6%税率缴纳增值税

C. 按 3%征收率缴纳增值税

D. 免征增值税

【参考答案】 D

【答案解析】 提供社区养老、托育、家政服务取得的收入，免征增值税。

69. 小李投资的某合伙企业发生年度亏损，该亏损准予结转的最长期限是（　　）。

A. 2 年

B. 3 年

C. 5 年

D. 10 年

【参考答案】 C

【答案解析】 根据《关于个人独资企业和合伙企业投资者征收个人所得税的规定》，合伙企业经营所得年度亏损弥补期限，最长不得超过 5 年。

70. 对于纳税人既申报免抵退税又申请办理留抵退税的情形，税务机关下列做法正确的是（　　）。

A. 先办理留抵退税

B. 先办理免抵退税

C. 同时办理两项退税

D. 不予办理留抵退税

【参考答案】 B

【答案解析】 根据《国家税务总局关于办理增值税期末留抵税额退税有关事项的公告》（国家税务、总局公告 2019 年第 20 号）规定，纳税人既申报免抵退税又申请办理留抵退税的，税务机关应先办理免抵退税。办理免抵退税后，纳税人仍符合留抵退税条件的，再办理留抵退税。

71. 居民甲将一套价值为 100 万元的一居室住房与居民乙交换成一套两居室住房，支付给乙换房差价款 50 万元，当地契税税率为 4%。则甲应缴纳的契税税额为(　　)。

A. 0 万元

B. 6 万元

C. 4 万元

D. 2 万元

【参考答案】 D

【答案解析】 (1)等价交换房屋、土地权属的免征契税，交换价格不等时，由多交付货币、实物、无形资产或者其他经济利益的一方缴纳契税；(2)甲应缴纳契税税额＝50×4%＝2(万元)。

72. 2016 年某公司给自有员工实际发放合理工资总额为 1 000 万元；公司生产部门接受外部劳务派遣员工 6 人，每人每月支付劳务费 3 000 元。假设公司当年发生的职工福利费为 200 万元，职工福利费应调增应纳税所得额(　　)万元。

A. 54.96

B. 55.97

C. 56.98

D. 60

【参考答案】 C

【答案解析】 企业接受外部劳务派遣用工所实际发生的费用，应分两种情况按规定在税前扣除：按照协议(合同)约定直接支付给劳务派遣公司的费用，应作为劳务费支出；直接支付给员工个人的费用，应作为工资薪金支出和职工福利费支出。其中属于工资薪金支出的费用，准予计入企业工资薪金总额的基数，作为计算其他各项相关费用扣除的依据。工资薪金总额＝1 000＋6×3 000×12÷10 000＝1 021.6(万元)，职工福利费扣除限额＝1 021.6×14%＝143.02(万元)，职工福利费应调增应纳税所得额＝200－143.02＝56.98(万元)。

73. 以下属于《资源税税目税率表》中水汽矿产的资源为(　　)。

A. 氢气

B. 二氧化碳气

C. 页岩气

D. 天然气水合物

【参考答案】 B

【答案解析】《资源税税目税率表》中水汽矿产为二氧化碳气、硫化氢气、氦气、氡气。

74. 下列关于水资源税征收管理的表述中，不正确的是（　　）。

A. 在试点省份内取用水，其纳税地点需要调整的，由省级财政税务部门决定

B. 水资源税的纳税义务发生时间为纳税人取用水资源的当日

C. 纳税人应当自纳税期满或者纳税义务发生之日起 15 日内申报缴纳水资源税

D. 水资源税按年征收

【参考答案】 D

【答案解析】 选项 D：除农业生产取用水外，水资源税按季或者按月征收，由主管税务机关根据实际情况确定。对超过规定限额的农业生产取用水水资源税可按年征收。不能按固定期限计算纳税的，可以按次申报纳税。

75. 下列开采资源的情形中，依法免征资源税的是（　　）。

A. 开采稠油

B. 煤炭开采企业因安全生产需要抽采的煤层气

C. 从衰竭期矿山开采的矿产品

D. 开采页岩气

【参考答案】 B

【答案解析】 开采稠油减征 40％资源税；从衰竭期矿山开采的矿产品减征 30％资源税；自 2018 年 4 月 1 日至 2021 年 3 月 31 日，对页岩气资源税减征 30％。

76. 下列关于城镇土地使用税减免税的说法，正确的是（　　）。

A. 农副产品加工的专业用地，免征城镇土地使用税

B. 免税单位无偿使用纳税单位的土地，免征城镇土地使用税

C. 营利性老年服务机构自用土地，暂免征收城镇土地使用税

D. 劳改劳教单位警戒围墙外的其他生产经营用地，暂免征收城镇土地使用税

【参考答案】 B

【答案解析】 选项 A，农副产品加工厂占地不属于直接用于农林牧渔业的生产用地，没有免税优惠；选项 C，非营利性的老年服务机构自用土地，暂免征收城镇土地使用税；选项 D，劳改劳教单位警戒围墙外的其他生产经营用地，应照章征收城镇土地使用税。

77. 单位租赁给他人经营的，由承租人承担责任，则（　　）为增值税纳税人。

A. 承租人

B. 出租人

C. 承租人或者出租人

D. 租赁合同约定一方

【参考答案】 A

【答案解析】 单位租赁或承包给其他单位或者个人经营的，不同时满足两个条件的（以发包人名义对外经营，由发包人承担相关法律责任），以承租人或承包人为增值税纳税人。

78. 某企业 2018 年年初占用土地 25 000 平方米，其中托儿所占地 1 000 平方米，其余为生产经营用地；6 月购置一栋办公楼，占地 2 000 平方米。该企业所在地城镇土地使用税年税额为 6 元/平方米，则该企业 2018 年应缴纳城镇土地使用税为（　　）元。

A. 144 000

B. 150 000

C. 156 000

D. 151 000

【参考答案】 B

【答案解析】 企业办的各类学校、托儿所、幼儿园自用的土地，免征城镇土地使用税。该企业 2018 年应缴纳的城镇土地使用税＝(25 000－1 000)×6＋2 000×6×6/12＝150 000（元）。

79. 某纳税人直接向河流排放总铅 6 000 千克（自动检测仪读数），已知总铅污染当量值为 0.025 千克，假定其所在省公布的水污染物环保税税率为每污染当量 4 元，则该纳税人应缴纳的环保税为（　　）元。

A. 600

B. 24 000

C. 680 000

D. 960 000

【参考答案】 D

【答案解析】 污染当量数＝污染物排放量/污染当量值＝6 000/0.025＝240 000，应缴纳环保税＝污染当量数×具体适用税额＝240 000×4＝960 000（元）。

80. 某企业 2019 年度实现利润总额 100 万元，在营业外支出账户列支了通过公益性社会组织向贫困地区的捐款 10 万元，直接向某小学捐款 5 万元。在计算该企业 2019 年度应纳税所得额时，允许扣除的捐款数额为（　　）万元。

A. 5

B. 10

C. 12

D. 15

【参考答案】 B

【答案解析】 直接捐款5万元不允许扣除，实际公益性捐赠10万元，扣除标准＝100×12%＝12(万元)，10万元<12万元，允许扣除10万元。

81. 下列固定资产不得计算折旧税前扣除的是（　　）。

A. 未投入使用的房屋、建筑物

B. 以经营租赁方式租出的固定资产

C. 以融资租赁方式租入的固定资产

D. 单独估价作为固定资产入账的土地

【参考答案】 D

【答案解析】 《中华人民共和国企业所得税法》第十一条规定：在计算应纳税所得额时，企业按照规定计算的固定资产折旧，准予扣除。下列固定资产不得计算折旧扣除：(1)房屋、建筑物以外未投入使用的固定资产；(2)以经营租赁方式租入的固定资产；(3)以融资租赁方式租出的固定资产；(4)已足额提取折旧仍继续使用的固定资产；(5)与经营活动无关的固定资产；(6)单独估价作为固定资产入账的土地；(7)其他不得计算折旧扣除的固定资产。

82. 某烟草公司为增值税一般纳税人，2020年11月收购烟叶2 000公斤，收购金额为30万元，已开具烟叶收购发票。下列表述正确的是（　　）。

A. 烟草公司应该代扣代缴烟叶税6万元

B. 烟草公司应该代扣代缴烟叶税6.6万元

C. 烟草公司应该自行缴纳烟叶税6万元

D. 烟草公司应该自行缴纳烟叶税6.6万元

【参考答案】 D

【答案解析】 烟叶税的纳税人是收购烟叶的单位，应缴纳烟叶税＝烟叶实际支付的价款总额×税率＝收购金额×(1＋10%)×税率＝30×(1＋10%)×20%＝6.6(万元)。

83. 以下哪种情形属于我国增值税的征税范围？（　　）

A. 我国某公民销售其位于新加坡的房产

B. 俄罗斯某公司向我国某高新技术企业提供专业技术服务用于扩大产能

C. 国内某企业为其聘用的员工提供餐饮服务

D. 南非企业向我国企业出租采矿设备用于开采位于南非的金矿

【参考答案】 B

【答案解析】 选项A：按照《营业税改征增值税试点实施办法》(财税〔2016〕36号)附件1的相关规定，纳税人销售位于境外的不动产不属于我国增值税征税范围。选项

B:按照《营业税改征增值税试点实施办法》(财税〔2016〕36 号)附件 1 的相关规定,境外单位向境内单位销售发生在境内的服务,属于我国增值税征税范围。选项 C:按照《营业税改征增值税试点实施办法》(财税〔2016〕36 号)附件 1 的相关规定,单位为聘用的员工提供服务不属于我国增值税征税范围。选项 D:按照《营业税改征增值税试点实施办法》(财税〔2016〕36 号)附件 1 的相关规定,境外单位向境内单位出租完全在境外使用的有形动产,不属于我国增值税征税范围。

84. 下列各项中,属于资源税应税产品的是(　　)。

A. 高岭土

B. 蜂窝煤

C. 人造石油

D. 以已税原煤加工的洗选煤

【参考答案】 A

【答案解析】 高岭土属于其他非金属矿;蜂窝煤、人造石油和以已税原煤加工的洗选煤不缴纳资源税。

85. 甲公司 2019 年 1 月 1 日以银行存款 600 万元从乙公司购入一项无形资产,摊销年限为 10 年,预计净残值为 0,采用直线法摊销。2019 年 6 月 30 日和 2019 年 12 月 31 日该项无形资产的可收回金额分别为 513 万元和 432 万元。假设不考虑其他因素,该项无形资产 2020 年 1 月应计提的摊销额为(　　)万元。

A. 4.8

B. 4

C. 5

D. 4.5

【参考答案】 B

【答案解析】 甲公司截至 2019 年 6 月 30 日应计提摊销额＝600/10×6/12＝30(万元),账面价值＝600－30＝570(万元),大于可收回金额 513 万元,应计提减值准备 57 万元,计提减值后无形资产账面价值为 513 万元,2019 年 12 月 31 日应计提摊销额＝513/9.5/12×6＝27(万元),账面价值＝513－27＝486(万元),大于可收回金额 432 万元,应计提减值 54 万元,计提减值后无形资产账面价值为 432 元,2020 年 1 月应计提摊销金额＝432/9/12＝4(万元),选项 B 正确。

86. 在计算车辆购置税时,关于应税车辆的计税价格,下列说法正确的是(　　)。

A. 纳税人购买自用应税车辆的计税价格,为纳税人购车合同上注明的全部价款,不包括增值税税款

B. 纳税人进口自用应税车辆的计税价格，为关税完税价格加上关税和消费税

C. 纳税人自产自用应税车辆的计税价格，按照组成计税价格确定，不包括增值税税款

D. 纳税人以受赠、获奖或者其他方式取得自用应税车辆的计税价格，按照市场同类应税车辆的销售价格确定，不包括增值税税款

【参考答案】 B

【答案解析】 纳税人进口自用应税车辆的计税价格，为关税完税价格加上关税和消费税。

87. 按照营改增后相关规定，被保险人获得的保险赔付属于(　　)。

A. 不征收增值税项目

B. 2%征收项目

C. 3%征收项目

D. 6%征收项目

【参考答案】 A

【答案解析】 按照营改增后相关规定，被保险人获得的保险赔付属于不征收增值税项目。

88. 下列污染物中，不属于环境保护税征税对象的是(　　)。

A. 大气污染物

B. 工业噪声污染

C. 固体废物

D. 光污染

【参考答案】 D

【答案解析】《中华人民共和国环境保护法》第三条规定，“本法所称应税污染物，是指本法所附《环境保护税税目税额表》《应税污染物和当量值表》规定的大气污染物、水污染物、固体废物和噪声”。所以D不属于环境保护税征税对象。

89. 下列关于环境保护税应税污染物计税依据的说法，错误的是(　　)。

A. 应税大气污染物按照污染物排放量折合的污染当量数确定

B. 应税水污染物按照污染物排放量折合的污染当量数确定

C. 应税固体废物按照固体废物的排放量折合的污染当量确定

D. 应税噪声按照超过国家规定标准的分贝数确定

【参考答案】 C

【答案解析】 应税固体废物按照固体废物的排放量折合的污染当量确定。

90.某煤矿生产企业2020年12月开采原煤600吨，当月向某供热公司销售原煤300吨，收取不含税的销售额为90万元；销售外购已税原煤生产的洗选煤400吨，取得不含税的销售额为120万元。已知原煤适用的资源税税率为6%，洗选煤适用的资源税税率为5%。该煤矿生产企业当月应缴纳的资源税为(　　)万元。

A. 5.4

B. 11.4

C. 12.6

D. 10.5

【参考答案】 A

【答案解析】 销售外购已税原煤生产的洗选煤不需再缴纳资源税。该煤矿生产企业当月应缴纳资源税=90×6%=5.4(万元)。

91.某外贸公司(位于县城)为增值税一般纳税人，2018年7月出口货物退还增值税25万元，退还消费税35万元；进口半成品缴纳进口环节增值税45万元，内销产品缴纳增值税400万元；本月将一处闲置的房产转让取得含税收入1 000万元。该公司本月应缴纳城市维护建设税和教育费附加(　　)万元。(房产为2013年自建，转让采用简易计税方法计税)

A. 44.76

B. 39.68

C. 35.20

D. 35.81

【参考答案】 D

【答案解析】 出口退还流转税不退还城市维护建设税和教育费附加，进口不征收城市维护建设税和教育费附加，一般纳税人销售其2016年4月日前自建的不动产，可以选择适用简易计税方法，以取得的全部价款和价外费用为销售额，按照5%的征收率计算应缴纳税额。应缴纳城市维护建设税和教育费附加=400×(5%+3%)+1 000÷(1+5%)×5%×(5%+3%)=35.81(万元)。

92.2018年2月某房地产开发公司转让一幢写字楼取得不含增值税销售收入10 000万元。已知该公司为取得土地使用权所支付的金额为500万元，房地产开发成本为2 000万元，房地产开发费用为400万元，该公司没有按房地产项目计算分摊银行借款利息，该项目所在省政府规定计征土地增值税时房地产开发费用扣除比例按10%计算，计算土地增值税准予扣除的税费为60万元。该公司应缴纳的土地增值税为(　　)万元。

A. 1 806.5

B. 2 855.5

C. 3 345

D. 3 517.5

【参考答案】 B

【答案解析】 扣除项目金额＝500＋2 000＋(2 000＋500)×10%＋60＋(500＋2 000)×20%＝3 310(万元),增值额＝10 000－3 310＝6 690(万元)。

增值率＝6 690÷3 310×100%＝202.11%。

应缴纳税额＝6 690×60%－3 310×35%＝2 855.5(万元)。

土地增值税计算公式为土地增值税税额＝增值额×税率－扣除项目金额×速算扣除系数。要注意只有房地产开发企业销售新建房,才享受加计扣除的优惠,除此以外的,不享受加计扣除的优惠。

另外,对于开发费用的扣除要注意以下两点。

(1)不按实际发生金额计算。

(2)取决于"利息支出"

①单独开发费用＝利息＋(取得土地使用权所支付金额＋开发成本)×5%以内。

②不单独开发费用＝(取得土地使用权所支付金额＋开发成本)×10%以内。

93. 对纳税人报送的清算资料进行数据、逻辑审核,重点审核项目归集的一致性、数据的准确性等,这指的是清算审核方法中的(　　)。

A. 实地审核

B. 案头审核

C. 定期审核

D. 异地审核

【参考答案】 B

【答案解析】 案头审核是指对纳税人报送的清算资料进行数据、逻辑审核,重点审核项目归集的一致性、数据计算的准确性等。

94. 关于增值税出口退税,正确的是(　　)。

A. 纳税人提供零税率服务,适用简易计税的,可适用免抵退政策

B. 适用不同退税率的货物劳务,未分开报关、核算的,从低适用退税率

C. 生产企业进料加工复出口货物,增值税退税计税依据按出口货物离岸价确定

D. 出口企业既适用增值税免抵退,也适用即征即退,增值税即征即退可参与免抵退计算

【参考答案】 B

【答案解析】 选项A,适用简易计税方法的,实行免征增值税办法;选项C,生产企业进料加工复出口货物增值税退(免)税的计税依据,按出口货物的离岸价(FOB)扣除出口货物所含的海关保税进口料件的金额后确定;选项D,出口企业既有适用增值税免抵退项目,也有增值税即征即退、先征后退项目的,增值税即征即退和先征后退项目不参与出口项目免抵退税计算。

95. 水资源税试点地区发生下列取水行为,应缴纳水资源税的是(　　)。

A. 火力发电贯流式冷却取用水

B. 水利工程管理单位调度水资源取水

C. 农村集体经济组织从本集体经济组织的水库中取用水

D. 抽水蓄能发电取用水

【参考答案】 A

【答案解析】 选项B、C,不缴纳水资源税;选项D,免征水资源税。

96. 甲煤矿2024年3月销售自采与外购原煤混合的原煤,取得不含税销售额180万元。其中,从坑口到车站站场的运输费用8万元、装卸费2万元(取得符合规定的发票);上月未抵减的外购原煤不含税购进额50万元。该地区原煤资源税税率3%。甲煤矿本月应缴纳资源税为(　　)万元。(不考虑六税两费减征优惠)

A. 5.10

B. 3.60

C. 3.90

D. 5.40

【参考答案】 B

【答案解析】 甲煤矿本月应缴纳资源税=(180−8−2−50)×3%=3.60(万元)。

97. 甲公司为增值税一般纳税人,2023年2月基于社会责任将职工食堂改造成对外开放的社区食堂,对孤寡老人以低价提供餐饮服务,取得含税收入40万元,本月取得与收入直接挂钩的财政补贴5万元;对其他社会人员按市场价格提供餐饮服务,取得含税收入135万元;为职工提供免费餐饮服务,成本45万元。甲公司上述业务销项税额(　　)万元。

A. 13.16

B. 10.61

C. 12.88

D. 10.19

【参考答案】 D

【答案解析】 甲公司上述业务销项税额＝(40＋5＋135)÷(1＋6％)×6％＝10.19(万元)。

98. 某葡萄酒企业为增值税一般纳税人，2023年2月从国外进口高档葡萄酒作为原材料，货价100万元，境外运费10万元，保险费无法确定，本月使用80％用于生产A型葡萄酒。本月销售自产A型葡萄酒取得不含税收入600万元，葡萄酒关税税率14％。该企业本月应缴纳消费税(　　)万元。(不含进口环节消费税)

A. 48.85

B. 60.00

C. 48.82

D. 46.07

【参考答案】 C

【答案解析】 应缴纳的消费税＝600×10％－(100＋10)×(1＋0.3％)×(1＋14％)/(1－10％)×10％×80％＝48.82(万元)。

99. 下列关于车辆购置税的规定，正确的是(　　)。

A. 自产自用应税车辆无须缴纳车辆购置税

B. 购买自用应税车辆，计税依据为不含增值税的全部价款

C. 进口自用车辆计税依据为关税完税价格

D. 受赠自用应税车辆，计税依据为同类车辆最低销售价格

【参考答案】 B

【答案解析】 选项A，自产自用应税车辆需要缴纳车辆购置税，应按纳税人生产的同类应税车辆的销售价格确定，不包括增值税。没有同类价格的，按照组成计税价格确定。选项C，进口自用车辆，计税依据为组成计税价格，组成计税价格＝(关税完税价格＋关税)/(1－消费税税率)。选项D，按照购置应税车辆时相关凭证载明的价格确定，不包括增值税。

100. 某企业2020年8月向水体直接排放第一类水污染物总汞、总镉、总铬、总砷、总铅、总银各20千克。排放第二类水污染物悬浮物(SS)4、总有机碳(TOC)、挥发酚、氨氮各20千克。已知水污染物污染当量值分别为总汞0.0005、总镉0.005、总铬0.04、总砷0.02、总铅0.025、总银0.02、悬浮物(SS)4、总有机碳(TOC)0.49、挥发酚0.08、氨氮0.8。该企业所在地区水污染物税额标准统一为1.4元/污染当量，该企业8月水污染物应缴纳的环境保护税(　　)元(结果保留两位小数)。

A. 65 962.15

B. 65 520

C. 56 000

D. 442. 15

【参考答案】 A

【答案解析】 第一步，计算第一类水污染物的污染当量数。

总汞：20 千克÷0. 0005 千克/污染当量＝40 000 污染当量；

总镉：20 千克÷0. 005 千克/污染当量＝4 000 污染当量；

总铬：20 千克÷0. 04 千克/污染当量＝500 污染当量；

总砷：20 千克÷0. 02 千克/污染当量＝1 000 污染当量；

总铅：20 千克÷0. 025 千克/污染当量＝800 污染当量；

总银：20 千克÷0. 02 千克/污染当量＝1 000 污染当量。

第二步，对第一类水污染物污染当量数排序。

总汞(40 000 污染当量)＞总镉(4 000 污染当量)＞总砷(1 000 污染当量)＝总银(1 000 污染当量)＞总铅(800 污染当量)＞总铬(500 污染当量)。

第三步，选取前五项污染物计算第一类水污染物应纳税额。

[总汞(40 000 污染当量)＋总镉(4 000 污染当量)＋总砷(1 000 污染当量)＋总银(1 000 污染当量)＋总铅(800 污染当量)]×1. 4 元/污染当量＝65 520(元)。

第四步，计算第二类水污染物的污染当量数。

悬浮物(SS)：20 千克÷4 千克/污染当量＝5 污染当量；

总有机碳(TOC)：20 千克÷0. 49 千克/污染当量＝40. 82 污染当量；

挥发酚：20 千克÷0. 08 千克/污染当量＝250 污染当量；

氨氮：20 千克÷0. 8 千克/污染当量＝25 污染当量。

第五步，对第二类水污染物污染当量数排序。

挥发酚(250 污染当量)＞总有机碳(40. 82 污染当量)＞氨氮(25 污染当量)＞悬浮物(5 污染当量)。

第六步，选取前三项污染物计算第二类水污染物应纳税额。

[挥发酚(250 污染当量)＋总有机碳(40. 82 污染当量)＋氨氮(25 污染当量)]×1. 4 元/污染当量＝442. 15(元)；

该企业 8 月应纳环境保护税税额＝第一类水污染物应纳税额 65 520＋第二类水污染物应纳税额 442. 15＝65 962. 15(元)。

101. 下列关于环境保护税的说法中，正确的是(　　)。

A. 每一排放口的应税大气污染物按照污染当量数从大到小排序对前五征税

B. 每一排放口的应税水污染物按照污染当量数从大到小排序，对其他类水污染物的前三征税

C. 应税固体废物按照固体废物的产生量作为计税依据

D. 噪声生源一个月不足15天的减半计算应纳税额

【参考答案】 B

【答案解析】 本题考查环境保护税的计税依据。

选项A错误，每一排放口的应税大气污染物按照污染当量数从大到小排序，对前三征税。选项B是正确的。每一排放口的应税污染物，区分第一类水污染物和其他类水污染物，按照污染当量数从大到小排序：(1)对第一类水污染物按照前五项征收环境保护税(2)对其他类水污染物按照前三项征收环境保护税。选项C错误，应税固体废物按照固体废物的排放量作为计税依据。

102. 某房地产开发公司开发一住宅项目，取得该土地使用权所支付的金额3 000万元，房地产开发成本4 000万元，利息支出500万元(能提供金融机构贷款证明)，所在省人民政府规定，能提供金融机构贷款证明的，其他房地产开发费用扣除比例为4%。该公司计算土地增值税时允许扣除开发费用为(　　)万元。

A. 780.00

B. 700.00

C. 850.00

D. 500.00

【参考答案】 A

【答案解析】 允许扣除的开发费用＝500＋(3 000＋4 000)×4%＝780(万元)。

103. 依据现行土地增值税的规定，对已经实行预征办法的地区，可根据实际情况确定土地增值税预征率，西部地区省份预征率不得低于(　　)。

A. 1%

B. 2%

C. 2.5%

D. 1.5%

【参考答案】 A

【答案解析】 略。

104. 甲居民企业于2022年年初对乙居民企业投资2 000万元，取得其30%的股权。后因资金需要，甲企业2022年年末对乙企业的投资全部撤回，共取得资产3 000万元。投资撤回时乙企业累计未分配利润为1 500万元，累计盈余公积200万元。甲企业

撤资业务应缴纳的企业所得税为(　　)万元。

A. 122.5

B. 125

C. 110.5

D. 130

【参考答案】 A

【答案解析】 甲企业应确认的股息所得=(1 500+200)×30%=510(万元),居民企业之间的符合条件的投资收益免税。初始投资 2 000 万元确认为投资收回。甲企业应确认的投资资产转让所得=3 000-2 000-510=490(万元),甲企业应缴纳的企业所得税=490×25%=122.5(万元)。

105. 根据企业所得税相关规定,预约定价安排中确定关联交易价格采取的方法是(　　)。

A. 中位法

B. 四分位法

C. 百分位法

D. 八分位法

【参考答案】 B

【答案解析】 本题考查预约定价安排关联交易价格的确定方法。选项 B 当选,预约定价安排采用四分位法确定价格或者利润水平。预约定价安排执行期间,如果企业当年实际经营结果在四分位区间之外,税务机关可以将实际经营结果调整到四分位区间中位值。

106. 非居民企业甲企业是增值税一般纳税人,适用的增值税税率为 13%,2022 年 6 月从我国境内乙企业取得有形动产租赁含税收入共计 800 万元,该笔收入与在我国境内设立的机构、场所没有实际联系,同时发生业务成本费用共计 400 万元。甲企业就租赁收入应缴纳的企业所得税为(　　)万元。

A. 200

B. 68.5

C. 70.80

D. 71.25

【参考答案】 C

【答案解析】 在中国境内未设立机构、场所的,或者虽设立机构、场所,但取得的境内所得与其所设机构、场所没有实际联系的非居民企业,实际减按 10%的税率;股息、红利等权益性投资收益和利息、租金、特许权使用费所得，以收入全额为应纳税所得额。应缴纳企业所得税=800÷(1+13%)×10%=70.8(万元)。

107.下列关于印花税计税依据的表述中，符合印花税规定的是(　　)。

A.对采用易货方式进行商品交易签订的合同，应以易货差价为计税依据

B.运输合同的计税依据是运费收入，不包括所运货物的装卸费

C.建设工程合同的计税依据是承保总额扣除分包或转包金额后的余额

D.对于由委托方提供主要材料的加工合同，加工费和辅助材料金额分开记载，辅料金额按购销金额申报缴纳印花税

【参考答案】 B

【答案解析】 选项A，对采用易货方式进行商品交易签订的合同，应以购、销金额合计申报缴纳印花税；选项C，建设工程合同的计税依据为合同约定的价款；选项D，对于由委托方提供主要材料或原料，受托方只提供辅助材料的加工合同，无论加工费和辅助材料金额是否分开记载，均以辅助材料与加工费的合计数，依照承揽合同申报缴纳印花税，对委托方提供的主要材料或原料金额不计算缴纳印花税。

108.2022年8月，小D公司与小丁公司签订一份设备采购合同。价款为2 000万元，两个月后因采购合同作废，又改签为融资租赁合同，租金总额为2 100万元。小D公司上述行为应缴纳印花税(　　)元。

A.27 000

B.6 105

C.8 100

D.7 050

【参考答案】 D

【答案解析】 本题考查印花税应纳税额的计算。选项D当选，具体过程如下。

(1)印花税既是凭证税，又具有行为税性质，不论合同是否兑现或能否按期兑现，都应当缴纳印花税。

(2)设备采购合同应按“买卖合同”纳税，应纳税额=2 000×0.3‰×10 000=6 000(元)。

(3)融资租赁合同应按“融资租赁合同”纳税，应纳税额=2 100×0.05‰×10 000=1 050(元)。故小D公司上述行为应纳税额=6 000+1050=7 050(元)。

选项A不当选，误将融资租赁合同按“租赁合同”纳税，适用1‰税率，其计算过程为：6 000+2 100×1‰×10 000=27 000(元)。

选项B不当选，误将“融资租赁合同”税目适用0.005‰的税率，其计算过程为：

6 000＋2 100×0.005‰×10 000＝6 105(元)。

选项C不当选，误将“融资租赁合同”税目适用0.1‰的税率，其计算过程为：6 000＋2 100×0.1‰×10 000＝8 100(元)。

109. 2022年8月，甲企业与某商业银行签订一份流动资金周转性借款合同，合同约定一年内借款最高限额为5 000万元，8月尚未发生借款业务。同月向乙企业借款100万元，尚未签订借款合同，只填开借据。就该事项，甲企业8月应缴纳印花税(　　)元。

A. 0

B. 50

C. 2 500

D. 2 550

【参考答案】 C

【答案解析】 本题考查“借款合同”印花税的计算。选项C当选，具体过程如下。

(1)借款合同，指银行业金融机构、经批准设立的其他金融机构与借款人(不包括同业拆借)的借款合同，不包括企业与企业之间签订的借款合同。故甲企业向乙企业借款100万元无须缴纳印花税。

(2)企业与银行签订的流动资金周转性借款合同，应以合同规定的最高限额为计税依据一次性纳税，在限额内随借随还不签订新合同的，不再缴纳。虽签订合同未实际发生借款的，也需要按照限额纳税。综上，甲企业与向商业银行签订的借款合同应纳税额＝5 000×0.05‰×10 000＝2 500(元)。

选项A不当选，误认为与商业银行签订的流动资金周转性借款合同，未实际发生借款业务，无须缴纳印花税。

选项B不当选，误认为与商业银行借款合同无须缴纳印花税，与乙公司借款合同按照0.05‰税率计算缴纳印花税。

选项D不当选，误认为与乙公司签订的借款合同需要计算缴纳印花税。

110. 下列关于资产损失税前扣除管理的说法中，错误的是(　　)。

A. 企业各项存货发生的正常损耗应以清单申报的方式向税务机关申报扣除

B. 企业无法准确判别是否属于清单申报时可以采取专项申报的方式申报扣除

C. 商业零售企业存货因运输失事形成的损失未存货非正常损失应当以专项申报形式进行企业所得税纳税申报

D. 企业因刑事案件原因形成的损失，应由企业承担的金额，或经公安机关立案侦查1年以上仍未追回的金额

【参考答案】 D

【答案解析】 选项D,企业因刑事案件原因形成的损失,应由企业承担的金额,或经公安机关立案侦查2年以上仍未追回的金额。

111. 甲创投企业(适用企业所得税税率15%)2021年1月1日向乙企业(上市的制造企业)投资500万元,且持股到2022年12月31日。甲企业2022年应纳税所得额为1 000万元,甲创投企业2022年度可抵扣的应纳税所得额为(　　)万元。

A. 0

B. 150

C. 300

D. 350

【参考答案】 A

【答案解析】 创投企业投资于制造企业没有可以抵扣应纳税所得额的优惠政策。

112. A公司持有M公司限售股股票10万股,购买成本为10万元,因资金需要协议转让给B公司,作价150万元,B公司又作价400万元卖给了C公司,两次转让均未在证券登记结算机构过户。限售股解禁后,A公司将限售股抛售,取得收入600万元。则A公司应缴纳企业所得税(　　)万元。

A. 147.5

B. 200

C. 153

D. 149

【参考答案】 A

【答案解析】 限售股转让收入扣除限售股原值和合理税费后的余额为该限售股转让所得,虽然该限售股历经两次协议转让,分别转让给B、C公司,但这两次转让均未在证券登记结算机构过户,也未缴纳过相应的税费,该题没有给出合理费用,不需要考虑,所以A公司此次转让所得应为590万元(600－10)。A公司转让限售股所得＝600－10＝590(万元),应缴纳企业所得税＝590×25%＝147.5(万元)。

113. 某市一商贸企业2020年末建成办公楼一栋,为建造办公楼新征一块土地,面积为45 000平方米,土地单价为每平方米300元,房产建筑面积为20 000平方米,建筑成本为2 000万元,该办公楼使用年限为50年,计算该办公楼原值(　　)万元。

A. 3 200

B. 3 350

C. 2 600

D. 3 000

【参考答案】 A

【答案解析】 该地的容积率＝20 000÷45 000＝0.44。税法规定，容积率低于0.5的，按房产建筑面积的2倍计算土地面积并据此确定计入房产原值的地价。该房产的原值＝2 000＋(20 000×2×300)÷10 000＝3 200(万元)。

114.某工业企业2021年2月自建的厂房竣工并投入使用。该厂房的原值为8 000万元，其中用于储存物资的独立地下室为800万元。假设厂房原值减除比例为30%，地下室应税房产原值为房屋原价的60%。该企业2021年应缴纳房产税(　　)万元。

A.56

B.59.14

C.61.60

D.53.76

【参考答案】 D

【答案解析】 应纳房产税税额＝(8 000－800)×(1－30%)×1.2%×10/12＋800×60%×(1－30%)×1.2%×10/12＝53.76(万元)。

115.下列关于房产税纳税人的说法，正确的是(　　)。

A.产权出典的，由出典人缴纳房产税

B.产权属于国家所有的，由经营管理单位缴纳房产税

C.纳税单位无租使用免税单位房产的，由免税单位缴纳房产税

D.无论产权所有人是否在房屋所在地均由产权所有人缴纳房产税

【参考答案】 B

【答案解析】 选项A，产权出典的，由承典人纳税；选项C，纳税单位无租使用免税单位房产的，由使用人代为缴纳房产税；选项D，产权所有人不在房屋所在地的，由房产代管人或者使用人缴纳房产税。

116.2021年某企业占用某市二等地段土地6 000平方米，三等地段土地12 000平方米(其中1 000平方米为该企业幼儿园用地，200平方米无偿供派出所使用)；2021年4月该企业在城郊征用耕地4 000平方米，该耕地当年已经缴纳耕地占用税；同年8月在城郊征用非耕地6 000平方米。该企业2021年和2022年应缴纳城镇土地使用税共计(　　)元。(城镇土地使用税年税额：二等地段7元/平方米，三等地段4元/平方米，城郊征用的耕地和非耕地1.2元/平方米)

A.180 000

B.183 600

C.186 800

D. 188 000

【参考答案】 B

【答案解析】 2021年应缴纳城镇土地使用税＝6 000×7＋(12 000－1 000－200)×4＋6 000×1.2÷12×4＝87 600(元)，2022年应缴纳城镇土地使用税＝6 000×7＋(12 000－1 000－200)×4＋6 000×1.2＋4 000×1.2÷12×9＝96 000(元)，2021年和2022年共计应缴纳城镇土地使用税＝87 600＋96 000＝183 600(元)。

117. 某公司2021年1月以1 200万元(不含增值税)购入一幢旧写字楼作为办公用房，该写字楼原值2 800万元，已计提折旧800万元；2021年3月用一辆价值80万元的车与王某价值200万元的住房交换，作为员工宿舍，并向王某支付差价120万元。当地适用契税税率3%，该公司应缴纳契税(　　)万元。

A. 39.60

B. 42.00

C. 63.60

D. 66.00

【参考答案】 B

【答案解析】 本题考查契税计税依据的相关规定。选项B当选，具体过程如下。

(1)土地使用权出售、房屋买卖，其计税价格为成交价格。该公司购入写字楼应纳契税税额＝1 200×3%＝36(万元)。

(2)公司以车换房，属于以实物交换房产的情形(而不是土地、房屋权属互换)，计税依据为应付的货币、实物及其他经济利益，即200万元。故该公司以车换房应纳契税税额＝200×3%＝6(万元)。综上，该公司应缴纳契税＝36＋6＝42(万元)。

选项A不当选，误认为以车换房属于土地、房屋权属互换的情形，以支付的差价作为计税依据。

选项C不当选，写字楼的计税依据误认为是账面净值，且误将以车换房认为属于土地、房屋权属互换的情形。

选项D不当选，写字楼的计税依据误认为是账面净值。

118. 甲企业2022年1月因无力偿还乙企业已到期的债务3 000万元，经双方协商甲企业同意以自有房产偿还债务，该房产的原值5 000万元，净值2 000万元，评估现值9 000万元，乙企业支付差价款6 000万元，双方办理了产权过户手续，则乙企业计缴契税的计税依据是(　　)万元。

A. 5 000

B. 6 000

C. 9 000

D. 2 000

【参考答案】 C

【答案解析】 乙企业按照房屋的现值计算缴纳契税，即按照 9 000 万元计算缴纳契税。

119. 下列关于以企业资金为个人购置财产的个人所得税政策中，说法不正确的是(　　)。

A. 企业出资购买房屋及其他财产，将所有权登记为投资者个人、投资者家庭成员或企业其他人员的，实质均为企业对个人进行了实物性质的分配

B. 个人独资企业合伙企业的个人投资者或其家庭成员取得了许多视为企业对个人投资者的利润分配，按照个体工商户的“生产经营所得”项目计征个人所得税

C. 除个人独资企业、合伙企业之外的其他企业的个人投资者或其家庭成员取得的所得视为企业对个人投资者的红利分配，按照“经营所得”项目计征个人所得税

D. 企业其他人员取得的所得按照“工资薪金所得”项目计征个人所得税

【参考答案】 C

【答案解析】 选项 C，对除个人独资企业、合伙企业之外的其他企业的个人投资者或其家庭成员取得的所得视为企业对个人投资者的红利分配，按照“利息、股息、红利所得”项目计征个人所得税。

3.2　多选题

1. 企业重组同时符合(　　)条件的，适用特殊性税务处理规定。

A. 具有合理商业目的，且不以减少、免除或推迟缴纳税款为主要目的

B. 被收购、合并或分立部分的资产或股权比例符合规定的比例

C. 企业重组后的连续 12 个月内不改变重组资产原来的实质性经营活动

D. 重组交易对价中涉及股权支付金额符合规定比例

E. 企业重组中取得股权支付的原主要股东，在重组后连续 12 个月内，不得转让所取得的股权

【参考答案】 ABCDE

【答案解析】 根据《财政部、国家税务总局关于企业重组业务企业所得税处理若干问题的通知》(财税〔2009〕59 号)第五条的规定。

2. 在(　　)范围内使用土地的单位和个人，为城镇土地使用税的纳税人。

A. 城市

B. 县城

C. 建制镇

D. 工矿区

E. 农村

【参考答案】 ABCD

【答案解析】 略。

3. 下列(　　)征收资源税。

A. 原油

B. 天然气

C. 煤

D. 有色金属

E. 橡胶

【参考答案】 ABCD

【答案解析】 橡胶不属于资源税的征收范围。

4. 下列(　　)情形，暂予免征环境保护税。

A. 农业生产(不包括规模化养殖)排放应税污染物的

B. 机动车、铁路机车、非道路移动机械、船舶和航空器等流动污染源排放应税污染物的

C. 依法设立的城乡污水集中处理、生活垃圾集中处理场所排放相应应税污染物，不超过国家和地方规定的排放标准的

D. 纳税人综合利用的固体废物，符合国家和地方环境保护标准的

E. 国务院批准免税的其他情形

【参考答案】 ABCDE

【答案解析】 略。

5. 下列(　　)免缴城镇土地使用税。

A. 国家机关、人民团体、军队自用的土地

B. 由国家财政部门拨付事业经费的单位自用的土地

C. 宗教寺庙、公园、名胜古迹自用的土地

D. 市政街道、广场、绿化地带等公共用地

E. 直接用于农、林、牧、渔业的生产用地

【参考答案】 ABCDE

【答案解析】 下列土地免缴城镇土地使用税：(1)国家机关、人民团体、军队自用的土地；(2)由国家财政部门拨付事业经费的单位自用的土地；(3)宗教寺庙、公园、名胜古迹自用的土地；(4)市政街道、广场、绿化地带等公共用地；(5)直接用于农、林、牧、渔业的生产用地；(6)经批准开山填海整治的土地和改造的废弃土地，从使用的月份起免缴土地使用税5年至10年；(7)由财政部另行规定免税的能源、交通、水利设施用地和其他用地。

6. 下列(　　)情形，免征契税。

A. 国家机关、事业单位、社会团体、军事单位承受土地、房屋权属用于办公、教学、医疗、科研、军事设施

B. 非营利性的学校、医疗机构、社会福利机构承受土地、房屋权属用于办公、教学、医疗、科研、养老、救助

C. 承受荒山、荒地、荒滩土地使用权用于农、林、牧、渔业生产

D. 婚姻关系存续期间夫妻之间变更土地、房屋权属

E. 法定继承人通过继承承受土地、房屋权属

【参考答案】 ABCDE

【答案解析】 根据《中华人民共和国契税法》有下列情形之一的，免征契税：(1)国家机关、事业单位、社会团体、军事单位承受土地、房屋权属用于办公、教学、医疗、科研、军事设施；(2)非营利性的学校、医疗机构、社会福利机构承受土地、房屋权属用于办公、教学、医疗、科研、养老、救助；(3)承受荒山、荒地、荒滩土地使用权用于农、林、牧、渔业生产；(4婚姻关系存续期间夫妻之间变更土地、房屋权属；(5)法定继承人通过继承承受土地、房屋权属；(6)依照法律规定应当予以免税的外国驻华使馆、领事馆和国际组织驻华代表机构承受土地、房屋权属。

7. 计算土地增值税时，增值额的扣除项目包括(　　)。

A. 取得土地使用权所支付的金额

B. 开发土地的成本、费用

C. 新建房及配套设施的成本、费用，或者旧房及建筑物的评估价格

D. 与转让房地产有关的税金

E. 财政部规定的其他扣除项目

【参考答案】 ABCDE

【答案解析】 根据《土地增值税暂行条例》计算增值额的扣除项目：(1)取得土地使用权所支付的金额；(2)开发土地的成本、费用；(3)新建房及配套设施的成本、费用，或者旧房及建筑物的评估价格；(4)与转让房地产有关的税金；(5)财政部规定的其他扣除项目。

8. 下列各项业务，应同时征收增值税和消费税的有（　　）。

A. 地板厂销售自产实木地板

B. 汽车厂销售自产电动汽车

C. 百货商场销售高档手表

D. 进出口公司进口高尔夫球及球具

【参考答案】 AD

【答案解析】 电动汽车不属于消费税征税范围，不征收消费税；高档手表在生产环节征收消费税，批发、零售环节不征收消费税。

9. 下列关于消费税征税范围的说法，正确的有（　　）。

A. 农用拖拉机专用轮胎不征收消费税

B. 工程车专用轮胎征收消费税

C. 手扶拖拉机专用轮胎不征收消费税

D. 收割机专用轮胎征收消费税

【参考答案】 ABC

【答案解析】 略。

10. 下列行为中，介于视同销售行为征收增值税的有（　　）。

A. 企业将购进的红酒发给职工作为福利

B. 企业将购进的一台生产设备用于投资入股

C. 企业将委托加工的货物赠送给关联企业

D. 企业将自产货物分配给股东

【参考答案】 BCD

【答案解析】 企业购进的商品发给职工，不能视同销售。

11. 关于增值税计税销售额，下列说法正确的有（　　）。

A. 航空运输服务，代收的机场建设费不计入计税销售额

B. 以物易物方式下销售货物，双方以各自发出的货物核算销售额

C. 客运场站服务，以其取得的全部价款和价外费用为计税销售额

D. 贷款服务以实收利息和应收未收利息之和为计税销售额

【参考答案】 AB

【答案解析】 选项 C、D 计税销售额错误。

12. 下列关于增值税征税范围的说法，正确的有（　　）。

A. 股权转让不征收增值税

B. 资产重组中涉及的货物，应征收增值税

C. 资产重组中涉及的不动产、土地使用权，不征收增值税

D. 各燃油电厂从政府专户取得的发电补贴，不征收增值税

【参考答案】 ACD

【答案解析】 略。

13. 下列行为应当缴纳我国增值税的有（　　）。

A. 美国A公司向我国某企业转让在我国境内的连锁经营权

B. 法国B公司将其在意大利的办公楼出租给我国企业使用

C. 英国C公司对我国企业开拓国际、国内市场提供咨询服务

D. 印度D公司为我国企业在印度的建筑工程提供监理服务

【参考答案】 AC

【答案解析】 选项B、D的业务均发生在国外，不需要在我国缴纳增值税。

14. 企业取得的下列收入，应一次性计入所属纳税年度的有（　　）。

A. 企业资产溢余收入

B. 接受捐赠收入

C. 无法偿付的应付款收入

D. 工期为两年的船舶制造收入

E. 财产转让收入

【参考答案】 ABCE

【答案解析】 选项D，企业受托加工制造大型机械设备、船舶、飞机，以及从事建筑、安装、装配工程业务或者提供其他劳务等，持续时间超过12个月的，按照纳税年度内完工进度或者完成的工作量确认收入的实现。

15. 下列各项中，在计算企业所得税应纳税所得额时不得扣除的有（　　）。

A. 企业之间支付的管理费

B. 企业内营业机构之间支付的租金

C. 企业向投资者支付的股息

D. 银行企业内营业机构之间支付的利息

E. 非银行企业内营业机构之间支付的利息

【参考答案】 ABCE

【答案解析】 选项D，是允许税前扣除的。

16. 符合条件的非营利组织取得的下列收入，免征企业所得税的有（　　）。

A. 从事营利活动取得的收入

B. 因政府购买服务而取得的收入

C. 不征税收入孳生的银行存款利息收入

D. 接受其他单位捐赠的收入

E. 按照省级以上民政、财政部门规定收取的会费收入

【参考答案】 CDE

【答案解析】 符合条件的非营利组织的下列收入为免税收入：(1)接受其他单位或者个人捐赠的收入；(2)除税法规定的财政拨款以外的其他政府补助收入，但不包括因政府购买服务而取得的收入；(3)按照省级以上民政、财政部门规定收取的会费收入；(4)不征税收入和免税收入孳生的银行存款利息收入；(5)财政部、国家税务总局规定的其他收入。

17. 下列关于关联企业所得税利息费用的扣除中，正确的有(　　)。

A. 企业提供相关资料证明企业的实际税负不高于境内关联方的，仅考虑利率制约

B. 企业如果能够按规定提供相关资料，并证明相关交易活动符合独立交易原则的，不需要计算债资比例，仅考虑利率制约

C. 企业向股东或其他与企业有关联关系的自然人借款的利息支出应视为股息分配，不能税前扣除

D. 企业自关联方取得的不符合规定的利息收入应并入应纳税所得额缴纳企业所得税

E. 企业同时从事金融业务和非金融业务，其实际支付给关联方的利息支出，一律按2∶1的比例计算准予税前扣除的利息支出

【参考答案】 ABD

【答案解析】 选项C，符合规定的条件，企业向股东或其他与企业有关联关系的自然人借款的利息支出可以所得税前扣除。选项E，企业同时从事金融业务和非金融业务，其实际支付给关联方的利息支出，应按照合理方法分开计算；没有按照合理方法分开计算的，一律按前述有关其他企业的比例计算，准予税前扣除的利息支出，按2∶1的比例计算。

18. 依据企业所得税的相关规定，企业发生的广告费和业务宣传费可按当年销售(营业)收入的30%的比例扣除的有(　　)。

A. 白酒制造企业

B. 饮料销售企业

C. 医药制造企业

D. 化妆品制造企业

E. 化妆品销售企业

【参考答案】 CDE

【答案解析】 对化妆品制造或销售、医药制造和饮料制造(不含酒类制造)企业发生的广告费和业务宣传费支出,不超过当年销售(营业)收入 30%的部分,准予扣除;超过部分,准予在以后纳税年度结转扣除。

19. 居民企业的下列所得,可以享受企业所得税技术转让所得优惠政策的有(　　)。

A. 转让拥有 5 年以上的技术所有权的所得

B. 转让植物新品种的所得

C. 转让计算机软件著作权的所得

D. 从直接或间接持有股权之和达 100%的关联方取得的技术转让所得

E. 转让拥有 5 年以上独占许可使用权的技术转让所得

【参考答案】 ABCE

【答案解析】 技术转让的范围,包括居民企业转让专利技术、计算机软件著作权、集成电路布图设计权、植物新品种、生物医药新品种,以及财政部和国家税务总局确定的其他技术。其中:专利技术,是指法律授予独占权的发明、实用新型和非简单改变产品图案的外观设计。选项 D,居民企业从直接或间接持有股权之和达到 100%的关联方取得的技术转让所得,不享受技术转让减免企业所得税优惠政策。

20. 下列关于企业所得税研发费用加计扣除的说法,正确的有(　　)。

A. 企业委托境外机构的研发费用 2/3 可加计扣除

B. 适用加速折旧政策的研发活动仪器可就税前扣除折旧部分全额计入研发费用加计扣除

C. 对研发人员发放的职工福利费可全额计入研发费用加计扣除

D. 按规定对研发人员进行股权激励的支出可作为人员人工费用全额计入研发费用加计扣除

E. 企业委托境内关联机构发生的研发费用,按照 80%计入研发费用进行加计扣除

【参考答案】 BDE

【答案解析】 选项 A,委托境外进行研发活动所发生的费用,按照费用实际发生额的 80%计入委托方的委托境外研发费用。委托境外研发费用不超过境内符合条件的研发费用三分之二的部分,可以按规定在企业所得税前加计扣除;选项 C,研发人员的职工福利费属于《国家税务总局关于研发费用税前加计扣除归集范围有关问题的公告》文件规定的其他相关费用,其他相关费用可以加计扣除,但是此类费用总额不得超过可加计扣除研发费用总额的 10%。

21. 依据企业所得税相关规定，下列表述正确的有（　　）。

A. 商业折扣一律按折扣前的金额确定商品销售收入

B. 现金折扣应当按折扣后的金额确定商品销售收入

C. 属于提供初始及后续服务的特许权费，在提供服务时确认收入

D. 属于提供设备和其他有形资产的特许权费，在交付资产或转移资产所有权时确认收入

E. 申请入会或加入会员，只允许取得会籍，所有其他服务或商品都要另行收费的，在取得该会员费时确认收入

【参考答案】 CDE

【答案解析】 选项 A，应当按照扣除商业折扣后的金额确定销售商品收入金额；选项 B，应当按扣除现金折扣前的金额确定销售商品收入金额。

22. 根据企业所得税相关规定，下列支出应作为长期待摊费用进行税务处理的有（　　）。

A. 融资租入固定资产的租赁费支出

B. 固定资产的大修理支出

C. 未提足折旧的固定资产的改建支出

D. 已提足折旧的固定资产的改建支出

E. 租入固定资产的改建支出

【参考答案】 BDE

【答案解析】 企业发生的下列支出作为长期待摊费用，按照规定摊销的，准予扣除：(1)已足额提取折旧的固定资产的改建支出；(2)租入固定资产的改建支出；(3)固定资产的大修理支出；(4)其他应当作为长期待摊费用的支出。

23. 个人获取的下列所得，按照“偶然所得”项目计征个人所得税的有（　　）。

A. 无偿获得房产公司赠与的住房

B. 参加客户单位的业务宣传活动，随机获得客户单位赠送的礼品

C. 参加本单位的年会活动，获得的有奖竞猜奖品

D. 个人处置打包债权取得的收入

E. 参加客户单位的周年庆典活动，收到客户单位随机赠送的网络红包

【参考答案】 ABE

【答案解析】 选项 C，企业在业务宣传、广告等活动中，随机向“本单位以外的个人”赠送礼品（包括网络红包），以及企业在年会、座谈会、庆典以及其他活动中向本单位以外的个人赠送礼品，个人取得的礼品收入，按照“偶然所得”项目计算交纳个人所得

税。参加本单位的年会活动，获得的有奖竞猜奖品，按照“工资薪金所得”计征个人所得税。选项D，按“财产转让所得”征收个人所得税。

24. 非居民个人取得的下列所得中，属于来源于中国境内所得的有(　　)。

A. 在境外通过网上指导获得境内机构支付的培训所得

B. 在境外写稿在境内出版获得的境内机构支付的稿酬所得

C. 持有中国境内公司债券取得的利息所得

D. 将专利权转让给中国境内公司在中国使用取得的特许权使用费所得

E. 将施工机械出租给中国公民在美国使用而取得的租金所得

【参考答案】 BCD

【答案解析】 下列所得，不论支付地点是否在中国境内，均为来源于中国境内的所得：(1)因任职、受雇、履约等在中国境内提供劳务取得的所得；(2)将财产出租给承租人在中国境内使用而取得的所得；(3)许可各种特许权在中国境内使用而取得的所得(选项D当选)；(4)转让中国境内的不动产等财产或者在中国境内转让其他财产取得的所得(选项E不当选)；(5)从中国境内企业、事业单位、其他组织以及居民个人取得的利息、股息、红利所得(选项C当选)；选项B当选，对于稿酬所得，由境内企业、事业单位、其他组织支付或者负担的稿酬所得，为来源于境内的所得。

25. 个人取得的下列各项所得中，应按“工资、薪金所得”项目征收个人所得税的有(　　)。

A. 个人因公务用车和通信制度改革而取得的公务用车、通信补贴收入

B. 年终兑现的绩效奖

C. 电视台编剧编写剧本取得的所得

D. 个人转让离婚财产房屋取得的所得

E. 报社记者在本报社刊物上发表作品取得的所得

【参考答案】 ABE

【答案解析】 选项C，按照“特许权使用费所得”征税；选项D，按照“财产转让所得”征税。

26. 个人取得的下列利息收入中，免征个人所得税的有(　　)。

A. 个人股票账户闲置资金孳生的利息收入

B. 国债利息收入

C. 国家金融债券利息收入

D. 教育储蓄存款利息收入

E. 企业债券利息收入

【参考答案】 ABCD

【答案解析】 选项E,没有免税规定。

27. 下列关于公益慈善事业捐赠个人所得税的规定,说法正确的有(　　)。

A. 个体工商户发生的公益捐赠支出,在其经营所得中扣除

B. 在经营所得中扣除公益捐赠支出的,可以选择在预缴税款时扣除,也可以选择在汇算清缴时扣除

C. 经营所得采取核定征收方式的,可以扣除公益捐赠支出

D. 个人同时发生按30%扣除和全额扣除的公益捐赠支出,自行选择扣除次序

E. 个人捐赠股权的,应按照个人持有股权的财产公允价值确定公益捐赠支出金额

【参考答案】 ABD

【答案解析】 选项C,经营所得采取核定征收方式的,不扣除公益捐赠支出;选项E,个人捐赠股权的,按照个人持有股权的财产原值确定公益捐赠支出金额。

28. 居民个人取得的下列收入,可以按照累计预扣法预扣预缴个人所得税的有(　　)。

A. 员工取得的工资薪金收入

B. 保险营销员取得的佣金收入

C. 证券经纪人取得的佣金收入

D. 正在接受全日制教育的学生因实习取得的劳务报酬收入

E. 在职博士研究生参加导师课题研究取得的劳务报酬收入

【参考答案】 ABCD

【答案解析】 选项E,劳务报酬所得,以取得该项收入为一次,故应按"次"预扣预缴个人所得税。

29. 下列关于个人转让股权缴纳个人所得税的表述正确的有(　　)。

A. 股权转让收入是指转让方因股权转让而获得的现金、实物、有价证券和其他形式的经济利益

B. 纳税人按照合同约定,在满足约定条件后取得的后续收入,不作为股权转让收入

C. 股权转让收入应当按照公平交易原则确定

D. 个人转让股权,以股权转让收入减除股权原值和合理费用后的余额为应纳税所得额,按"财产转让所得"交缴个人所得税

E. 扣缴义务人应于股权转让相关协议签订后5个工作日内,将股权转让的有关情况报告主管税务机关

【参考答案】 ACDE

【答案解析】 选项B,纳税人按照合同约定,在满足约定条件后取得的后续收入,应当作为股权转让收入。

30. 下列因素中,不利于受益所有人身份认定的有(　　)。

A. 申请人有义务在收到所得的24个月内将所得的50%以上支付给第三国(地区)居民

B. 申请人从事的经营活动不构成实质性经营活动

C. 缔约对方国家(地区)对有关所得免税

D. 在利息据以产生和支付的贷款合同之外,存在债权人与第三人之间在数额、利率和签订时间等方面相近的其他贷款或存款合同

E. 在特许权使用费据以产生和支付的版权、专利、技术等使用权转让合同之外,存在申请人与第三人之间在有关版权、专利、技术等的使用权或所有权方面的转让合同

【参考答案】 BCDE

【答案解析】 选项A不当选,申请人有义务在收到所得的12个月(而非24个月)内将所得的50%以上支付给第三国(地区)居民,不利于受益所有人身份的认定。

31. 依据企业所得税同期资料管理规定,下列年度关联交易金额应当准备本地文档的有(　　)。

A. 金融资产转让金额超过10 000万元

B. 无形资产所有权转让金额超过10 000万元

C. 有形资产所有权转让金额超过20 000万元

D. 无形资产使用权转让金额未超过5 000万元

E. 劳务关联交易金额合计超过4 000万元

【参考答案】 ABCE

【答案解析】 年度关联交易金额符合下列条件之一的企业,应当准备本地文档:(1)有形资产所有权转让金额(来料加工业务按照年度进出口报关价格计算)超过2亿元(选项C当选);(2)金融资产转让金额超过1亿元(选项A当选);(3)无形资产所有权转让金额超过1亿元(选项B当选);(4)其他关联交易金额合计超过4 000万元(选项E当选)。

选项D不当选,无形资产使用权转让金额超过4 000万元应当准备本地文档。

32. 下列关于来源地税收管辖权的判定标准,可适用于独立个人劳务所得的有(　　)。

A. 所得支付者标准

B. 劳务发生地标准

C. 常设机构标准

D. 固定基地标准

E. 停留期间标准

【参考答案】 ADE

【答案解析】 选项A、D、E当选，独立个人劳务所得来源地的确定，国际上通常采用三种标准：(1)固定基地标准(如诊疗所、事务所等)；(2)停留期间标准；(3)所得支付者标准。

33. 企业与其关联方签署成本分摊协议，发生特殊情形会导致其自行分配的成本不得在税前扣除，这些情况包括(　　)。

A. 不符合独立交易原则

B. 没有遵循成本与收益配比原则

C. 不具有合理商业目的和经济实质

D. 自签署成本分摊协议之日起经营期限为10年

E. 未按照有关规定备案或准备有关成本分摊协议的同期资料

【参考答案】 ABCE

【答案解析】 企业与其关联方签署成本分摊协议，有下列情形之一的，其自行分摊的成本不得税前扣除：(1)不具有合理商业目的和经济实质(选项C当选)；(2)不符合独立交易原则(选项A当选)；(3)没有遵循成本与收益配比原则(选项B当选)；(4)未按照有关规定备案或准备、保存和提供有关成本分摊协议的同期资料(选项E当选)；(5)自签署成本分摊协议之日起经营期限少于20年(选项D不当选)。

34. 下列各项中，属于税基侵蚀和利润转移项目产出成果的有(　　)。

A.《防止税收协定优惠的不当授予》

B.《金融账户涉税信息自动交换标准》

C.《消除混合错配安排的影响》

D.《确保转让定价结果与价值创造相匹配》

E.《应对数字经济的税收挑战》

【参考答案】 ACDE

【答案解析】 略。

35. 根据企业所得税相关规定，下列不属于外国企业常驻代表机构经费支出的有(　　)。

A. 工作人员的通信费和交通费

B. 办公设备的采购费

C. 发生的交际应酬费

D. 以货币形式用于我国境内的公益、救济性质的捐赠

E. 为总机构垫付的不属于其自身业务活动所发生的费用

【参考答案】 DE

【答案解析】 以货币形式用于我国境内的公益、救济性质的捐赠、滞纳金、罚款，以及为其总机构垫付的不属于其自身业务活动所发生的费用，不应作为代表机构的经费支出额。

36. 在国际税收中，自然人居民身份的判定标准有(　　)。

A. 住所标准

B. 法律标准

C. 停留时间标准

D. 家庭所在地标准

E. 经济活动中心标准

【参考答案】 ABC

【答案解析】 略。

37. 下列属于对所得仅实行地域管辖权的国家和地区有(　　)。

A. 巴拿马

B. 英属维尔京群岛

C. 塞浦路斯

D. 中国香港

E. 中国澳门

【参考答案】 AD

【答案解析】 所得税课征仅实行地域管辖权的国家和地区，只对来源于境内的所得按照较低税率征税，如中国香港、巴拿马等。

38. 在国际税收中，常设机构利润计算的确定方法有(　　)。

A. 归属法

B. 核定法

C. 引力法

D. 分配法

E. 独立计算法

【参考答案】 BD

【答案解析】 选项B、D当选，常设机构的利润计算通常采用分配法和核定法。

39. 下列收入中应作为国际运输收入的有（ ）。

A. 程租、期租形式出租船舶取得的租赁收入

B. 干租形式出租飞机取得的租赁收入

C. 出租用于运输货物的集装箱取得的租赁收入

D. 非专门从事国际运输业务的企业，以自有船舶经营国际运输业务取得的收入

E. 为其他国际运输企业代售客票取得的收入

【参考答案】 ADE

【答案解析】 选项B、C不当选，企业从事以光租形式出租船舶或以干租形式出租飞机，以及使用、保存或出租用于运输货物或商品的集装箱（包括拖车和运输集装箱的有关设备）等租赁业务取得的收入，不属于国际运输业务取得的收入。但附属于国际运输业务的上述租赁业务收入应视同国际运输收入处理。

40. 企业发生关联交易，税务机关可选用合理的转让定价方法调整不同的关联交易。其中成本加成法通常可调整的关联交易有（ ）。

A. 有形资产购销的关联交易

B. 资金融通的关联交易

C. 无形资产转让的关联交易

D. 各参与方关联交易高度整合且难以单独评估各方交易结果的关联交易

E. 劳务提供的关联交易

【参考答案】 ABE

【答案解析】 成本加成法，通常可调整的关联交易有：有形资产使用权或者所有权的转让（选项A当选）、资金融通（选项B当选）、劳务交易等（选项E当选）。

41. 间接转让中国应税财产的交易双方及被间接转让股权的中国居民企业可以向主管税务机关报告股权转让事项，并提交相关资料。以下各项资料中属于该相关资料的有（ ）。

A. 股权转让合同

B. 股权转让前后的企业股权架构图

C. 间接转让中国应税财产的交易双方的公司章程

D. 境外企业及直接持有中国应税财产的下属企业上两个年度财务会计报表

E. 境外企业及间接持有中国应税财产的下属企业上两个年度财务会计报表

【参考答案】 ABDE

【答案解析】 间接转让中国应税财产的交易双方及被间接转让股权的中国居民企业可以向主管税务机关报告股权转让事项，并提交以下资料：(1)股权转让合同或协议(选项A当选)；(2)股权转让前后的企业股权架构图(选项B当选)；(3)境外企业及直接或间接持有中国应税财产的下属企业上两个年度财务会计报表(选项D、E当选)。间接转让中国应税财产交易不适用重新定性的理由。

42. 下列合同中，按“产权转移书据”计征印花税的有(　　)。

A. 专有技术使用权转让合同

B. 专利申请转让合同

C. 商品房销售合同

D. 土地使用权出让合同

E. 土地使用权转让合同

【参考答案】 ACDE

【答案解析】 选项B：按“技术合同”计征印花税。

43. 下列凭证，免纳印花税的有(　　)。

A. 与高校学生签订的高校学生公寓租赁合同

B. 县政府批准企业改制签订的产权转移书据

C. 外国企业向我国企业提供优惠贷款书立的合同

D. 贴息贷款合同

E. 商品储备管理公司及其直属库新设立的资金账簿

【参考答案】 ABDE

【答案解析】 选项C，国际金融组织向我国提供优惠贷款所书立的借款合同免征印花税。

44. 下列凭证中，免征印花税的有(　　)。

A. 个人购买安置住房书立的合同

B. 房地产管理部门与个人签订的用于经营的租赁合同

C. 个人出租住房签订的租赁合同

D. 金融机构与小型、微型企业签订的借款合同

E. 军事货物运输凭证

【参考答案】 ACDE

【答案解析】 选项B，对房地产管理部门与个人签订的用于生活居住的租赁合同免征印花税。

45. 根据印花税法对纳税期限的相关规定，下列说法正确的有(　　)。

A. 应税合同实行按季计征的，应自季度终了之日起15日内申报纳税

B. 应税合同实行按年计征的，应自年度终了之日起15日内申报纳税

C. 应税合同实行按月计征的，应自月度终了之日起15日内申报纳税

D. 应税合同实行按次计征的，应自纳税义务发生之日起15日内申报纳税

E. 证券交易印花税，扣缴义务人应自每周终了之日起7日内申报解缴税款

【参考答案】 ABD

【答案解析】 选项C不当选，应税合同、产权转移书据、资金账簿，实行按季、按年或按次计征（没有按月计征）的，自季度终了/年度终了/纳税义务发生之日起15日内申报纳税。选项E不当选，证券交易印花税按周解缴，扣缴义务人应当自每周终了之日起“5日”内申报解缴税款及银行结算的利息。

46. 下列凭证中，免征印花税的有（　　）。

A. 与高校学生签订的学生公寓租赁合同

B. 经县级以上人民政府及企业主管部门批准改制的企业因改制签订的产权转移书据

C. 营利性医疗卫生机构采购药品书立的买卖合同

D. 商品储备管理公司及其直属库资金账簿

E. 农牧业保险合同

【参考答案】 ABDE

【答案解析】 略。

47. 下列合同和书据，应按“产权转移书据”税目征收印花税的有（　　）。

A. 商品房销售合同

B. 土地使用权出让合同

C. 非专利技术转让合同

D. 土地使用权转让合同

E. 个人无偿赠与房产书立的产权转移书据

【参考答案】 ABDE

【答案解析】 选项C，按照“技术合同”税目征收印花税。

48. 税务机关可以核定纳税人印花税计税依据的情形有（　　）。

A. 未如实登记和完整保存应税凭证的

B. 未按规定建立印花税应税凭证登记簿的

C. 账簿混乱难以查账的

D. 不如实提供应税凭证致使计税依据明显偏低的

E. 在检查中发现纳税人有未按规定汇总缴纳印花税情况的

【参考答案】 ABDE

【答案解析】 纳税人有下列情形的，可以核定纳税人印花税计税依据：(1)未按规定建立印花税应税凭证登记簿，或未如实登记和完整保存应税凭证的（选项 A、B 当选）；(2)拒不提供应税凭证或不如实提供应税凭证致使计税依据明显偏低的（选项 D 当选）；(3)采用按期汇总缴纳办法的，未按税务机关规定的期限报送汇总缴纳印花税情况报告，经税务机关责令限期报告，逾期仍不报告的；或者税务机关在检查中发现纳税人有未按规定汇总缴纳印花税情况的（选项 E 当选）。

49. 根据印花税相关规定，下列说法正确的有（　　）。

A. 除资金账簿外的其他营业账簿无须缴纳印花税

B. 纳税人以电子形式签订的合同应征收印花税

C. 印刷合同按承揽合同征收印花税

D. 证券交易印花税只对受让方征税，不对出让方征收

E. 订阅单位和个人之间订立的图书订购单不征收印花税

【参考答案】 ABCE

【答案解析】 选项 D 不当选，证券交易印花税只对出让方（而非受让方）征收。

50. 下列合同或凭证，免征印花税的有（　　）。

A. 无息借款合同

B. 将房屋无偿赠与他人签订的产权转移书据

C. 农民专业合作社销售农产品签订的买卖合同

D. 个人与电子商务经营者订立的电子订单

E. 非营利性医疗卫生机构采购药品订立的买卖合同

【参考答案】 ACDE

【答案解析】 选项 B 不当选，财产所有权人将财产赠与政府、学校、社会福利机构、慈善组织书立的产权转移书据免征印花税，无偿赠与他人仍要征税。

51. 下列关于房产税纳税人的说法中，正确的有（　　）。

A. 产权属于国家所有的，由经营管理单位纳税

B. 产权属于集体和个人所有的，由经营管理单位纳税

C. 产权出典的，由出典人纳税

D. 产权未确定及租典纠纷未解决的，由房产代管人或者使用人纳税

E. 产权所有人、承典人不在房屋所在地的，由房产代管人或者使用人纳税

【参考答案】 ADE

【答案解析】 选项B,产权属于集体和个人所有的,由集体单位和个人纳税;选项C,产权出典的,由承典人纳税。

52. 根据房产税纳税义务发生时间的规定,下列说法正确的有(　　)。

A. 购置新建商品房,自房屋交付使用之次月起计征房产税

B. 纳税人自行新建房屋用于生产经营,从建成之当月起,缴纳房产税

C. 纳税人将原有房产用于生产经营,从生产经营之次月起,缴纳房产税

D. 房地产开发企业自用、出租、出借本企业建造的商品房,自房屋使用或交付之次月起计征房产税

E. 购置存量房,自办理房屋权属转移、变更登记手续,房地产权属登记机关签发房屋权属证书之当月起计征房产税

【参考答案】 AD

【答案解析】 选项B,纳税人自行新建房屋用于生产经营,自建成之日的次月起,计征房产税;选项C,纳税人将原有房产用于生产经营,从生产经营之月起,缴纳房产税;选项E,购置存量房,自办理房屋权属转移、变更登记手续,房地产权属登记机关签发房屋权属证书之次月起计征房产税。

53. 下列关于房产税计税依据的表述中,正确的有(　　)。

A. 经营租赁的房产,以租金收入为计税依据缴纳房产税

B. 融资租赁的房产,以租金收入为计税依据缴纳房产税

C. 产权出典的房产,以房产余值为计税依据缴纳房产税

D. 投资联营的房产,投资者参与投资利润分红、共担风险的,以房产余值为计税依据缴纳房产税

E. 投资联营的房产,投资者收取固定收入,不承担联营风险的,以房产余值为计税依据缴纳房产税

【参考答案】 ACD

【答案解析】 选项B,融资租赁的房产,由承租人依照房产余值缴纳房产税;选项E,以房产投资,收取固定收入,不承担联营风险的,实际是以联营名义取得房产租金,应由出租方按照租金收入计算缴纳房产税。

54. 根据房产税相关规定,下列房产可免征房产税的有(　　)。

A. 按政府规定价格出租的公有住房

B. 市文工团的办公用房

C. 公园内的照相馆用房

D. 施工期间为基建工地服务的临时性办公用房

E. 饮水工程运营管理单位自用的生产用房

【参考答案】 ABDE

【答案解析】 选项A当选，按政府规定价格出租的公有住房和廉租住房暂免征收房产税。

选项B当选，国家机关、人民团体、军队自用的房产免征房产税，市文工团的办公用房属于人民团体自用房产，可以享受免税优惠。

选项C不当选，宗教寺庙、公园、名胜古迹自用的房产免税，但是宗教寺庙、公园、名胜古迹中附设的营业单位，如照相馆、茶社等房产，应照常征税。

选项D当选，在基建工地为基建工地服务的各种工棚、材料棚、休息棚、办公室、食堂、茶炉房、汽车房等临时性房屋，在施工期间，一律免征房产税。但是，在工程结束后，将这种临时性房屋交还或者估价转让给基建单位的，应当从接收的次月起，依照规定缴纳房产税。

选项E当选，饮水工程运营管理单位自用的生产、办公用房产，免征房产税。

55. 下列关于房产税免税的说法中，正确的有（　　）。

A. 中国铁路总公司所属铁路运输企业自用房产免征房产税

B. 企业办的技术培训学校自用的房产免征房产税

C. 非营利性老年服务机构自用房产暂免征房产税

D. 外商投资企业的自用房产免征房产税

E. 按照国家规定标的标准收取住宿费的高校学生公寓免征房产税

【参考答案】 ABCE

【答案解析】 选项A当选，中国铁路总公司所属铁路运输企业自用的房产免征房产税。

选项B当选，企业办的各类学校、医院、托儿所、幼儿园自用的房产免征房产税。

选项C当选，老年服务机构自用的房产暂免征收房产税。

选项D不当选，外商投资企业的自用房产照章征收房产税。

选项E当选，按照国家规定的收费标准收取住宿费的高校学生公寓免征房产税。

56. 下列关于房产税纳税义务发生时间的说法中，正确的有（　　）。

A. 将原有房产用于生产经营的，从生产经营次月起计征房产税

B. 自建的房屋用于生产经营的，从建成之日的次月起计征房产税

C. 购置新建商品房，自房屋交付使用之月起计征房产税

D. 出租的房产，自交付出租房产之次月起计征房产税

E. 房地产开发企业自用本企业建造的商品房，自房屋使用之次月起计征房产税

【参考答案】 BDE

【答案解析】 选项A,将原有房产用于生产经营的,从生产经营之月起计征房产税;选项C,购置新建商品房,自房屋交付使用之次月起计征房产税。

57. 下列房产,可以免征房产税的有(　　)。

A. 国有企业自办幼儿园使用的房产

B. 经有关部门鉴定,停止使用的危险房屋

C. 房屋大修连续停用半年以上的房产(大修期间)

D. 出租寺庙空余房产用于经营

E. 中国人民保险公司自用房产

【参考答案】 ABC

【答案解析】 选项D,出租的名胜古迹空余房产,应征收房产税;选项E,按照房产税的相关规定,应照章征收房产税,没有免征的税收优惠。

58. 下列情形中,应由房产代管人或者使用人缴纳房产税的有(　　)。

A. 房屋产权未确定的

B. 房屋租典纠纷未解决的

C. 房屋承典人不在房屋所在地的

D. 房屋产权所有人不在房屋所在地的

E. 房屋产权出典的

【参考答案】 ABCD

【答案解析】 产权所有人、承典人不在房屋所在地的,或者产权未确定及租典纠纷未解决的,由房产代管人或使用人纳税。房屋产权出典的,由承典人缴纳。

59. 下列关于房产税纳税人及缴纳税款的说法,正确的有(　　)。

A. 租赁合同约定有免收租金期限的出租房产,免收租金期间无须缴纳房产税

B. 融资租赁的房产未约定开始日的,由承租人自合同签订当日起缴纳房产税

C. 纳税单位无租使用房产管理部门的房产,由使用人代为缴纳房产税

D. 产权出典的,由承典人缴纳房产税

E. 房屋出租的,由出租人缴纳房产税

【参考答案】 CDE

【答案解析】 选项A不当选,租赁合同约定有免收租金期限的出租房产,免收租金期间由产权所有人按照房产余值缴纳房产税。

选项B不当选,融资租赁的房产,由承租人自租赁合同约定开始日的次月起依照房产余值缴纳房产税;合同未约定开始日的,由承租人自合同签订的次月起依照房产余值

缴纳房产税，而非“当月”。

60. 根据房产税的相关规定，下列房产中可免征房产税的有（　　）。

A. 宗教人员使用的生活用房屋

B. 军队出租的空余房产

C. 房屋大修导致连续停用三个月，大修理期间的房产

D. 为社区提供家政服务的机构无偿使用的用于家政服务的房产

E. 停止使用的危险房屋

【参考答案】 ABDE

【答案解析】 选项 A 当选，宗教寺庙自用的房产免税，具体是指举行宗教仪式等的房屋和宗教人员使用的生活用房屋免税。

选项 B 当选，对军队空余房产租赁收入免征房产税。

选项 C 不当选，因房屋大修导致连续停用半年以上（而不是三个月）的，在房屋大修期间免征房产税。

选项 D 当选，自 2019 年 6 月 1 日至 2025 年 12 月 31 日，为社区提供养老、托育、家政等服务的机构自用或其通过承租、无偿使用等方式取得并用于提供社区养老、托育、家政服务的房产免征房产税。

选项 E 当选，经有关部门鉴定，对毁损不堪居住的房屋和危险房屋，在停止使用后，可免征房产税。

61. 下列关于车船税征收管理的说法，正确的有（　　）。

A. 依法不需要办理登记的车船，车船税的纳税地点为车船所有人或管理人的所在地

B. 税务机关可以在车船管理部门集中办理车船税征收事宜

C. 购买的船舶，纳税义务发生时间为购买发票或其他证明文件所载日期的当月

D. 车船税按年申报，分月缴纳，纳税年度为公历 1 月 1 日至 12 月 31 日

E. 依法需要办理登记的车船，车船税的纳税地点为车船的登记地或者车船税扣缴义务人所在地

【参考答案】 ABCE

【答案解析】 选项 D，车船税按年申报，分月计算，一次性缴纳。纳税年度为公历 1 月 1 日至 12 月 31 日。

62. 下列应税车辆中，以“整备质量每吨”作为车船税计税单位的有（　　）。

A. 挂车

B. 货车

C. 客车

D. 乘用车

E. 专用作业车

【参考答案】 ABE

【答案解析】 选项C、D不当选，客车、乘用车以“每辆”作为车船税计税单位。

63. 使用税负对比分析法发现企业增值税税负异常时，应结合其他分析方法进行多角度分析，需要考虑的因素主要包括（　　）。

A. 季节性因素

B. 政策性因素

C. 价格因素

D. 经营范围发生较大变化

E. 管理性因素

【参考答案】 ABCD

【答案解析】《国家税务总局关于印发增值税纳税评估部分方法及行业纳税评估指标的通知》规定，税负对比分析法属于综合分析法，影响因素较多，涉及税基的多个方面。因此，用该法发现企业税负异常时，应结合其他分析方法进行多角度分析。

需要注意的几个问题：(1)季节性因素；(2)政策性因素；(3)价格因素；(4)经营范围发生较大变化等特殊情况。

64. 对于税负正常，但存在少计收入疑点的纳税人，如果属于产成品构成比例较为稳定的工业企业，其生产动力为电，均能够取得供电局开具的增值税专用发票，在风险分析时使用较多的指标包括（　　）。

A. 税负法

B. 毛利率法

C. 保本经营法

D. 投入产出法

E. 能耗法

【参考答案】 DE

【答案解析】 税收管理员通过日常管理所掌握的纳税人生产经营实际情况，主要包括生产经营规模、产销量、工艺流程、成本、费用、能耗、物耗情况等各类与税收相关的数据信息；通过对纳税人生产经营结构，主要产品能耗、物耗等生产经营要素的当期数据、历史平均数据、同行业平均数据以及其他相关经济指标进行比较，推测纳税人实际纳税能力，主要选取投入产出法和能耗法。

65. 某水泥厂是增值税一般纳税人，2014 年 9 月，该市税务局下发涉税风险疑点：水泥行业产量测算异常。针对此疑点，产量测算通常应选取的指标包括（　　）。

A. 税负法

B. 能耗法

C. 投入产出法

D. 毛利率法

【参考答案】 BC

【答案解析】 税收管理员通过日常管理所掌握的纳税人生产经营实际情况，主要包括生产经营规模、产销量、工艺流程、成本、费用、能耗、物耗情况等各类与税收相关的数据信息；通过对纳税人生产经营结构，主要产品能耗、物耗等生产经营要素的当期数据、历史平均数据、同行业平均数据以及其他相关经济指标进行比较，推测纳税人实际纳税能力，主要选取投入产出法和能耗法。

66. 主营业务收入变动率与主营业务利润变动率配比分析正确的有（　　）。

A. 当比值为负数，且前者为正后者为负时，可能存在企业多列成本费用、扩大税前扣除范围等问题

B. 当比值大于 1 且相差较小，二者都为正时，可能存在企业多列成本费用、扩大税前扣除范围等问题

C. 当比值小于 1 且相差较大，二者都为负时，可能存在企业多列成本费用、扩大税前扣除范围问题

D. 正常情况下，二者基本同步增长

【参考答案】 ACD

【答案解析】 略。

67. 下列各项中，免征契税的有（　　）。

A. 法定继承人通过继承承受土地、房屋权属

B. 夫妻因离婚分割共同财产发生房屋权属变更

C. 个人购买经济适用住房

D. 军事单位承受房屋用于军事设施

E. 承受荒山、荒沟土地使用权用于渔业生产

【参考答案】 ABDE

【答案解析】 对个人购买经济适用住房，在法定税率基础上减半征收契税。

68. 出让土地使用权的，契税的计税依据一般包括（　　）。

A. 土地出让金

B. 土地补偿费

C. 征收补偿费

D. 城市基础设施配套费

E. 相关手续费

【参考答案】 ABCD

【答案解析】 出让土地使用权的，其契税计税依据包括土地出让金、土地补偿费、安置补助费、地上附着物和青苗补偿费、征收补偿费、城市基础设施配套费、实物配建房屋等应交付的货币以及实物、其他经济利益对应的价款。

69. 对进项税额控制数指标的使用，通常可采用的分析方法有（　　）。

A. 纵向比较

B. 横向比较

C. 与申报额比较

D. 与其他数据比较

【参考答案】 ACD

【答案解析】 本期进项税额控制额＝（期末存货较期初增加额＋本期销售成本＋期末应付账款较期初减少额）×主要外购货物的增值税税率＋本期运费支出数×7％。

将增值税纳税申报表计算的本期进项税额，与纳税人财务会计报表计算的本期进项税额进行比较；与该纳税人历史同期的进项税额控制额进行纵向比较；与同行业、同等规模的纳税人本期进项税额控制额进行横向比较；与税收管理员掌握的本期进项税额实际情况进行比较，查找问题，对评估对象的申报真实性进行评估。

具体分析时，先计算本期进项税额控制额，以进项税额控制额与增值税申报表中的本期进项税额核对，若前者明显小于后者，则可能存在虚抵进项税额和未付款的购进货物提前申报抵扣进项税额的问题。

70. 根据契税的有关规定，下列说法正确的有（　　）。

A. 个体工商户将其名下的房屋、土地权属转移到经营者个人名下的，应征收契税

B. 合伙企业的合伙人将其名下的房屋、土地权属转移至合伙企业名下，应征收契税

C. 房屋为家庭唯一住房，在婚姻关系存续期间变更为夫妻双方共有的，免征契税

D. 非营利性的医疗机构承受员工内部食堂自用的土地、房屋权属，免征契税

E. 承受荒山用于农业生产，免征契税

【参考答案】 CE

【答案解析】 选项 A 不当选，个体工商户的经营者将其名下的房屋、土地权属转移至个体工商户名下，或个体工商户将其名下的房屋、土地权属转回原经营者个人名下，

免征契税。

选项 B 不当选，合伙企业的合伙人将其名下的房屋、土地权属转移至合伙企业名下，或合伙企业将其名下的房屋、土地权属转回原合伙人名下，免征契税。

选项 C 当选，婚姻关系存续期间夫妻之间变更土地、房屋权属以及夫妻因离婚分割共同财产发生土地、房屋权属变更的，均免征契税。

选项 D 不当选，非营利性医疗机构承受土地、房屋权属只有用于医疗的，才免征契税；用于其他用途的，应照章征税。

选项 E 当选，承受荒山、荒地、荒滩土地使用权用于农、林、牧、渔业生产，免征契税。

71. 下列关于契税的特点及立法原则的说法，正确的有（　　）。

A. 契税有助于增加地方财政收入

B. 契税属于财产转移税

C. 契税由财产售卖人缴纳

D. 契税有利于通过法律形式确定产权关系

E. 契税有助于调节财富分配，体现社会公平

【参考答案】 ABDE

【答案解析】 选项 C，契税由财产承受人缴纳。

72. 老王将自有的两栋住房中的一栋赠与其儿子，另一栋无偿赠与其最好的朋友孙某，已向税务机关提交经审核并签字盖章的《个人无偿赠与不动产登记表》。下列关于缴纳契税的表述中，正确的有（　　）。

A. 老王应缴纳契税

B. 孙某应缴纳契税

C. 老王的儿子应缴纳契税

D. 老王的儿子不用缴纳契税

E. 孙某不用缴纳契税

【参考答案】 BC

【答案解析】 选项 B，房屋赠与已真实发生了土地、房屋权属转移的，受赠一方要按规定缴纳契税；选项 C，根据相关法律的规定，继承是从被继承人死亡时开始，所以老王将房屋赠与其儿子属于赠与行为，不属于法定继承，应照章征收契税。

73. 纳税人税负率异常时，可将税负率与销售额变动率进行配比分析，并与相应的正常峰值进行比较。下列情形中可能属于异常情况的有（　　）。

A. 销售额变动率高于正常峰值，税负率低于正常峰值

B. 销售额变动率低于正常峰值，税负率低于正常峰值

C. 销售额变动率低于正常峰值，税负率高于正常峰值

D. 销售额变动率高于正常峰值，税负率高于正常峰值

E. 销售额变动率及税负率均高于正常峰值

【参考答案】 ABE

【答案解析】 计算分析纳税人税负率，与销售额变动率等指标配合使用，将销售额变动率和税负率与相应的正常峰值进行比较，销售额变动率高于正常峰值、税负率低于正常峰值的，销售额变动率低于正常峰值、税负率低于正常峰值的，销售额变动率及税负率均高于正常峰值的均可列入疑点范围。运用全国丢失、被盗增值税专用发票查询系统对纳税评估对象的抵扣联进行检查验证。根据评估对象报送的增值税纳税申报表、资产负债表、损益表和其他有关纳税资料，进行毛利率测算分析、存货、负债、进项税额综合分析和销售额分析指标的分析，对其形成异常申报的原因作出进一步判断。销售额变动率高于正常峰值及税负率低于预警值或销售额变动率正常，而税负率低于预警值的，以进项税额为评估重点，查证有无扩大进项抵扣范围、骗抵进项税额、不按规定申报抵扣等问题，对应核实销项税额计算的正确性。对销项税额的评估，应侧重查证有无账外经营、瞒报、迟报计税销售额、混淆增值税与营业税征税范围、错用税率等问题。

74. 下列行为，应征收契税的有（　　）。

A. 以抵债方式取得房屋产权

B. 为拆房取料而购买房屋

C. 受让国有土地使用权

D. 以获奖方式取得房屋产权

E. 将自有房产投入本人独资经营的企业

【参考答案】 ABCD

【答案解析】 选项 E 不当选，以自有房产作股投入本人独资经营的企业（个人独资企业），免纳契税。

75. 纳税人缴纳契税且办理权属登记后发生下列情形，可以依照有关法律法规申请退税的有（　　）。

A. 合同一方违约导致合同被解除，且房屋权属变更至原权利人的

B. 因人民法院裁决导致房屋权属转移行为被解除，且房屋权属变更至原权利人的

C. 在出让土地使用权交付时，因容积率调整导致需退还土地出让价款的

D. 在新建商品房交付时，因实际交付面积小于合同约定导致需返还房价款的

E. 双方自愿协商权属转移合同不生效的

【参考答案】 BCD

【答案解析】 选项A、E不当选，在依法办理土地、房屋权属登记“前”，权属转移合同不生效、无效、被撤销或者被解除的，可以向税务机关申请退还已缴纳的税款。纳税人缴纳契税后发生下列情形，可依照有关法律法规申请退税：(1)因人民法院判决或者仲裁委员会裁决导致土地、房屋权属转移行为无效、被撤销或者被解除，且土地、房屋权属变更至原权利人的(选项B当选)；(2)在出让土地使用权交付时，因容积率调整或实际交付面积小于合同约定面积需退还土地出让价款的(选项C当选)；(3)在新建商品房交付时，因实际交付面积小于合同约定面积需返还房价款的(选项D当选)。

76. 下列用地，免征城镇土地使用税的有(　　)。

A. 从事水产养殖的用地

B. 供电部门的变电站用地

C. 盐场、盐矿的生产厂房用地

D. 核电站基建期内的应税土地

E. 非营利性的老年服务机构自用的土地

【参考答案】 ABE

【答案解析】 选项C，对盐场、盐矿的生产厂房、办公、生活区用地，应照章征收城镇土地使用税；选项D，对核电站应税土地在基建期内减半征收城镇土地使用税。

77. 下列关于城镇土地使用税纳税义务发生时间的说法，正确的有(　　)。

A. 通过拍卖方式取得建设用地(不属于新征用耕地)，应从合同约定的交付土地时间的次月起缴纳城镇土地使用税

B. 以出让方式取得土地使用权，应由受让方从合同约定的交付土地时间的次月起缴纳城镇土地使用税

C. 购置存量房，自房产权属登记机关签发房屋权属证书的次月起计征城镇土地使用税

D. 纳税人新征用的非耕地，自批准征用之日起满1年时开始缴纳城镇土地使用税

E. 购置新建商品房，自签订房屋销售合同的次月起计征城镇土地使用税

【参考答案】 ABC

【答案解析】 选项D不当选，纳税人占用的非耕地，自批准征用“次月”起计征城镇土地使用税。新征用的耕地，自批准征用之日起满1年时开始缴纳城镇土地使用税。

选项E不当选，纳税人购置新建商品房的，自“房屋交付使用”之“次月”起计征城镇土地使用税。

78. 下列关于城镇土地使用税征收管理的说法，正确的有(　　)。

A. 城镇土地使用税按年计算、年终缴纳

B. 纳税人新征用的土地，自批准征用之日起 60 日内申报登记

C. 纳税人新征用的非耕地，自批准征用次月起缴纳城镇土地使用税

D. 纳税人出租的房产，自交付出租房产之次月起计征城镇土地使用税

E. 纳税人购置存量房，自房地产权属登记机关签发房屋权属证书的次月起缴纳城镇土地使用税

【参考答案】 CDE

【答案解析】 选项 A，城镇土地使用税按年计算，分期缴纳；选项 B，纳税人新征用的土地，必须于批准新征用之日起 30 日内申报登记。

79. 下列说法中，符合城镇土地使用税税收政策的有（　　）。

A. 农副产品加工厂用地应征收城镇土地使用税

B. 公园里开办的照相馆用地应征收城镇土地使用税

C. 企业厂区以外的公共绿化用地应征收城镇土地使用税

D. 自收自支、自负盈亏的事业单位用地应征收城镇土地使用税

E. 直接从事饲养的专业用地免予征收城镇土地使用税

【参考答案】 ABDE

【答案解析】 选项 C，对企业厂区以外的公共绿化用地，暂免征收城镇土地使用税。

80. 城镇土地使用税的纳税义务人通常包括（　　）。

A. 拥有土地使用权的单位和个人

B. 拥有土地使用权的纳税人不在土地所在地的，由代管人或实际使用人纳税

C. 土地使用权未确定或权属纠纷未解决时的实际使用人

D. 土地使用权共有时的共有各方

E. 土地使用权未确定或权属纠纷未解决时的税务机关指定人

【参考答案】 ABCD

【答案解析】 略。

81. 下列关于城镇土地使用税纳税义务发生时间的表述中正确的有（　　）。

A. 购置新建商品房，自房屋交付使用之次月起计征城镇土地使用税

B. 购置存量房，自办理房屋权属转移、变更登记手续，房地产权属登记机关签发房屋权属证书之次月起计征城镇土地使用税

C. 出租、出借房产，自交付出租、出借房产之次月起计征城镇土地使用税

D. 纳税人新征用的耕地，自批准征用之日起满 1 年时开始缴纳城镇土地使用税

E. 纳税人新征用的非耕地，自批准征用当月起缴纳城镇土地使用税

【参考答案】 ABCD

【答案解析】 纳税人新征用的非耕地，自批准征用次月起缴纳城镇土地使用税。

82. 根据城镇土地使用税纳税人的相关规定，下列说法正确的有(　　)。

A. 个人拥有土地使用权的，以个人为纳税人

B. 单位拥有土地使用权的，以单位为纳税人

C. 土地使用权出租的，以承租人为纳税人

D. 土地使用权属未确定的，以实际使用人为纳税人

E. 土地使用权属共有的，以共有各方为纳税人

【参考答案】 ABDE

【答案解析】 选项 A、B 当选，选项 C 不当选，城镇土地使用税由拥有土地使用权的单位或个人缴纳，土地使用权出租的，应以拥有土地使用权的单位或个人，即出租人为纳税人。

选项 D 当选，土地使用权未确定或权属纠纷未解决的，其实际使用人为纳税人。

选项 E 当选，土地使用权共有的，共有各方都是纳税人，由共有各方分别纳税。

83. 下列关于城镇土地使用税减免税的说法，正确的有(　　)。

A. 企业厂区外、与社会公用地段未加隔离的铁路专用线免征城镇土地使用税

B. 物流企业承租的大宗商品仓储设施用地，免征城镇土地使用税

C. 企业厂区外公共绿化用地免征城镇土地使用税

D. 农副产品加工厂用地免征城镇土地使用税

E. 免税单位无偿使用纳税单位土地免征城镇土地使用税

【参考答案】 ACE

【答案解析】 选项 B 不当选，物流企业承租的大宗商品仓储设施用地，减按 50%计征城镇土地使用税，而不是免税。

选项 D 不当选，直接用于农、林、牧、渔业的生产用地免征城镇土地使用税，但农副产品加工厂占地和从事农、林、牧、渔业生产单位的生活、办公用地仍应照章纳税。

84. 某县直属中心医院(增值税一般纳税人)2022 年 5 月 17 日收到自然资源主管部门办理占用耕地手续的书面通知，占用耕地 9 万平方米，其中医院内附设经营性超市占用果树园地 1.5 万平方米、占用养殖水面 1 万平方米，所占耕地适用的税额为 20 元/平方米。下列关于耕地占用税的说法，正确的有(　　)。

A. 该医院耕地占用税的计税依据是 2.5 万平方米

B. 耕地占用税在纳税人获准占用耕地环节一次性课征

C. 养殖水面属于其他农用地，不属于耕地占用税征税范围

D. 该医院应缴纳耕地占用税 50 万元

E. 该医院占用耕地的纳税义务发生时间为 2022 年 5 月 17 日当天

【参考答案】 ABDE

【答案解析】 选项 C，占用园地、林地、草地、农田水利用地、养殖水面、渔业水域滩涂以及其他农用地建设建筑物、构筑物或者从事非农业建设的，依照规定缴纳耕地占用税。

85. 耕地占用税是对在中华人民共和国境内占用耕地建设建筑物、构筑物或者从事非农业建设的单位和个人，就其实际占用的耕地面积为计税依据所征收的一种税。下列关于其特点的表述中，正确的有（　　）。

A. 属于对特定土地资源占用课税，具有资源税性质

B. 具有特定行为税的性质

C. 在占用耕地环节一次性课征

D. 采用地区差别比例税率

E. 在耕地占用后按年征收

【参考答案】 ABC

【答案解析】 选项 D，耕地占用税实行从量定额计税，采用的是地区差别定额税率，不是比例税率；选项 E，耕地占用税在纳税人占用耕地的环节征收，因而，耕地占用税具有一次性征收的特点，而非按年征收。

86. 下列用地行为，应征收耕地占用税的有（　　）。

A. 占用牧草地从事非农业建设

B. 修建公路线路占用耕地

C. 医疗机构内职工住房占用耕地

D. 军用洞库、仓库占用耕地

E. 幼儿园占用耕地

【参考答案】 ABC

【答案解析】 选项 A，占用园地、林地、草地、农田水利用地、养殖水面、渔业水域滩涂以及其他农用地建设建筑物、构筑物或者从事非农业建设的，依照规定缴纳耕地占用税；选项 B，铁路线路、公路线路、飞机场跑道、停机坪、港口、航道、水利工程占用耕地，减按每平方米 2 元的税额征收耕地占用税；选项 C，医疗机构内职工住房占用耕地的，按照当地适用税额缴纳耕地占用税；选项 D、E，适用免税优惠。

87. 下列用地行为，应征收耕地占用税的有（　　）。

A. 新建住宅和办公楼占用林地

B. 飞机场修建跑道占用耕地

C. 修建专用公路占用耕地

D. 企业新建厂房占用耕地

E. 农田水利占用耕地

【参考答案】 ABCD

【答案解析】 选项 A、D 当选，选项 E 不当选，纳税人占用耕地从事非农业建设应征收耕地占用税，占用耕地建设农田水利设施，不征收耕地占用税。

选项 B 当选，铁路线路、公路线路、飞机场跑道、停机坪、港口、航道占用耕地，减按每平方米 2 元的税额征收耕地占用税，而不是免税。

选项 C 当选，专用公路，按照当地适用税额缴纳耕地占用税。

88. 关于耕地占用税的征收管理，下列说法正确的有（　　）。

A. 免税学校内的经营性场所占用耕地，按当地适用税额缴纳耕地占用税

B. 纳税人因压占损毁的耕地，自相关部门认定毁损之日起 5 年内依法复原的，可申请退税

C. 自纳税义务发生之日起 15 日内申报纳税

D. 耕地占用税由税务机关征收

E. 在供地环节，建设用地人使用耕地用途符合免税情形的，可由建设用地人申请退税

【参考答案】 AD

【答案解析】 选项 B 不当选，纳税人因挖损、采矿塌陷、压占、污染等损毁耕地，应缴纳耕地占用税，自相关部门认定损毁耕地之日起 3 年内依法复垦或修复，恢复种植条件的，可申请退税。

选项 C 不当选，纳税人应自纳税义务发生之日起 30 日内申报纳税。

选项 E 不当选，在供地环节，建设用地人使用耕地用途符合免税情形的，由用地申请人和建设用地人“共同申请”，退还用地申请人已经缴纳的耕地占用税。

89. 下列货物，适用 9％增值税税率的有（　　）。

A. 方便面

B. 石油液化气

C. 调制乳

D. 蚊香、驱蚊剂

E. 食用盐

【参考答案】 BE

【答案解析】 选项A、C、D适用13%税率。

90.下列各项业务中,不属于增值税征收范围的有(　　)。

A.纳税人在资产重组过程中,通过合并、分立、出售、置换等方式,将全部或者部分实物资产以及与其相关联的债权、负债和劳动力一并转让给其他单位和个人

B.单位为员工提供餐饮服务

C.房地产主管部门或者其指定机构、公积金管理中心、开发企业以及物业管理单位代收的住宅专项维修资金

D.单位聘用的员工为本单位提供的运输业务

E.单位取得与销售数量直接挂钩的财政补贴收入

【参考答案】 ABCD

【答案解析】 增值税一般纳税人取得的财政补贴收入,与其销售货物、劳务、服务、无形资产、不动产的收入或者数量直接挂钩的,按其销售货物、劳务、服务、无形资产、不动产的适用税率计算缴纳增值税。

91.2019年4月1日后,下列选项适用9%增值税税率的有(　　)。

A.邮政代理服务

B.生活服务

C.金融服务

D.出租出售宽带

E.建筑服务

【参考答案】 ADE

【答案解析】 2019年4月1日后,9%税率适用于提供交通运输服务、邮政服务、基础电信服务;转让土地使用权、建筑服务、不动产租赁服务,销售不动产、生活服务和金融服务,适用6%的税率。

92.根据增值税规定,下列行为应视同销售征收增值税的有(　　)。

A.将自产的办公桌用于财务部门办公使用

B.将外购的服装作为春节福利发给企业员工

C.将委托加工收回的卷烟用于赠送客户

D.将新研发的玩具交付某商场代为销售

E.运输公司向老客户免费提供一次运输服务

【参考答案】 CDE

【答案解析】 略。

93.关于增值税征收范围中，正确的有(　　)。

A.道路通行服务按照不动产租赁计税

B.向客户收取退票费按照其他现代服务计税

C.融资租赁按照金融服务计税

D.车辆停放按照有形动产租赁计税

E.融资性售后回租按照租赁服务计税

【参考答案】 AB

【答案解析】 选项C，属于租赁服务；选项D，属于不动产租赁服务；选项E，属于贷款服务。

94.某商贸公司进口货物一批，海关审定该批货物的关税完税价格为100万元。货物报关后，公司按规定缴纳了进口环节的增值税并取得了海关开具的海关进口增值税专用缴款书。假定该批进口货物在国内全部销售，取得不含税销售额180万元。相关货物进口关税税率为10%，增值税税率为13%。下列说法正确的有(　　)。

A.进口环节应缴纳进口关税税额10万元

B.进口环节应缴纳增值税的组成计税价格为110万元

C.进口环节应缴纳增值税税额13万元

D.国内销售环节的销项税额为23.4万元

E.国内销售环节应缴纳增值税税额23.4万元

【参考答案】 ABD

【答案解析】 (1)应缴纳进口关税税额=100×10%=10(万元)；

(2)进口环节应缴纳增值税的组成计税价格=100+10=110(万元)；

(3)进口环节应缴纳增值税税额=110×13%=14.3(万元)；

(4)国内销售环节的销项税额=180×13%=23.4(万元)；

(5)国内销售环节应缴纳增值税税额=23.4-14.3=9.1(万元)。

95.生产企业出口的视同自产货物，可以实行“免、抵、退”税管理办法。下列货物视同自产货物的有(　　)。

A.外购的与本企业所生产的产品名称、性能相同，使用本企业注册商标，并出口给进口本企业自产货物的外商的产品

B.外购的与本企业所生产的产品配套出口，不经过本企业加工或组装，出口后能直接与本企业自产货物组合成成套产品，并出口给进口本企业自产货物的外商的产品

C.外购的与本企业所生产的产品配套出口，出口给进口本企业自产货物外商的，用

于维修本企业出口的自产货物的零部件

D. 委托加工收回的与本企业所生产的货物名称、性能不同的产品，出口给进口本企业自产货物的外商的产品

E. 用本企业生产的货物再委托深加工收回的货物，出口给进口本企业代理出口货物的外商

【参考答案】 ABC

【答案解析】 选项D，必须与本企业所生产的货物名称、性能相同；选项E，出口给进口本企业自产货物的外商，生产企业委托加工收回的货物才可视同自产货物办理退税。

96. 下列服务免征增值税的有（　　）。

A. 境内单位为出口货物提供邮政服务

B. 境外单位为境内单位提供有形动产租赁服务

C. 境内单位会议展览地点在境外的会议展览服务

D. 境内单位存储地点在境外的仓储服务

E. 境内单位为境外工程提供勘探服务

【参考答案】 ACDE

【答案解析】 选项B，境外单位为境内单位提供的完全在境外使用的有形动产租赁服务，不属于增值税征税范围，其他情形属于增值税征税范围。

97. 下列关于农产品进项税额扣除规则的说法正确的有（　　）。

A. 乳制品厂以购进农产品为原料生产销售液体乳及乳制品，一律按照9%扣除率计算进项税额

B. 提供餐饮服务的一般纳税人从农业生产者处购进其自产农产品取得农产品销售发票的，以销售发票上注明的买价和9%的扣除率计算进项税额

C. 提供餐饮服务的一般纳税人从小规模批发企业处购进蔬菜取得增值税普通发票的，以发票上注明的含税价和9%的扣除率计算进项税额

D. 提供餐饮服务的一般纳税人从农业生产者处购进其自产农产品开具农产品收购发票的，以收购发票上注明的买价和9%的扣除率计算进项税额

E. 提供餐饮服务的一般纳税人从小规模纳税人处购进农产品取得增值税专用发票的，以发票上注明的金额和9%的扣除率计算进项税额

【参考答案】 BDE

【答案解析】 选项A，以购进农产品为原料生产销售液体乳及乳制品、酒及酒精、植物油的增值税一般纳税人，纳入农产品增值税进项税额核定扣除试点范围，扣除率为

销售货物的适用税率。如果销售货物适用13%税率，那么扣除率为13%；销售货物适用9%税率，那么扣除率为9%。选项C，从批发、零售环节购入蔬菜、部分鲜活肉蛋产品取得增值税普通发票的，不得抵扣进项税额。

98.一般纳税人发生下列应税行为，可以选择适用简易计税方法计税的有（　　）。

A.公共交通运输服务

B.公路经营企业中的一般纳税人收取试点前开工的高速公路的车辆通行费

C.一般纳税人以清包工方式提供的建筑服务

D.房地产开发企业中的一般纳税人销售自行开发的房地产老项目

E.一般纳税人销售自己使用过的已经抵扣过进项税额的固定资产

【参考答案】 ABCD

【答案解析】 一般纳税人销售自己使用过的已抵扣进项税额的固定资产，应按一般计税方法计算增值税销项税额。

99.一般纳税人提供劳务派遣服务，选择差额纳税时允许扣除的项目有（　　）。

A.代用工单位支付给劳务派遣员工的福利

B.代用工单位支付给劳务派遣员工的工资

C.劳务派遣公司收取的管理费

D.为劳务派遣人员办理的住房公积金

E.为劳务派遣人员办理的社会保险金

【参考答案】 ABDE

【答案解析】 一般纳税人提供劳务派遣服务，也可以选择差额纳税，以取得的全部价款和价外费用，扣除代用工单位支付给劳务派遣员工的工资、福利和为其办理社会保险及住房公积金后的余额为销售额。

100.依据增值税的有关规定，境外单位或个人在境内发生增值税应税劳务而在境内未设立经营机构的，增值税的扣缴义务人有（　　）。

A.代理人

B.银行

C.购买者

D.境外单位

E.境外个人

【参考答案】 AC

【答案解析】 境外单位或个人在境内发生增值税应税劳务而在境内未设立经营机构的，其应纳税款以境内代理人为扣缴义务人；境内没有代理人的，以购买者为扣缴义务人。

101. 增值税纳税人年应税销售额超过小规模纳税人标准的，除另有规定外，应申请一般纳税人资格登记。下列各项中应计入年应税销售额的有（　　）。

A. 偶然发生的销售无形资产的销售额

B. 免税销售额

C. 稽查查补销售额

D. 税务机关代开发票销售额

E. 偶然发生的转让不动产的销售额

【参考答案】 BCD

【答案解析】 年应税销售额，是指连续不超过12个月或四个季度的经营期内累计应征增值税销售额，包括纳税申报销售额（含免税销售额和税务机关代开发票销售额）、稽查查补销售额、纳税评估调整销售额。纳税人偶然发生的销售无形资产、转让不动产的销售额，不计入年应税销售额。

102. 下列情形中，一般纳税人不得开具增值税专用发票的有（　　）。

A. 商业企业零售烟酒

B. 批发企业销售服装

C. 超市零售化妆品

D. 将货物销售给消费者个人

E. 一般纳税人销售旧货

【参考答案】 ACDE

【答案解析】 一般纳税人有下列销售情形，不得开具专用发票：(1)向消费者个人销售货物、提供应税劳务或者发生应税行为的；(2)销售货物、提供应税劳务或者发生应税行为适用增值税免税规定的，法律、法规及国家税务总局另有规定的除外；(3)部分适用增值税简易征收政策规定的。

103. 下列项目中，免征增值税的是（　　）。

A. 个人转让著作权

B. 进口抗癌药品

C. 个人销售购买1年的住房

D. 个人出租住房

E. 合格境外机构投资者转让创新企业CDR取得的差价所得

【参考答案】 AE

【答案解析】 选项B，自2018年5月1日起，对进口抗癌药品，减按3%征收进口环节增值税；选项C，个人销售购买不足2年的住房，全额按5%征收率征税；选项D，个人出租住房，应按照5%的征收率减按1.5%计算应纳增值税。

104. 下列项目中，免征增值税的有(　　)。

A. 幼儿园收取的赞助费

B. 学生勤工俭学

C. 职业培训机构提供的培训

D. 福利彩票发行收入

E. 婚姻介绍服务

【参考答案】 BDE

【答案解析】 选项A，以开办实验班、特色班和兴趣班等为由另外收取的费用以及与幼儿入园挂钩的赞助费、支教费等超过规定范围的收入，不属于免征增值税的收入。选项C，从事学历教育的学校提供的教育服务免征增值税，但从事学历教育的学校，不包括职业培训机构等国家不承认学历的教育机构。

105. 增值税一般纳税人开具纸质增值税普通发票后，发生下列情形可以按照规定开具增值税红字发票的有(　　)。

A. 销售折让

B. 销售退回，且不符合发票作废条件

C. 开票有误，且不符合发票作废条件

D. 应税服务中止，且不符合发票作废条件

E. 开具时发现有误的

【参考答案】 ABCD

【答案解析】 增值税一般纳税人开具纸质增值税普通发票后，发生销货退回、开票有误、应税服务中止等情形但不符合发票作废条件，或者因销货部分退回及发生销售折让，可以开具红字发票。

106. 境内甲企业的下列经营行为中，由甲企业申请零税率的有(　　)。

A. 甲企业向境内乙公司提供天津港到美国波士顿的货轮程租服务

B. 甲企业向境外丙公司提供天津港到美国波士顿的货轮程租服务

C. 甲企业将货轮以期租的方式租赁给境内乙企业，用以从事天津港到美国波士顿的运输服务

D. 甲企业将飞机以湿租的方式租赁给境内乙企业，用以从事天津港到美国波士顿的运输服务

E. 甲企业将货轮以期租的方式租赁给境外丙企业，用以从事天津港到美国波士顿的期租服务

【参考答案】 ABE

【答案解析】 选项C和D,乙企业申请零税率。选项E,丙企业为境外企业,应为甲企业申请零税率。

107. 下列各项中,应当计算缴纳增值税的有(　　)。

A. 葛某销售自己使用过的汽车

B. 农业生产者销售自产农产品

C. 电力公司向发电企业收取过网费

D. 向社会收购的古书和旧书

E. 农业生产者销售外购的农产品

【参考答案】 CE

【答案解析】 选项C,电力公司向发电企业收取过网费要缴纳增值税;选项E,农业生产者销售外购的农产品,不属于免税的范围,应按规定的税率征收增值税;选项A、B、D均属于免税项目。

108. 下列关于海南离岛免税相关政策的说法中,正确的有(　　)。

A. 海南离岛免税的税种包括关税、进口环节增值税和消费税

B. 离岛免税店销售离岛免税商品应当开具增值税普通发票

C. 离岛旅客每年每人免税购物额度为12万元人民币

D. 离岛免税店销售非离岛免税商品,按现行规定向主管税务机关申报缴纳增值税和消费税

E. 离岛免税店兼营应征增值税、消费税项目的,应分别核算离岛免税商品和应税项目的销售额,未分别核算的,不得免税

【参考答案】 ABDE

【答案解析】 选项C,离岛旅客每年每人免税购物额度为10万元人民币,不限次数。

109. 关于小规模纳税人增值税政策,下列说法正确的有(　　)。

A. 小规模纳税人月销售额扣除本期发生的销售不动产销售额后未超过15万元的,其销售货物、劳务、服务、无形资产取得的销售额免征增值税

B. 适用增值税差额征税政策的小规模纳税人,以差额后的销售额确定是否可以享受月销售额15万元及以下免征增值税政策

C. 2021年4月1日至2022年12月31日,月销售额15万元以下(含本数)的增值税小规模纳税人,免征增值税

D. 按现行规定应当预缴增值税税款的小规模纳税人,凡在预缴地实现的月销售额未超过15万元的,当期无须预缴税款

E. 其他个人一次性收取两个月租金 20 万元，不能享受免征增值税政策

【参考答案】 ABCD

【答案解析】 选项 E，其他个人（除个体工商户以外的自然人），采取一次性收取租金形式出租不动产取得的租金收入，可在对应的租赁期内平均分摊，分摊后租金未超过 10 万元的[15÷2＝7.5（万元）]，免征增值税。

110. 下列关于增值税特殊销售方式的说法中，正确的有（　　）。

A. 纳税人采取折扣方式销售货物，销售额和折扣额在同一张发票的“金额”栏上分别注明，按折扣后的销售额征收增值税

B. 直销企业通过直销员向消费者销售货物，直接向消费者收取货款，直销企业的销售额为其向消费者收取的全部价款和价外费用

C. 纳税人采取以旧换新方式销售货物的，一律按照新货物的同期销售价格减去旧货物作价作为计税依据

D. 纳税人采取以物易物方式销售货物的，双方都不得抵扣换进货物的进项税额

E. 纳税人采取还本销售方式销售货物的，可以从销售额中减除还本支出，按实际销售额计算销项税额

【参考答案】 AB

【答案解析】 选项 C，纳税人采取以旧换新方式销售货物的，按新货物的同期销售价格确定销售额。金银首饰除外。

选项 D，纳税人采取以物易物方式销售货物的，双方均做购销处理，如果取得对方开具的增值税专用发票或者税务机关代开的增值税专用发要，可以抵扣进项税额。

选项 E，纳税人采取还本销售方式销售货物的，不得从销售额中减除还本支出。

111. 关于跨县（不在同一地级行政区域内）提供建筑服务增值税征收管理，下列说法正确的有（　　）。

A. 纳税人应按照工程项目分别计算应预缴税款并分别预缴

B. 跨县提供建筑服务是指纳税人在其机构所在地以外的县提供建筑服务

C. 纳税人以预缴税款抵减应纳税额，应以完税凭证作为合法有效凭证

D. 一般纳税人以取得的全部价款和价外费用扣除支付的分包款后的余额为计税依据计算应预缴税款

E. 小规模纳税人以取得的全部价款和价外费用为计税依据计算应预缴税款

【参考答案】 ABCD

【答案解析】 选项 E，小规模纳税人跨县（市、区）提供建筑服务，以取得的全部价款和价外费用扣除支付的分包款后的余额，按照 3%的征收率计算应预缴税款。

112. 下列各项中，关于提供不动产经营租赁服务的增值税政策表述正确的有(　　)。

A. 纳税人以经营租赁方式将土地出租给他人使用，按照销售无形资产缴纳增值税

B. 其他个人出租不动产按 5%征收率计算应纳税额

C. 个体商户出租不动产，一律按 5%征收率减按 1.5%计算应纳税额

D. 其他个人出租不动产，向不动产所在地主管税务机关申请代开增值税发票

E. 出租不动产，租赁合同中约定免租期的，不属于视同销售服务

【参考答案】 DE

【答案解析】 选项 A，纳税人以经营租赁方式将土地出租给他人使用，按照不动产经营租赁服务缴纳增值税；选项 B、C，其他个人出租住房，按照 5%的征收率减按 1.5%计算应纳税额。

113. 某小规模纳税人 2022 年 1—3 月的货物销售额分别是 12 万元、15 万元和 20 万元，以上金额均不含增值税。根据增值税的现行规定，以下说法正确的有(　　)。

A. 如果该小规模纳税人选择按月纳税，其 1—3 月无须缴纳增值税

B. 如果该小规模纳税人选择按月纳税，其 1—3 月应缴纳增值税 0.2 万元

C. 如果该小规模纳税人选择按季纳税，其 1—3 月无须缴纳增值税

D. 如果该小规模纳税人选择按季纳税，其 1—3 月应缴纳增值税 0.47 万元

E. 无论该小规模纳税人选择按月纳税还是按季纳税，其 1—3 月均不需要缴纳增值税

【参考答案】 BD

【答案解析】 (1)自 2021 年 4 月 1 日至 2022 年 12 月 31 日，小规模纳税人发生增值税应税销售行为，合计月销售额未超过 15 万元(以一个季度为一个纳税期的，季度销售额未超过 45 万元)的，免征增值税。(2)对增值税小规模纳税人(自 2021 年 4 月 1 日至 2022 年 3 月 31 日)，适用 3%征收率的应税销售收入，减按 1%征收率征收增值税。(3)如果该小规模纳税人选择按月纳税，1 月和 2 月的销售额均未超过月销售额 15 万元的免税标准，能够享受免税政策；3 月销售额超过 15 万元标准，不能享受免税政策。此时该纳税人 1—3 月应缴纳增值税＝20×1%＝0.2(万元)。(4)如果该小规模纳税人选择按季纳税，2022 年第一季度销售额合计＝12＋15＋20＝47(万元)，超过季度销售额 45 万元的免税标准，因此，47 万元均无法享受免税政策。此时该小规模纳税人 1—3 月应缴纳增值税＝47×1%＝0.47(万元)。

114. 下列经营行为中，属于增值税混合销售行为的有(　　)。

A. 厂家销售车床并提供配套使用培训服务

B. 商场销售相机及储存卡

C. 商场销售办公设备同时提供送货服务

D. 康养中心提供住宿并举办健康讲座

E. 健身房提供运动健身场所同时代售减肥药

【参考答案】 AC

【答案解析】 增值税混合销售行为有两个标准:首先,销售行为必须是同一项;其次,必须同时涉及货物与服务。选项 A 正确,销售车床为销售货物,配套使用培训服务为一项服务,二者属于同一项销售行为,属于增值税混合销售。选项 B 错误,该行为只涉及货物。选项 C 正确,属于同一项销售行为(即销售办公设备)中既存在销售货物,又涉及提供送货服务。选项 D 错误,只涉及服务。选项 E 错误,健身房提供健身场所,与销售减肥药,并不在同一项销售行为中。去健身房的顾客可以不购买减肥药,购买减肥药的顾客也不必然去健身房健身。提示:混合销售从主业计征增值税,兼营销售分别核算,分别适用税率。

115. 根据现行税法的规定,下列金融服务,免征增值税的有(　　)。

A. 人民银行对金融机构的贷款

B. 保险公司开展的一年期以上财产保险产品取得的保费收入

C. 被撤销的金融机构附属企业以有价证券清偿债务

D. 个人从事金融商品的转让业务

E. 国债、地方政府债券的利息收入

【参考答案】 ADE

【答案解析】 选项 B 错误,保险公司开展的一年期以上人身保险产品取得的保费收入,免征增值税。选项 C 错误,被撤销金融机构以货物、不动产、无形资产、有价证券、票据等财产清偿债务,免征增值税,但是,除另有规定外,被撤销金融机构所属、附属企业,不享受被撤销金融机构增值税免税政策。

116. 下列关于增量留抵退税的规定,说法正确的有(　　)。

A. 纳税人出口货物劳务、发生跨境应税行为,适用免抵退税办法的,可以在同一申报期内,既申报免抵退税又申请办理留抵退税

B. 纳税人既有增值税欠税,又有期末留抵税额的,不允许退还增量留抵退税额

C. 纳税人按照规定取得增值税留抵退税款的,不得再申请享受增值税即征即退,先征后返(退)政策

D. 纳税人应当在符合条件的当月起,申请办理增量留抵退税

E. 纳税人从事大型民用客机发动机研制项目而形成的增值税期末留抵税额可全部退还

【参考答案】 ACE

【答案解析】 选项B错误，纳税人既有增值税欠税，又有期末留抵退税额的，按最近一期《增值税纳税申报表（一般纳税人适用）》期末留抵税额，抵减增值税欠税后的余额确定允许退还的增量留抵税额。选项D错误，纳税人应当在符合条件的次月起，在申报期内完成本期申报后，申请办理增量留抵退税。

117. 持续经营以来从未发生骗取出口退税等违法行为的生产企业同时符合特定条件出口外购货物，可视同自产货物适用增值税退（免）税政策，该特定条件包括（　　）。

A. 已取得增值税一般纳税人资格

B. 已持续经营2年及2年以上

C. 纳税信用等级为B级及以上

D. 上一年度销售额3亿元以上

E. 外购出口的货物与本企业自产货物同类型或具有相关性

【参考答案】 ABE

【答案解析】 持续经营以来从未发生骗取出口退税等违法行为且同时符合下列条件的生产企业出口的外购货物，可视同自产货物适用增值税退（免）税政策：(1)已取得增值税一般纳税人资格；(2)已持续经营2年及2年以上；(3)纳税信用等级A级；(4)上一年度销售额5亿元以上；(5)外购出口的货物与本企业自产货物同类型或具有相关性。

118. 关于资管产品增值税的征收管理，正确的有（　　）。

A. 管理人应按照规定的纳税期限，汇总申报缴纳资管产品运营业务和其他业务增值税

B. 管理人运营资管产品提供贷款服务，以产生的利息及利息性质的收入为销售额

C. 管理人可选择分别或汇总核算资管产品运营业务销售额和增值税应纳税额

D. 资管产品包括银行理财产品

E. 管理人运营资管产品过程中发生的增值税应税行为不适用简易计税方法

【参考答案】 ABCD

【答案解析】 选项E，资管产品管理人运营资管产品过程中发生的增值税应税行为，暂适用简易计税方法，按照3%的征收率缴纳增值税。

119. 下列消费品的生产经营环节中，既征收增值税又征收消费税的有（　　）。

A. 高档手表的生产销售环节

B. 超豪华小汽车的零售环节

C. 珍珠饰品的零售环节

D. 鞭炮焰火的批发环节

E. 卷烟的零售环节

【参考答案】 AB

【答案解析】 选项C,珍珠饰品在生产(委托加工、进口)环节征收消费税,零售环节不征收消费税;选项D,鞭炮焰火在生产(委托加工、进口)环节征收消费税,批发环节不征收消费税;选项E,卷烟在生产(委托加工、进口)和批发环节征收消费税,零售环节不征收消费税。

120. 下列有关跨境电子商务零售进口消费品的说法中,正确的有(　　)。

A. 跨境电子商务零售进口应税消费品的代收代缴义务人是国外生产企业

B. 跨境电子商务零售进口商品的单次交易限值为人民币1 000元,消费税按应纳税额70%征收

C. 跨境电子商务零售进口应税消费品的纳税人是购买人

D. 年度交易总额超过年度交易限值的进口应税消费品,按照一般贸易全额征收消费税

E. 跨境电子商务零售进口商品自海关放行之日30日退货的,可申请退税,但不调整个人年度交易总额

【参考答案】 CD

【答案解析】 选项A,电子商务企业、电子商务交易平台企业或物流企业可作为代收代缴义务人;选项B,跨境电子商务零售进口商品的单次交易限值为人民币5 000元,限值以内进口环节增值税、消费税暂按法定应纳税额的70%征收;选项E,跨境电子商务零售进口商品自海关放行之日起30日内退货的,可申请退税,并相应调整个人年度交易总额。

121. 根据消费税的现行规定,下列费用计入消费税的计税依据的有(　　)。

A. 价外收取的返还利润

B. 延期付款利息

C. 包装费

D. 优质费

E. 黄酒包装物押金

【参考答案】 ABCD

【答案解析】 黄酒是从量计征消费税的,包装物押金不计征消费税。

122. 关于委托加工应税消费品的消费税处理,下列说法正确的有(　　)。

A. 委托加工消费税纳税地点(除个人外)是委托方所在地

B. 委托加工的加工费包括代垫辅助材料的实际成本

C. 受托方没有代收代缴消费税款，委托方应补缴税款，受托方不再补税

D. 受托方已代收代缴消费税的应税消费品，委托方收回后以高于受托方计税价格出售的，应申报缴纳消费税

E. 委托加工应税消费品的消费税纳税人是受托方

【参考答案】 BCD

【答案解析】 选项A，委托加工的应税消费品，受托方为个人的，由委托方向其机构所在地或者居住地主管税务机关申报纳税；受托方为企业等单位的，由受托方向机构所在地或者居住地的主管税务机关申报缴纳税款。选项E，委托加工应税消费品的消费税纳税人是委托方，受托方是代收代缴义务人。

123. 纳税人销售应税消费品收取的下列款项，应计入消费税计税依据的有（　　）。

A. 集资款

B. 增值税销项税额

C. 未逾期的啤酒包装物押金

D. 白酒品牌使用费

E. 装卸费

【参考答案】 ADE

【答案解析】 集资款、白酒品牌使用费和装卸费属于价外费用，要并入计税依据计算消费税。增值税销项税额不需要并入消费税的计税依据。啤酒从量计征消费税，包装物押金不计算消费税。

124. 下列关于消费税纳税环节的说法，正确的有（　　）。

A. 金店销售金银饰品在销售环节纳税

B. 啤酒屋自制的啤酒在销售时纳税

C. 白酒在生产环节和批发环节纳税

D. 销售珍珠饰品在零售环节纳税

E. 成品油在零售环节纳税

【参考答案】 AB

【答案解析】 选项C，白酒在批发环节不征收消费税；选项D，珍珠饰品在零售环节不征收消费税；选项E，成品油纳税环节在生产环节（包括委托加工和进口环节）。

125. 下列关于消费税税率的表述中，错误的有（　　）。

A. 消费税一律采用比例税率形式

B. 卷烟在批发环节加征一道从价消费税

C. 高档化妆品在零售环节加征10%的消费税

D. 金银首饰在生产环节征收消费税，税率为10%

E. 超豪华小汽车在零售环节计征10%的消费税

【参考答案】 ABCD

【答案解析】 选项A，消费税税率有比例和定额形式；选项B，卷烟在批发环节应复合计税；选项C，高档化妆品在生产环节纳税，零售环节不纳税；选项D，金银首饰在零售环节征收消费税，税率为5%。

126. 下列各项中，应当征收消费税的有(　　)。

A. 化妆品厂作为样品赠送给客户的高档香水

B. 用于产品质量检验耗费的高尔夫球杆

C. 白酒生产企业向百货公司销售的试制药酒

D. 白酒厂移送非独立核算门市部待销售的白酒

E. 白酒厂销售给关联单位的白酒

【参考答案】 ACE

【答案解析】 选项B，用于产品质量检验耗费的高尔夫球杆属于必要的生产经营过程，不征收消费税。选项D，如果门市部已经对外销售了，应当按销售额计征消费税。

127. 下列行为中，既缴纳增值税又缴纳消费税的有(　　)。

A. 酒厂将自产的白酒赠送给协作单位

B. 卷烟厂将自产的烟丝移送用于生产卷烟

C. 日化厂将自产的高档香水精移送用于生产普通护肤品

D. 汽车厂将自产的应税小汽车赞助给某艺术节组委会

E. 地板厂将生产的新型实木地板奖励给有突出贡献的职工

【参考答案】 ADE

【答案解析】 选项B，烟丝继续生产卷烟，属于连续生产应税消费品，此时烟丝不用缴纳消费税，销售卷烟时要缴纳消费税；选项C，普通护肤品属于非应税消费品，高档香水精移送环节应该缴纳消费税，但是此时不用缴纳增值税。

128. 关于消费税纳税义务发生时间的说法，正确的有(　　)。

A. 企业采取预收款方式销售成品油，2022年4月5日收到购货方的预付款，2022年5月1日发货，纳税义务发生时间为2022年5月1日

B. 企业采取赊销方式销售鞭炮，合同未约定收款日期，发货日期为2022年4月10日，实际收款为2022年6月3日，纳税义务发生时间为2022年6月3日

C. 某卷烟生产企业委托另一卷烟生产企业生产卷烟，2022年2月22日提货，2022

年3月4日付款，纳税义务发生的时间为2022年3月4日

D. 企业采取托收承付方式销售实木地板，发货日期为2022年1月15日，办妥托收承付手续的日期为2022年1月20日，纳税义务发生时间为2022年1月20日

E. 企业采取分期收款方式销售高档化妆品，合同约定收款日期分别为2022年1月1日和2022年6月1日，实际首批货款收款日期为2022年5月，首批货款纳税义务发生时间为2022年1月1日

【参考答案】 ADE

【答案解析】 选项B，赊销和分期收款方式销售应税消费品，消费税纳税义务发生时间为书面合同约定的收款日期的当天；书面合同未约定或无书面合同的，为发出应税消费品的当天(2022年4月10日)。选项C，委托加工应税消费品，消费税纳税义务发生时间为纳税人提货的当天(2022年2月22日)。

129. 下列关于卷烟在批发环节征收消费税的说法，正确的有(　　)。

A. 零售商销售卷烟不征收消费税

B. 卷烟批发公司向卷烟零售商销售卷烟，应计算缴纳消费税

C. 卷烟批发公司向卷烟批发商销售卷烟，应计算缴纳消费税

D. 卷烟批发公司应当将卷烟销售额与其他商品销售额分开核算，未分开核算的，一并征收消费税

E. 卷烟批发公司向卷烟零售商销售卷烟，可将已缴纳的生产环节的消费税从应缴纳消费税中扣除

【参考答案】 ABD

【答案解析】 卷烟批发企业销售给批发企业以外的单位和个人的卷烟在销售时纳税，卷烟批发企业之间销售的卷烟不缴纳消费税。

130. 下列情形中，可以扣除外购应税消费品已纳消费税的有(　　)。

A. 以已税烟丝为原料生产的卷烟

B. 以已税白酒为原料生产的白酒

C. 以已税杆头为原料生产的高尔夫球杆

D. 以已税珠宝玉石为原料生产的贵重珠宝首饰

E. 以已税实木地板为原料生产的实木地板

【参考答案】 ACDE

【答案解析】 用外购已税消费品连续生产应税消费品的，允许抵扣税额的税目从大类上看，原则上不包括酒(葡萄酒、啤酒除外)、小汽车、高档手表、游艇、电池、涂料、摩托车。

131.关于白酒消费税最低计税价格的核定，下列说法正确的有（　　）。

A.生产企业实际销售价格高于核定最低计税价格的，按实际销售价格申报纳税

B.白酒消费税最低计税价格核定范围包括白酒批发企业销售给商场的白酒

C.白酒消费税最低计税价格由行业协会核定

D.核定消费税计税价格的白酒，核定比例统一确定为20%

E.白酒生产企业消费税计税价格高于销售单位对外销售价格70%（含70%）以上的，税务机关暂不核定最低计税价格

【参考答案】 AE

【答案解析】 选项B、C，白酒消费税最低计税价格的核定范围是指白酒生产企业销售给销售单位的白酒（或纳税人将委托加工收回的白酒销售给销售单位），消费税计税价格为销售单位对外销售价格（不含增值税）70%以下的，税务机关应核定消费税最低计税价格；选项D，核定消费税计税价格的白酒，核定比例统一确定为60%。

132.甲企业为增值税一般纳税人，2022年4月将成本为260万元的木材委托乙企业加工实木地板，支付加工费取得增值税专用发票，注明金额25万元，甲企业当月收回全部实木地板并销售了70%部分，开具增值税专用发票，注明金额350万元。下列描述正确的有（　　）。（上述金额均不含增值税，实木地板消费税税率为5%）

A.甲企业无须缴纳消费税

B.乙企业代收代缴消费税16万元

C.甲企业缴纳消费税7万元

D.甲企业缴纳消费税2.5万元

E.乙企业代收代缴消费税15万元

【参考答案】 CE

【答案解析】 乙企业应代收代缴消费税＝（260＋25）÷（1－5%）×5%＝15（万元），甲企业销售70%部分组价＝（260+25）÷（1－5%）×70%＝210（万元），收回后的销售价是350万元，属于加价销售，所以甲企业应缴纳消费税＝350×5%－15×70%＝7（万元）。

133.下列关于委托加工业务消费税处理的说法，正确的有（　　）。

A.将委托加工收回的已税消费品以高于受托方计税价格销售的，不征收消费税

B.纳税人委托个体工商户加工应税消费品，由委托方收回后在委托方所在地缴纳消费税

C.委托加工应税消费品的，若委托方未提供原材料成本，由委托方所在地主管税务机关核定其材料成本

D. 委托方委托加工应税消费品，受托方（非个人）没有代收代缴税款的，应由受托方补税，且对受托方处以应代收代缴税款50%以上3倍以下的罚款

E. 委托加工的加工费，包括代垫辅助材料的实际成本，但不包括随加工费收取的销项税额

【参考答案】 BE

【答案解析】 选项A，委托方收回的应税消费品，以不高于受托方计税价格出售的，为直接出售，不再缴纳消费税；委托方以高于受托方计税价格出售的，需按规定申报缴纳消费税，在计税时准予扣除受托方已代收代缴的消费税。选项C，委托加工应税消费品的，若委托方未提供原材料成本，受托方所在地主管税务机关有权核定其材料成本。选项D，委托方委托加工应税消费品，受托方（非个人）没有代收代缴税款的，委托方要补缴税款，受托方就不再补税了（对受托方罚款金额正确）。

134. 下列可按生产领用数量抵扣应税消费品已纳消费税的有（　　）。

A. 首饰厂将委托加工收回的已税玉珠抛光打孔穿成玉珠项链

B. 汽车厂将外购的已税小汽车改造生产小汽车

C. 首饰厂将委托加工收回的已税蓝宝石戒面制成18K黄金镶嵌项坠

D. 葡萄酒厂将进口的葡萄酒连续生产葡萄酒

E. 成品油加工厂将委托加工收回的已税润滑油生产应税成品油

【参考答案】 ADE

【答案解析】 选项B，不属于扣税范围；选项C，黄金镶嵌首饰应在零售环节纳税，不能抵扣蓝宝石戒面已纳消费税税款。

135. 关于消费税退（免）税或征税政策，下列说法正确的有（　　）。

A. 出口企业出口或视同出口适用增值税退（免）税的货物，免征消费税，如果属于购进出口的货物，退还前一环节对其已征的消费税

B. 出口企业出口或视同出口适用增值税免税政策的货物，免征消费税，但不退还其以前环节已征的消费税，允许在内销应税消费品应纳消费税款中抵扣

C. 出口企业出口或视同出口适用增值税征税政策的货物，应按规定缴纳消费税，不退还其以前环节已征的消费税，且不允许在内销应税消费品应纳消费税款中抵扣

D. 属于从价定率计征消费税的，消费税出口退税的计税依据为已征且未在内销应税消费品应纳税额中抵扣的购进出口货物金额

E. 属于从量定额计征消费税的，消费税出口退税的计税依据为已征且未在内销应税消费品应纳税额中抵扣的购进出口货物数量

【参考答案】 ACDE

【答案解析】 选项 B,出口企业出口或视同出口适用增值税免税政策的货物,免征消费税,但不退还其以前环节已征的消费税,且不允许在内销应税消费品应纳消费税款中抵扣。

136. 关于教育费附加减免规定,下列说法正确的有(　　)。

A. 先征后退增值税,一般不退还附征的教育费附加

B. 先征后返增值税,一般不返还附征的教育费附加

C. 出口货物退还增值税,退还附征的教育费附加

D. 即征即退增值税,一般不退还附征的教育费附加

E. 由于减免增值税发生退税,退还附征的教育费附加

【参考答案】 ABDE

【答案解析】 选项 C,出口产品退还的增值税、消费税,不退还已缴纳的教育费附加。

137. 机构所在地在 B 市的甲建筑企业是增值税一般纳税人,2022 年 3 月在邻市的 A 县提供建筑服务取得含税建筑服务收入 54.5 万元(适用一般计税方法),则甲企业计算的下列税款中正确的有(　　)。

A. 甲企业应在 A 县预缴增值税 1.5 万元

B. 甲企业应在 A 县缴纳城市维护建设税 0.05 万元

C. 甲企业应在 A 县缴纳教育费附加 0.03 万元

D. 甲企业应在 A 县缴纳地方教育附加 0.02 万元

E. 甲企业应在 B 市预缴增值税 1.5 万元

【参考答案】 BCD

【答案解析】 纳税人跨地区提供建筑服务,应在建筑服务发生地预缴增值税并且就地缴纳城市维护建设税、教育费附加及地方教育附加。甲企业应在 A 县预缴增值税=54.5÷(1+9%)×2%=1(万元),应在 A 县缴纳城市维护建设税=1×5%=0.05(万元),应在 A 县缴纳教育费附加=1×3%=0.03(万元),应在 A 县缴纳地方教育附加=1×2%=0.02(万元)。

138. 某县甲化妆品厂(增值税一般纳税人)2022 年 5 月接受位于市区的乙化妆品厂(增值税一般纳税人)委托生产一批高档化妆品,乙厂提供原料的不含税价为 30 万元,甲厂收取不含税加工费 2 万元,当月该批高档化妆品加工完成并全部收回。关于上述业务的税务处理,下列说法中正确的有(　　)。(高档化妆品成本利润率 5%,消费税税率 15%)

A. 乙厂应自行申报并缴纳城市维护建设税 2 823. 53 元

B. 甲厂应代收代缴城市维护建设税 2 823. 53 元

C. 甲厂应代收代缴城市维护建设税 3 952. 94 元

D. 甲厂应缴纳城市维护建设税 182. 00 元

E. 甲厂应缴纳城市维护建设税 130. 00 元

【参考答案】 BE

【答案解析】 甲厂应代收代缴的城市维护建设税＝(30＋2)×10 000/(1－15％)×15％×5％＝2823. 53(元)；甲厂提供加工劳务，应缴纳城市维护建设税＝2×10 000×13％×5％＝130(元)。

139. 下列各项中，应计入城市维护建设税计税依据的有(　　)。

A. 偷逃增值税而被查补的税款

B. 偷逃消费税而被加收的滞纳金

C. 因增值税违规被处以的罚款

D. 出口产品征收的消费税税额

E. 进口产品征收的增值税税额

【参考答案】 AD

【答案解析】 城市维护建设税以纳税人依法实际缴纳的增值税、消费税税额(选项 D 当选)为计税依据，包括被税务机关查补的增值税、消费税(选项 A 当选)，但不包括纳税人违反增值税、消费税有关规定而被加收的滞纳金和罚款等(选项 B、C 不当选)。对进口货物缴纳的增值税、消费税税额，不征收城市维护建设税(选项 E 不当选)。

140. 以下关于城市维护建设税征收管理的说法，正确的有(　　)。

A. 对境外单位向境内销售劳务的，不征收城市维护建设税

B. 对出口产品退还增值税、消费税的，同时退还城市维护建设税

C. 自 2022 年 1 月 1 日至 2024 年 12 月 31 日，由省、自治区、直辖市人民政府根据本地区实际情况，以及宏观调控需要确定，对所有增值税纳税人可以在 50％的税额幅度内减征城市维护建设税

D. 退还的留抵税额不作为城市维护建设税的计税依据

E. 国家重大水利工程建设基金免征城市维护建设税

【参考答案】 ADE

【答案解析】 选项 B，对出口产品退还增值税、消费税的，不退还已缴纳的城市维护建设税；选项 C，自 2022 年 1 月 1 日至 2024 年 12 月 31 日，由省、自治区、直辖市人民政

府根据本地区实际情况，以及宏观调控需要确定，对增值税小规模纳税人、小型微利企业和个体工商户可以在50%的税额幅度内减征城市维护建设税。

141. 下列关于城市维护建设税减免税规定的表述中，正确的有（　　）。

A. 城市维护建设税随“二税”的减免而减免

B. 对国家重大水利工程建设基金免征城市维护建设税

C. 对由海关代征的进口产品增值税和消费税应减半征收城市维护建设税

D. 因减免税而对“二税”进行退库的，可同时对已征收的城市维护建设税实施退库

E. 对出口应税消费品实行免退税政策退还的消费税，同时退还城市维护建设税

【参考答案】 ABD

【答案解析】 选项C，进口环节缴纳的增值税与消费税，不征收城市维护建设税与教育费附加；选项E，对出口应税消费品实行免退税政策退还的消费税，不退还城市维护建设税。

142. 下列选项中，关于教育费附加有关表述正确的有（　　）。

A. 教育费附加名义上是一种专项资金，但实质上具有税的性质

B. 地方教育附加的缴费人、征收范围、计费依据与教育费附加规定保持一致，地方教育附加的计征比率为2%

C. 教育费附加对缴纳增值税、消费税的单位和个人征收，以其实际缴纳的增值税、消费税税额为计费依据，分别与增值税、消费税同时缴纳

D. 对外商投资企业、外国企业及外籍个人不征收教育费附加

E. 海关对进口产品代征增值税、消费税的，不征收教育费附加

【参考答案】 ABCE

【答案解析】 选项D，自2010年12月1日起，对外商投资企业、外国企业及外籍个人开始征收教育费附加。

143. 某市一住房租赁企业为小规模纳税人（按季度纳税），2022年第二季度提供房地产信息咨询取得不含税收入50万元，向个人出租住房取得含税收入210万元，则该企业缴纳相关税收及附加正确的有（　　）。

A. 应纳增值税4.5万元

B. 应纳城市维护建设税0.21万元

C. 应纳教育费附加和地方教育附加0.15万元

D. 免纳教育费附加和地方教育附加

E. 免纳城市维护建设税

【参考答案】 BC

【答案解析】 自2022年4月1日至2022年12月31日，增值税小规模纳税人适用3%征收率的应税销售收入，免征增值税。住房租赁企业中的增值税小规模纳税人向个人出租住房，按照5%的征收率减按1.5%计算缴纳增值税。该企业应纳增值税＝0＋210/(1＋5%)×1.5%＝3(万元)；应纳城市维护建设税＝3×7%＝0.21(万元)；应纳教育费附加和地方教育附加＝3×(3%＋2%)＝0.15(万元)。

144. 房地产开发企业转让新建房计算土地增值税时，可以作为与转让房地产有关的税金扣除的有(　　)。

A. 契税

B. 印花税

C. 城市维护建设税

D. 增值税

E. 城镇土地使用税

【参考答案】 BC

【答案解析】 房地产开发企业转让新建房计算土地增值税时，城市维护建设税可以作为与转让房地产有关的税金扣除。可扣除的税款有四种税：城市维护建设税、教育费附加、地方教育附加和印花税。

145. 下列行为属于土地增值税征税范围的有(　　)。

A. 抵押期间的房地产抵押

B. 房地产的评估增值

C. 房地产的继承

D. 将房地产捐赠给关联企业

E. 合作建房，建成后转让

【参考答案】 DE

【答案解析】 选项A、B，没有发生房地产权属的转移，不属于土地增值税的征收范围；选项C，房地产的继承虽然发生了权属变更，但作为房产产权、土地使用权的原所有人(即被继承人)并没有因为权属变更而取得任何收入，因此，其不属于土地增值税的征税范围。

146. 下列情形免征土地增值税的有(　　)。

A. 因旧城改造而由政府主管部门根据审批通过的城市规划进行搬迁，由纳税人自行转让房地产

B. 因实施地、市级人民政府批准的建设项目而进行搬迁，由纳税人自行转让房地产

C. 因实施省级人民政府批准的建设项目而进行搬迁，由纳税人自行转让房地产

D. 企业转让旧房作为安置住房房源且增值额未超过扣除项目金额20%的

E. 因企业污染而由政府主管部门根据审批通过的城市规划进行搬迁，由纳税人自行转让房地产

【参考答案】 ACDE

【答案解析】 略。

147. 关于转让旧房及建筑物土地增值税扣除项目的税务处理，下列说法正确的有(　　)。

A. 凡不能取得评估价格的，按购房发票所载金额作为扣除项目金额

B. 未支付地价款或不能提供已支付的地价款凭据的，不允许扣除取得土地使用权支付的金额

C. 出售旧房或建筑物的，首选按评估价格计算扣除项目的金额

D. 凡不能取得评估价格的，由税务机关核定的金额作为扣除项目金额

E. 旧房评估价格＝房地产重置成本价×成新度折扣率

【参考答案】 BCE

【答案解析】 选项A、D，纳税人转让旧房及建筑物，凡不能取得评估价格，但能提供购房发票的，经当地税务部门确认，取得土地使用权所支付的金额、旧房及建筑物的评估价格，可按发票所载金额并从购买年度起至转让年度止每年加计5%计算扣除。

148. 下列情形中，纳税人应进行土地增值税清算的有(　　)。

A. 丙公司开发的住宅已销售建筑面积占整个项目可售建筑面积的65%，自用的面积占可售面积的5%

B. 乙公司将未竣工决算的开发项目整体转让

C. 甲公司开发的住宅项目已销售完毕

D. 丁公司于2017年3月取得住宅项目销售(预售)许可证，截至2019年3月底仍未销售完毕

E. 戊公司开发的别墅项目销售面积已达整个项目可售建筑面积的75%

【参考答案】 BC

【答案解析】 纳税人符合下列条件之一的，应进行土地增值税的清算：(1)房地产开发项目全部竣工、完成销售的(选项C当选)；(2)整体转让未竣工决算房地产开发项

目的(选项 B 当选);(3)直接转让土地使用权的。

149. 关于房地产开发企业土地增值税税务处理,下列说法正确的有(　　)。

A. 房地产开发企业逾期开发缴纳的土地闲置费不得计入扣除项目进行扣除

B. 土地增值税清算时已经计入房地产开发成本的利息支出,应调整至财务费用中计算扣除

C. 土地增值税清算时未开具销售发票或未全额开具销售发票的,未开具部分可以不计入房地产转让收入

D. 房地产开发企业为取得土地使用权所支付的契税,应计入"土地使用权所支付的金额"中予以扣除

E. 房地产开发企业同一项目在"营改增"前后都有收入,进行土地增值税清算时以全部含增值税金额作为转让房地产收入

【参考答案】 ABD

【答案解析】 选项 C,未开具发票或者未全额开具发票的,以交易双方签订的销售合同所载的售房金额及其他收益确认收入;选项 E,营改增后的收入,应该按照不含增值税金额作为转让房地产收入。

150. 房地产开发企业在计算转让新建房土地增值税时,准予作为"与转让房地产有关的税金"项目扣除的有(　　)。

A. 契税

B. 城市维护建设税

C. 耕地占用税

D. 增值税

E. 教育费附加

【参考答案】 BE

【答案解析】 房地产开发企业在计算转让新建房土地增值税时,城市维护建设税和教育费附加可以作为"与转让房地产有关的税金"项目扣除。选项 A,为取得土地使用权缴纳的契税作为"为取得土地使用权所支付的金额"扣除;选项 C,耕地占用税作为"房地产开发成本"扣除;选项 D,增值税属于价外税,不能作为税金扣除。

151. 下列属于资源税征税对象的有(　　)。

A. 二氧化碳气

B. 钠盐原矿

C. 矿泉水

D. 地热

E. 钨矿原矿

【参考答案】 ACD

【答案解析】 选项 A、C 正确，二氧化碳气、矿泉水属于水气矿产征税范围；

选项 B 错误，钠盐以选矿为征税对象，钠盐原矿为非征税对象；

选项 D 正确，地热属于能源矿产；

选项 E 错误，钨矿以选矿为征税对象。

152. 下列各项关于资源税规定的表述中，正确的有（　　）。

A. 对用于出口的应税资源产品免征资源税

B. 对进口的应税产品不征收资源税

C. 开采原油过程中用于加热的原油免征资源税

D. 油田范围内运输原油过程中用于加热的天然气免征资源税

E. 对于出口的资源税可进行退回

【参考答案】 BCD

【答案解析】 资源税规定仅对在中国境内开采或生产应税产品的单位和个人征收，因此，进口资源产品不征收资源税（选项 B 正确）；相应地，对出口应税产品也不免征或是退还已纳资源税（选项 A、E 错误）。

选项 C、D 正确，开采原油以及在油田范围内运输原油过程中用于加热的原油、天然气免征资源税。

153. 下列资源产品中，既可从量计征，又可从价计征的有（　　）。

A. 高岭土

B. 矿泉水

C. 煤

D. 石灰岩

E. 砂石

【参考答案】 BDE

【答案解析】 资源税法规定，对大部分资源应税产品实行从价计征，部分应税产品从量计征，从量计征的应税产品有地热、石灰岩（选项 D 正确）、其他黏土、砂石（选项 E 正确）、矿泉水（选项 B 正确）、天然卤水六个。

选项 A、C 错误，只能从价计征。

154. 下列属于可选择从价计征或者从量计征资源税的应税产品的有（　　）。

A. 花岗岩

B. 石灰岩

C. 大理岩

D. 其他黏土

E. 砂石

【参考答案】 BDE

【答案解析】 地热、矿泉水、石灰岩、天然卤水、砂石、其他黏土这六个税目可以选择实行从价计征或从量计征；选项A、C，属于从价计征的应税资源。

155. 关于资源税税收优惠，下列说法正确的有（　　）。

A. 煤炭开采企业因安全生产需要抽采的煤成（层）气，免征资源税

B. 2021年1月1日至2024年12月31日，各省、自治区、直辖市人民政府可根据本地区实际情况以及宏观调控需要，对增值税小规模纳税人可以在50%的税额幅度内减征资源税（不含水资源税）

C. 纳税人开采或者生产应税产品过程中，因意外事故或者自然灾害等原因遭受重大损失的，企业可向主管税务机关申请，由省级主管税务机关决定减征、免征资源税

D. 从衰竭期矿山开采的矿产品，减征30%资源税

E. 纳税人的免税、减税项目，应当单独核算销售额或者销售数量；未单独核算或者不能准确提供销售额或者销售数量的，不予免税或者减税

【参考答案】 ABDE

【答案解析】 选项C，有下列情形之一的，省、自治区、直辖市可以决定免征或者减征资源税：（1）纳税人开采或者生产应税产品过程中，因意外事故或者自然灾害等原因遭受重大损失；（2）纳税人开采共伴生矿、低品位矿、尾矿。上述规定的免征或者减征资源税的具体办法，由省、自治区、直辖市人民政府提出，报同级人民代表大会常务委员会决定，并报全国人民代表大会常务委员会和国务院备案。

156. 位于某县的能源公司为增值税一般纳税人，2022年3月从深水油气田开采出原油500吨、天然气150万立方米。当月原油销售80%，取得不含增值税销售额160万元；天然气全部销售，不含增值税销售额为110万元，当月未收到款项，但已开具增值税专用发票寄送给采购公司。已知原油、天然气的资源税税率均为6%。下列关于该公司当月上述业务税务处理说法正确的有（　　）。

A. 从深水油气田开采的原油、天然气，可以减征20%资源税

B. 当月应缴纳资源税16.2万元

C. 当月应缴纳资源税11.34万元

D. 当月应确认增值税销项税额 30.7 万元

E. 当月应确认增值税销项税额 35.1 万元

【参考答案】 CD

【答案解析】 选项 A，从深水油气田开采的原油、天然气，可以减征 30%资源税；选项 B、C，当月应缴纳资源税＝160×6%×(1－30%)＋110×6%×(1－30%)＝11.34(万元)；选项 D、E，当月应确认增值税销项税额＝160×13%＋110×9%＝30.7(万元)。

157. 纳税人进口应税车辆自用，应计入车辆购置税计税依据的有(　　)。

A. 运抵我国输入地点起卸前的运费

B. 进口消费税

C. 进口关税

D. 应税车辆成交价格

E. 进口增值税

【参考答案】 ABCD

【答案解析】 进口自用应税车辆计税依据＝(关税完税价格＋关税)÷(1－消费税税率)，关税完税价格包括运抵我国输入地点起卸前的运费。

158. 下列车辆可享受免征车辆购置税优惠政策的有(　　)。

A. 外国驻华使馆、领事馆和国际组织驻华机构及其外交人员自用的车辆

B. 中国人民解放军和中国人民武装警察部队列入军队武器装备订货计划的车辆

C. 设有固定装置的运输专用作业车辆

D. 购置新能源汽车

E. 农用三轮车

【参考答案】 ABDE

【答案解析】 设有固定装置的非运输专用作业车辆免税。

159. 下列行为需要缴纳车辆购置税的有(　　)。

A. 某医院接受某汽车厂捐赠小客车用于医疗服务

B. 某汽车厂将自产小轿车用于日常办公

C. 某幼儿园租赁客车用于校车服务

D. 某物流企业接受汽车生产商投资的运输车辆自用

E. 某轮胎制造企业接受汽车生产商抵债的小汽车自用

【参考答案】 ABDE

【答案解析】 车辆购置税的征税范围是指在中华人民共和国境内购置应税车辆的行为。具体包括：购买自用行为、进口自用行为、受赠使用行为、自产自用行为、获奖自

用行为等。选项C,租入车辆不属于车辆购置税的应税行为。

160.某热心观众乙参加电视节目抽奖,获得甲企业赠送的一辆自产的排气量200毫升的摩托车,乙观众上牌自用,则以下说法正确的有(　　)。

A.甲企业应视同销售缴纳增值税

B.甲企业应视同销售缴纳消费税

C.甲企业应缴纳车辆购置税

D.乙观众无须缴纳车辆购置税

E.乙观众应缴纳车辆购置税

【参考答案】 AE

【答案解析】 选项B,汽缸容量250毫升(不含)以下的小排量摩托车不征收消费税;选项C、D、E,车辆购置税的纳税人为受赠自用的单位和个人,应由乙观众缴纳车辆购置税。

161.某外交官购置一辆市场价格25万元(不含增值税,下同)的小汽车自用,购置时因符合免税条件而未缴纳车辆购置税。购置使用4年后,将其以13万元的价格转让给张某。张某不享受免税政策。就上述业务说法正确的有(　　)。

A.免税车辆不需要办理车辆购置税申报手续

B.转让车辆应由该外交官缴纳车辆购置税

C.转让车辆应由张某缴纳车辆购置税

D.车辆购置税纳税义务发生时间为车辆转让之日

E.应纳车辆购置税为1.3万元

【参考答案】 CD

【答案解析】 选项A,免税车辆也应当办理车辆购置税申报手续,如实填写《车辆购置税纳税申报表》;选项B、C,减免税条件消失车辆,发生转让行为的,受让人为车辆购置税纳税人,所以应由张某缴纳车辆购置税;选项E,免税条件消失的车辆,计税价格应按初次办理纳税申报时确定的计税价格为基准,每满一年扣减10%,车辆购置税应纳税额=初次办理纳税申报时确定的计税价格×(1-使用年限×10%)×10%=25×(1-4×10%)×10%=1.5(万元)。

162.纳税人应以其当期应税固体废物的产生量作为固体废物的排放量的情形有(　　)。

A.非法倾倒应税固体废物

B.进行虚假纳税申报

C.损毁污染物自动监测设备

D. 伪造污染物监测数据

E. 通过暗管排放应税污染物

【参考答案】 AB

【答案解析】 略。

163. 下列关于应税污染物计税依据的说法，正确的有（　　）。

A. 应税大气污染物按照污染物排放量折合的污染当量数确定

B. 应税水污染物的污染当量数，以该污染物的排放量乘该污染物的污染当量值计算

C. 应税固体废物按照固体废物的排放量确定

D. 固体废物的排放量为当期应税固体废物的产生量减去当期应税固体废物的储存量、处置量、综合利用量的余额

E. 应税噪声按照超过国家规定标准的分贝数确定

【参考答案】 ACDE

【答案解析】 选项 B，应税大气污染物、水污染物的污染当量数，以该污染物的排放量除以该污染物的污染当量值计算。

164. 下列排放物中，属于环境保护税征收范围的有（　　）。

A. 尾矿

B. 建筑噪声

C. 危险废物

D. 二氧化硫

【参考答案】 ACD

【答案解析】 环境保护税税目，包括大气污染物、水污染物、固体废物和噪声四大类。选项 A、C，尾矿和危险废物属于固体废物；选项 B，噪声目前只包括工业噪声，建筑噪声不属于环境保护税征收范围；选项 D，二氧化硫属于大气污染物。

165. 以下符合环境保护税政策规定的有（　　）。

A. 环保税的纳税义务发生时间为纳税人排放应税污染物的当日

B. 纳税人应向应税污染物排放地的税务机关申报缴纳环保税

C. 环保税按月计算、按季申报缴纳

D. 纳税人按次申报缴纳的，应当自次月起 10 日内，向税务机关办理纳税申报并缴纳税款

E. 纳税人按季申报缴纳的，应当自季度终了之日起 15 日内，向税务机关办理纳税申报并缴纳税款

【参考答案】 ABCE

【答案解析】 选项D,纳税人按次申报缴纳的,应当自纳税义务发生之日起15日内,向税务机关办理纳税申报并缴纳税款。

166. 下列情形属于环境保护税不征税项目的有(　　)。

A. 企事业单位向依法设立的生活垃圾集中处理场所排放应税污染物的

B. 企事业单位在符合国家和地方环境保护标准的设施、场所储存或者处置固体废物的

C. 企事业单位向依法设立的城乡污水集中处理场所排放应税污染物的

D. 禽畜养殖场依法对禽畜养殖废弃物进行综合利用和无害化处理的

E. 纳税人排放应税大气污染物的浓度值低于国家和地方规定的污染物排放标准的

【参考答案】 ABCD

【答案解析】 选项E,纳税人排放应税大气污染物或者水污染物的浓度值低于国家和地方规定的污染物排放标准的,属于环境保护税的征税范围,有减征规定,不属于不征税项目。

167. 下列属于环境保护税纳税地点的有(　　)。

A. 应税大气污染物排放口所在地

B. 应税水污染物排放企业所在地

C. 应税固体废物产生地

D. 应税固体废物堆放地

E. 应税噪声产生地

【参考答案】 ACE

【答案解析】 应税污染物排放地是指:(1)应税大气污染物、水污染物排放口所在地;(2)应税固体废物产生地;(3)应税噪声产生地。

168. 按照《国民经济行业分类》(GB/T 4754—2017)对行业的划分,根据不同行业的工伤风险程度,由低到高,依次将行业工伤风险类别划分为一类至八类。不同工伤风险类别的行业执行不同的工伤保险行业基准费率。通过费率浮动的办法确定每个行业内的费率档次。一类行业分为三个档次,即在基准费率的基础上,可向上浮动至(　　)。

A. 100%

B. 120%

C. 75%

D. 150%

【参考答案】 BD

【答案解析】 根据《人力资源和社会保障部、财政部关于调整工伤保险费率政策的通知》(人社部发〔2015〕71 号)第一条规定,按照《国民经济行业分类》(GB/T 4754—2017)对行业的划分,根据不同行业的工伤风险程度,由低到高,依次将行业工伤风险类别划分为一类至八类。第二条规定,关于行业差别费率及其档次确定。不同工伤风险类别的行业执行不同的工伤保险行业基准费率。通过费率浮动的办法确定每个行业内的费率档次。一类行业分为三个档次,即在基准费率的基础上,可向上浮动至 120%、150%,二类至八类行业分为五个档次,即在基准费率的基础上,可分别向上浮动至 120%、150%或向下浮动至 80%、50%。

169. 根据政策规定,下列情形中,免征水土保持补偿费的有(　　)。

A. 建设公益性学校

B. 建设幼儿园

C. 养老服务设施建设

D. 农民依法利用农村集体土地新建、翻建自用住房的

【参考答案】 ABCD

【答案解析】 根据《国家发展改革委、水利部、中国人民银行关于印发〈水土保持补偿费征收使用管理办法〉的通知》(财综〔2014〕8 号)第十一条规定,下列情形免征水土保持补偿费:(1)建设学校、幼儿园、医院、养老服务设施、孤儿院、福利院等公益性工程项目的;(2)农民依法利用农村集体土地新建、翻建自用住房的;(3)按照相关规划开展小型农田水利建设、田间土地整治建设和农村集中供水工程建设的。

170. 分析税务登记表"登记注册类型"项目时,应结合以下哪些项目进行联动分析(　　)。

A. 税收贡献

B. 税收优惠

C. 纳税遵从

D. 企业规模

【参考答案】 AC

【答案解析】 略。

171. 分析税务登记表"注册资本或投资总额"项目时,应结合以下哪些项目进行联动分析(　　)。

A. 实收资本(或股本)

B. 所有者权益合计

C. 未分配利润

D. 招商引资

【参考答案】 AB

【答案解析】 略。

172. 在分析增值税专用发票时，应主要关注的有（　　）。

A. 销货单位名称

B. 供货单位名称

C. 分析期使用数量

D. 地址、电话

【参考答案】 ABD

【答案解析】 略。

173. 在分析货物运输业增值税专用发票时，应主要关注的有（　　）。

A. 收货人及纳税人识别号

B. 发货人及纳税人识别号

C. 到达地

D. 承运人及纳税人识别号

【参考答案】 ACD

【答案解析】 略。

174. 在分析税收缴款书时，应主要关注的有（　　）。

A. 产品名称

B. 数量

C. 付款单位

D. 单价

【参考答案】 ABD

【答案解析】 略。

175. 增值税申报表上的应税销售额与利润表上的营业收入一致，下列表述正确的有（　　）。

A. 少计增值税应税销售额

B. 申报不准确

C. 申报准确

D. 少计利润表营业收入

【参考答案】 AB

【答案解析】 增值税申报表上的应税销售额与利润表上的营业收入一致，表现的风险是少计增值税应税销售额、申报不准确。

176.“进项税额转出”项目，主要是反映企业哪些涉税事宜？（　　）

A. 正常损失

B. 非正常损失

C. 征退税差异

D. 购进货物无偿赠送

【参考答案】 BC

【答案解析】 略。

177. 在分析企业总体增值税税负时，下列表述正确的有（　　）。

A. 要考虑存货变动因素

B. 要考虑免、抵、退因素

C. 要考虑免税因素

D. 要考虑来料加工因素

【参考答案】 ABCD

【答案解析】 略。

178. 在分析资产负债表“应收票据”项目时，应结合以下哪些项目进行分析（　　）。

A. 价外费用

B. 管理费用

C. 营业费用

D. 非法凭据

【参考答案】 AD

【答案解析】 略。

179. 在分析资产负债表“应收账款”项目时，应结合以下哪些项目进行分析（　　）。

A. 骗取退税

B. 资金占用

C. 预收账款

D. 行业特点

【参考答案】 ABCD

【答案解析】 略。

180. 在分析资产负债表“预付款项”项目时，应结合以下哪些项目进行分析（　　）。

A. 其他应收款

B. 原辅材料

C. 预收账款

D. 税收筹划

【参考答案】 ABCD

【答案解析】 略。

181. 在分析资产负债表“其他应收款”项目时，应结合以下哪些项目进行分析（　　）。

A. 利息

B. 利率

C. 居民企业

D. 资金占用

【参考答案】 ABD

【答案解析】 略。

182. 在分析利润表“营业收入”项目时，应结合以下哪些项目进行分析（　　）。

A. 行业（产品）经济形势

B. 营业成本

C. 固定资产

D. 货币资金

【参考答案】 ABCD

【答案解析】 略。

183. 在分析利润表“营业成本”项目时，应结合以下哪些项目进行分析（　　）。

A. 进项税额

B. 存货

C. 利息支出

D. 生产环节增值率

【参考答案】 ABD

【答案解析】 略。

184. 在分析利润表“销售费用”项目时，应结合以下哪些项目进行分析（　　）。

A. 代理费、佣金

B. 会务费

C. 利息

D. 广告、业务宣传费

【参考答案】 ABD

【答案解析】 略。

185. 在分析企业所得税年度纳税申报表附表三“纳税调整项目明细表”时，应结合以下哪些项目进行分析(　　)。

A. 不征税收入

B. 五险一金

C. 工资薪金支出

D. 三项费用

【参考答案】 ABCD

【答案解析】 略。

186. 关联交易可以通过以下(　　)方面来发现问题。

A. 开票高度集中

B. 销售收入

C. 销售价格

D. 销售收入变动率

【参考答案】 ACD

【答案解析】 略。

187. 企业税收筹划常用的会计科目有(　　)。

A. 预付款项

B. 无形资产

C. 在建工程

D. 应收票据

【参考答案】 ABC

【答案解析】 略。

3.3　判断题

1. 个人取得单张有奖发票奖金所得的，应全额按照个人所得税法规定的“偶然所得”征收个人所得税。(　　)

A. 正确

B. 错误

【参考答案】 B

【答案解析】 个人取得单张有奖发票奖金所得超过800元的，应全额按照个人所得税法规定的“偶然所得”征收个人所得税。个人取得单张有奖发票奖金所得不超过800元(含800元)的，暂免征收个人所得税。

2. 根据《中华人民共和国企业所得税法》的规定，国债利息收入是免税收入。(　　)

A. 正确

B. 错误

【参考答案】 A

【答案解析】 根据《中华人民共和国企业所得税法》的规定，国债利息收入符合条件的居民企业之间的股息红利等权益性投资收益等为免税收入。

3. 小型微利企业无论按查账征收方式或核定征收方式缴纳企业所得税，均可享受小型微利企业所得税优惠政策。(　　)

A. 正确

B. 错误

【参考答案】 A

【答案解析】 略。

4. 某企业为国有建设用地使用权人，应自《征缴土地闲置费决定书》送达之日起缴纳土地闲置费的期限为30日内。(　　)

A. 正确

B. 错误

【参考答案】 A

【答案解析】 根据《闲置土地处置办法》(中华人民共和国国土资源部令第53号)第十七条规定，国有建设用地使用权人应当自《征缴土地闲置费决定书》送达之日起30日内，按照规定缴纳土地闲置费。

5. 除法律法规明确规定的地方水利建设基金优惠政策外，不得多征、减征、缓征、停征或者侵占、截留、挪用地方水利建设基金。(　　)

A. 正确

B. 错误

【参考答案】 B

【答案解析】 除法律法规和自治区明确规定的地方水利建设基金优惠政策外，不得多征、减征、缓征、停征或者侵占、截留、挪用地方水利建设基金。

6. 自 2019 年 1 月 1 日起，纳税人取得的“工资薪金所得”“劳务报酬所得”“稿酬所得”“特许权使用费所得”四项所得称为综合所得，按纳税年度合并计算个人所得税。(　　)

A. 正确

B. 错误

【参考答案】 B

【答案解析】 居民纳税人取得的上述四项所得合并按年计税，非居民纳税人取得的上述所得分别按月按次计税。

7. 个人所得税的专项扣除、专项附加扣除和依法确定的其他扣除，一个纳税年度扣除不完的，可以结转以后年度扣除。(　　)

A. 正确

B. 错误

【参考答案】 B

【答案解析】 《中华人民共和国个人所得税法实施条例》第十三条规定：“专项扣除、专项附加扣除和依法确定的其他扣除，以居民个人一个纳税年度的应纳税所得额为限额；一个纳税年度扣除不完的，不结转以后年度扣除。”

8. 依据企业所得税法的相关规定，当企业分立事项采取一般性税务处理方法时，分立企业接受资产的计税基础是被分立资产的账面净值。(　　)

A. 正确

B. 错误

【参考答案】 B

【答案解析】 一般性税务处理规定，企业分立，当事各方应按下列规定处理：(1)被分立企业对分立出去资产应按公允价值确认资产转让所得或损失；(2)分立企业应按公允价值确认接受资产的计税基础(选项 A 符合题意)；(3)被分立企业继续存在时，其股东取得的对价应视同被分立企业分配进行处理；(4)被分立企业不再继续存在时，被分立企业及其股东都应按清算进行所得税处理；(5)企业分立相关企业的亏损不得相互结转弥补。

9. 某企业拥有的海域使用权即将届满，其申请海域使用权续期的期限为应当最迟于期限届满前一个月申请。(　　)

A. 正确

B. 错误

【参考答案】 B

【答案解析】 根据《中华人民共和国海域使用管理法》(中华人民共和国主席令第六十一号)第二十六条规定，海域使用权期限届满，海域使用权人需要继续使用海域的，应当至迟于期限届满前二个月向原批准用海的人民政府申请续期。

10. 根据规定，A 企业作为文化事业建设费的扣缴义务人，其缴费地点为机构所在地。(　　)

A. 正确

B. 错误

【参考答案】 A

【答案解析】 根据《财政部、国家税务总局关于营业税改征增值税试点有关文化事业建设费政策及征收管理问题的通知》(财税〔2016〕25 号)第五条规定，文化事业建设费的扣缴义务人应当向其机构所在地或者居住地主管税务机构申报缴纳其扣缴的文化事业建设费。

11. 有注明旅客身份信息的航空运输电子客票行程单、铁路车票、公路和水路等其他客票，才能作为进项税抵扣凭证。(　　)

A. 正确

B. 错误

【参考答案】 A

【答案解析】 根据《关于深化增值税改革有关政策的公告》(财政部、税务总局、海关总署公告 2019 年第 39 号)规定，目前暂允许取得注明旅客身份信息的航空运输电子客票行程单、铁路车票、公路和水路等其他客票，作为进项税抵扣凭证。

12. 同一应税合同、应税产权转移书据中涉及两方以上纳税人，且未列明纳税人各自涉及金额的，以纳税人协商后的应税凭证所列金额(不包括列明的增值税税款)确定印花税计税依据。(　　)

A. 正确

B. 错误

【参考答案】 B

【答案解析】 同一应税合同、应税产权转移书据中涉及两方以上纳税人，且未列明纳税人各自涉及金额的，以纳税人平均分摊的应税凭证所列金额(不包括列明的增值税税款)确定印花税计税依据。

13. 某油田企业为增值税一般纳税人，符合小型微利企业的条件，2024 年 2 月销售自产原油 1 000 吨，取得含增值税销售额 2 260 万元。原油资源税税率 6%，该油田企业当月应纳资源税为 67.80 万元。(　　)

A. 正确

B. 错误

【参考答案】 B

【答案解析】 根据《财政部、国家税务总局关于进一步支持小微企业和个体工商户发展有关税费政策的公告》(财政部、税务总局公告 2023 年第 12 号)第二条规定,自 2023 年 1 月 1 日至 2027 年 12 月 31 日,对增值税小规模纳税人、小型微利企业和个体工商户减半征收资源税(不含水资源税)、城市维护建设税、房产税、城镇土地使用税、印花税(不含证券交易印花税)、耕地占用税和教育费附加、地方教育附加。当月应缴纳资源税＝2 260÷(1＋13％)×6％×50％＝60(万元)。

14. 甲公司为大型家用电器制造公司,2023 年 8 月以自产的一批家电对外投资,取得居民企业乙公司(非上市公司)40％股权。该批家电公允价值 600 万元,成本 350 万元,已进行正确会计处理,企业选择 4 年递延纳税。上述业务中,甲公司应调减的应纳税所得额为 62.5 万元。(　　)

A. 正确

B. 错误

【参考答案】 B

【答案解析】 根据《财政部、国家税务总局关于非货币性资产投资企业所得税政策问题的通知》(财税〔2014〕116 号)第一条规定,居民企业(以下简称企业)以非货币性资产对外投资确认的非货币性资产转让所得,可在不超过 5 年期限内,分期均匀计入相应年度的应纳税所得额,按规定计算缴纳企业所得税。应调减的应纳税所得额＝(600－350)÷4×3＝187.5(万元)。

15. 资源税法取消了代扣代缴的征管方式,鼓励税务机关依靠税收信息化支撑,加强资源税零散税源的源泉控管,进一步优化营商环境。(　　)

A. 正确

B. 错误

【参考答案】 A

【答案解析】 根据《资源税政策和征管服务措施解读(官方解读)》第五个问题,资源税法取消了代扣代缴的征管方式,鼓励税务机关依靠税收信息化支撑,加强资源税零散税源的源泉控管,进一步优化营商环境。

16. 甲企业为增值税一般纳税人,2024 年 3 月购买一辆小汽车,在申报缴纳车辆购置税前发现发票开具错误,但取得的增值税专用发票已抵扣增值税。甲企业在申请开具红字发票时,无须要退还给 4S 店的发票联次是抵扣联。(　　)

A. 正确

B. 错误

【参考答案】 A

【答案解析】 根据《国家税务总局、工业和信息化部、公安部关于发布〈机动车发票使用办法〉的公告》(国家税务总局、工业和信息化部、公安部公告2020年第23号)第九条规定,销售机动车开具机动车销售统一发票时,应遵循以下规则:销售方开具红字发票时,应当收回消费者所持有的机动车销售统一发票全部联次。如消费者为增值税一般纳税人且已抵扣增值税的,无需退回抵扣联。

17. 居民企业从合伙企业取得的投资收益免征企业所得税。( )

A. 正确

B. 错误

【参考答案】 B

【答案解析】 根据《中华人民共和国企业所得税法》第二十六条规定,符合条件的居民企业之间的股息、红利等权益性投资收益为免税收入。合伙企业不属于居民企业,不能作为免税所得来处理。

18. 土地使用权互换、房屋互换,契税计税依据为含增值税价格的差额。( )

A. 正确

B. 错误

【参考答案】 B

【答案解析】 土地使用权互换、房屋互换,契税计税依据为不含增值税价格的差额。

19. 纳税人兼营不同税率的项目,应当分别核算不同税率项目的销售额;未分别核算销售额的,从高适用税率。( )

A. 正确

B. 错误

【参考答案】 A

【答案解析】《中华人民共和国增值税暂行条例》第三条规定:纳税人兼营不同税率的项目,应当分别核算不同税率项目的销售额;未分别核算销售额的,从高适用税率。

20. 税额式减免通过直接减少应纳税额的方式实施减税免税。( )

A. 正确

B. 错误

【参考答案】 A

【答案解析】 略。

21.“自动算税”是指自动提取数据计算税费生成并直接提交申报。(　　)

A. 正确

B. 错误

【参考答案】 B

【答案解析】 自动提取数据计算税费生成申报,纳税人确认或补正后提交。

22. 居民企业在境外设立不具有独立纳税地位的分支机构取得的各项境外所得,无论是否汇回中国境内,均应计入该企业所属纳税年度的境外应纳税所得额。(　　)

A. 正确

B. 错误

【参考答案】 A

【答案解析】 《企业境外所得税收抵免操作指南》规定:居民企业在境外设立不具有独立纳税地位的分支机构取得的各项境外所得,无论是否汇回中国境内,均应计入该企业所属纳税年度的境外应纳税所得额。

23. 某县税务局根据上级下发的风险疑点,对甲服装加工厂的出口业务疑点进行排查,发现甲服装加工厂存在涉嫌骗取出口退税重大税收违法行为,决定终止为其办理留抵退税。税务机关向该工厂出具终止办理留抵退税的《税务事项通知书》的期限是自作出终止办理留抵退税决定之日起 5 个工作日内。(　　)

A. 正确

B. 错误

【参考答案】 A

【答案解析】 根据《国家税务总局关于办理增值税期末留抵税额退税有关事项的公告》(国家税务总局公告 2019 年第 20 号)第十四条的规定,税务机关对增值税涉税风险疑点进行排查时,发现纳税人涉嫌骗取出口退税、虚开增值税专用发票等增值税重大税收违法行为的,终止为其办理留抵退税,并自作出终止办理留抵退税决定之日起 5 个工作日内,向纳税人出具终止办理留抵退税的《税务事项通知书》。

24. 扣缴义务人未履行扣缴个人所得税义务的,由扣缴义务人承担应纳的税款、滞纳金和罚款。(　　)

A. 正确

B. 错误

【参考答案】 B

【答案解析】 由税务机关向纳税人追缴税款,扣缴义务人应受到罚款的处罚。

25. 2021 年 1 月 1 日至 2021 年 12 月 31 日，凡有销售收入或营业收入的企业、事业单位及个体经营者，按上年销售收入或营业收入的 1‰计征水利建设基金。（　　）

A. 正确

B. 错误

【参考答案】 B

【答案解析】 2021 年 1 月 1 日至 2021 年 12 月 31 日，凡有销售收入或营业收入的企业、事业单位及个体经营者，按上月销售收入或营业收入的 1‰计征水利建设基金。

26. 企业取得退还的留抵税额时，借记“银行存款”科目，贷记“应交税费——应交增值税(进项税额转出)”科目。（　　）

A. 正确

B. 错误

【参考答案】 A

【答案解析】 根据关于增值税期末留抵退税政策适用《增值税会计处理规定》有关问题的解读，纳税人在税务机关准予留抵退税时，按税务机关核准允许退还的留抵税额，借记“应交税费——增值税留抵税额”科目，贷记“应交税费——应交增值税(进项税额转出)”科目。

27. 卷烟厂将自产烟丝移送用于生产卷烟不缴纳增值税，但需缴纳消费税。（　　）

A. 正确

B. 错误

【参考答案】 B

【答案解析】 卷烟厂将自产的烟丝移送用于生产卷烟，移送环节不缴纳消费税和增值税。

28. 除税务机关按规定确定的高风险等情形外，主管税务机关办理增值税普通发票、增值税电子普通发票、收费公路通行费增值税电子普通发票、机动车销售统一发票、二手车销售统一发票票种核定事项的时限为 1 个工作日。（　　）

A. 正确

B. 错误

【参考答案】 B

【答案解析】 根据《国家税务总局关于增值税发票综合服务平台等事项的公告》(国家税务总局公告 2020 年第 1 号)第三条规定，纳税人办理增值税普通发票、增值税电子普通发票、收费公路通行费增值税电子普通发票、机动车销售统一发票、二手车销售统一发票票种核定事项，除税务机关按规定确定的高风险等情形外，主管税务机关应当即时办结。

29.《农产品增值税进项税额核定扣除试点实施办法》规定，年度终了，主管税务机关应根据试点纳税人本年实际对当年已抵扣的农产品增值税进项税额进行纳税调整，重新核定当年的农产品耗用率，但不作为下一年度的农产品耗用率。（　　）

A. 正确

B. 错误

【参考答案】 B

【答案解析】 年度终了，主管税务机关应根据试点纳税人本年实际对当年已抵扣的农产品增值税进项税额进行纳税调整，重新核定当年的农产品耗用率，并作为下一年度的农产品耗用率。

30. 从事生产、经营的纳税人、扣缴义务人有本法规定的税收违法行为，拒不接受税务机关处理的，税务机关可以收缴其发票或者停止向其发售发票。（　　）

A. 正确

B. 错误

【参考答案】 A

【答案解析】 略。

31. 单位和个人可以通过全国增值税发票查验平台对电子专票信息进行查验。（　　）

A. 正确

B. 错误

【参考答案】 A

【答案解析】《国家税务总局关于在新办纳税人中实行增值税专用发票电子化有关事项的公告》（国家税务总局公告 2020 年第 22 号）规定，单位和个人可以通过全国增值税发票查验平台（https://inv-verichinataxgov. cn）对电子专票信息进行查验。

32. 地方水利建设基金缴费期限随缴费人缴纳增值税、消费税规定执行。（　　）

A. 正确

B. 错误

【参考答案】 A

【答案解析】 略。

33. 企业所得税大修理支出标准是修理后固定资产的使用年限延长 5 年以上且被用于新的或不同的用途。（　　）

A. 正确

B. 错误

【参考答案】 B

【答案解析】 固定资产大修理支出需同时满足以下两个条件:(1)修理支出达到取得固定资产时的计税基础50%以上;(2)修理后固定资产的使用年限延长2年以上。

34. 主管税务机关按照《农产品增值税进项税额核定扣除试点实施办法》第四条"成本法"的有关规定重新核定试点纳税人农产品耗用率,应按程序报经省级税务机关备案。( )

A. 正确

B. 错误

【参考答案】 B

【答案解析】 农产品耗用率由试点纳税人向主管税务机关申请核定。年度终了,主管税务机关应根据试点纳税人本年实际对当年已抵扣的农产品增值税进项税额进行纳税调整,重新核定当年的农产品耗用率,并作为下一年度的农产品耗用率。

35. 某居民企业在2018年1月通过研发形成无形资产,计税基础为100万元,摊销年限为10年。假设其计税基础所归集的研发费用均属于允许加计扣除的范围,则其在2018年、2019年每年均可税前摊销17.5(10×175%)万元。

A. 正确

B. 错误

【参考答案】 A

【答案解析】 企业开展研发活动中实际发生的研发费用,未形成无形资产计入当期损益的,在按规定据实扣除的基础上,在2018年1月1日至2020年12月31日期间,再按照实际发生额的75%在税前加计扣除;形成无形资产的,在上述期间按照无形资产成本的175%在税前摊销。

36. 张先生将其持有的某公司股权无偿让渡给其女婿,属于股权转让收入明显偏低,但有正当理由的情形。( )

A. 正确

B. 错误

【参考答案】 B

【答案解析】 《国家税务总局关于发布〈股权转让所得个人所得税管理办法(试行)〉的公告》(国家税务总局公告2014年第67号)第十三条规定,符合下列条件之一的股权转让收入明显偏低,视为有正当理由:(1)能出具有效文件,证明被投资企业因国家政策调整,生产经营受到重大影响,导致低价转让股权;(2)继承或将股权转让给其能提供具有法律效力身份关系证明的配偶、父母、子女、祖父母、外祖父母、孙子女、外孙子女、兄弟姐妹以及对转让人承担直接抚养或者赡养义务的抚养人或者赡养人;(3)相关法律、政府文件或企业章程规定,并有相关资料充分证明转让价格合理且真实的本企业员工持有的不能对外转让股权的内部转让;(4)股权转让双方能够提供有效证据证明其合理性的其他合理情形。

37.纳税人从两处或两处以上取得的工资,薪金所得的,应在两地税务机关分别申报纳税。(　　)

A.正确

B.错误

【参考答案】 B

【答案解析】 可选择并固定在其中一地税务机关申报纳税。

38.企业纳税年度发生的亏损,准予向以后年度结转,但结转年限一律不超过5年。(　　)

A.正确

B.错误

【参考答案】 B

【答案解析】 自2018年1月1日起当年具备高新技术企业或科技型中小企业资格(以下简称资格)的企业,其具备资格年度之前5个年度发生的尚未弥补完的亏损准予结转以后年度弥补,最长结转年限由5年延长至10年。

39.在资本化期间内,外币专门借款本金及利息的汇兑差额应予资本化。(　　)

A.正确

B.错误

【参考答案】 A

【答案解析】 在资本化期间内,外币专门借款本金及利息的汇兑差额,应当予以资本化,计入符合资本化条件的资产的成本。

40.个人向扣缴义务人提供专项附加扣除信息的,扣缴义务人按月预扣预缴税款时应当按照规定予以扣除,不得拒绝。(　　)

A.正确

B.错误

【参考答案】 A

【答案解析】 略。

41.张先生将其持有的某公司股权无偿让渡给其女儿,股权原值200万元,其女儿再次转让时股权原值为0万元(不考虑交易税费)。(　　)

A. 正确

B. 错误

【参考答案】 B

【答案解析】 《国家税务总局关于发布〈股权转让所得个人所得税管理办法（试行）〉的公告》第十五条规定，通过无偿让渡方式取得股权，具备本办法第十三条第二项所列情形的，按取得股权发生的合理税费与原持有人的股权原值之和确认股权原值。

42. 纳税人经营有应税服务与享受免税的销售货物，应当分别核算；未分别核算的，不得免税。（ ）

A. 正确

B. 错误

【参考答案】 A

【答案解析】 略。

43. 对100%直接控制的居民企业之间按照账面净值划转资产，符合特殊性税务处理条件的，划入方企业取得的被划转资产，应按其原账面净值计算折旧扣除。（ ）

A. 正确

B. 错误

【参考答案】 A

【答案解析】 略。

44. 个人因依法继承取得的限售股属于应税限售股。（ ）

A. 正确

B. 错误

【参考答案】 A

【答案解析】 《财政部、国家税务总局、证监会关于个人转让上市公司限售股所得征收个人所得税有关问题的补充通知》第一条规定，本通知所称限售股，包括个人因依法继承或家庭财产依法分割取得的限售股。

45. 税收程序法是规定税收法律关系主体的实体权利、义务的法律规范总称，是税法的核心部分。（ ）

A. 正确

B. 错误

【参考答案】 B

【答案解析】 税收实体法是规定税收法律关系主体的实体权利、义务的法律规范总称，是税法的核心部分。

46. 张先生是某新三板挂牌公司的原始股东，持有 10 万股，限售期 3 年。限售期后该公司 10 送 10 股，张先生持股变为 20 万股。则张先生转让该 20 万股时，均应征税。(　　)

A. 正确

B. 错误

【参考答案】 A

【答案解析】 《财政部、国家税务总局、证监会关于个人转让全国中小企业股份转让系统挂牌公司股票有关个人所得税政策的通知》第二条规定，对个人转让新三板挂牌公司原始股取得的所得，按照“财产转让所得”，适用 20%的比例税率征收个人所得税。本通知所称原始股是指个人在新三板挂牌公司挂牌前取得的股票，以及在该公司挂牌前和挂牌后由上述股票孳生的送、转股。

47. 在资本弱化管理中，计算关联债资比例时，如果所有者权益小于实收资本与资本公积之和，则权益投资为实收资本与资本公积之和。(　　)

A. 正确

B. 错误

【参考答案】 A

【答案解析】 略。

48. 对购置日期在 2022 年 6 月 1 日至 2022 年 12 月 31 日期间内且单车价格(不含增值税)不超过 30 万元的 2.0 升及以下排量乘用车，减半征收车辆购置税。(　　)

A. 正确

B. 错误

【参考答案】 A

【答案解析】 略。

49. 纳税人欠缴税款，同时又被行政机关决定处以罚款，没收违法所得的，税收优于罚款没收违法所得。(　　)

A. 正确

B. 错误

【参考答案】 A

【答案解析】 《中华人民共和国税收征收管理法》第四十五条第二款规定，纳税人欠缴税款，同时又被行政机关决定处以罚款没收违法所得的，税收优先于罚款没收违法所得。

50. A 公司是某上市公司的原始股东，持有 100 万股，取得每股 5 元，该上市公司的

IPO价格是10元，A公司的持股限售期3年。限售期内该上市公司每10送10股，A公司持股变为200万股。则A公司转让该200万股票时，增值税买入价为1 000万元。( )

A. 正确

B. 错误

【参考答案】 B

【答案解析】 根据《国家税务总局关于营改增试点若干征管问题的公告》第五条，公司首次公开发行股票并上市形成的限售股，以及上市首日至解禁日期间由上述股份孳生的送、转股，以该上市公司股票首次公开发行(IPO)的发行价为买入价。因此，A公司增值税买入价＝100×10＋100×10＝2 000(万元)。

51. A公司是某上市公司的原始股东，持有100万股，取得每股5元，该上市公司的IPO价格是10元，A公司的持股限售期3年。限售期后该上市公司每10送10股，A公司持股变为200万股。则A公司转让该200万股票时，增值税买入价为1 000万元。( )

A. 正确

B. 错误

【参考答案】 A

【答案解析】 根据《国家税务总局关于营改增试点若干征管问题的公告》第五条，公司首次公开发行股票并上市形成的限售股，以及上市首日至解禁日期间由上述股份孳生的送、转股，以该上市公司股票首次公开发行(IPO)的发行价为买入价。因此，A公司增值税买入价＝100×10＋100×0＝1 000(万元)。

52. 2019年1月4日，乙上市公司因筹划重大事项停牌，停牌前一日股票收盘价为4.88元/股；2019年8月1日，中国证监会审议本次重大资产置换及发行股份购买资产暨关联交易的事项，停牌前一日股票收盘价为7.65元/股，并于2019年8月2日复牌。纳税人转让乙公司因本次重大资产重组形成的限售股买入价为4.88元/股。( )

A. 正确

B. 错误

【参考答案】 B

【答案解析】 《关于国内旅客运输服务进项税抵扣等增值税征管问题的公告》第十条第二款规定，上市公司因实施重大资产重组多次停牌的，“股票停牌”，是指中国证券监督管理委员会就上市公司重大资产重组申请作出予以核准决定前的最后一次停牌。因此，纳税人转让乙公司因本次重大资产重组形成的限售股买入价为7.65元/股。

53. 纳税人同时持有限售股及该股流通股的，其股票转让所得，按照加权平均原则计算。（　　）

A. 正确

B. 错误

【参考答案】 B

【答案解析】 《财政部、国家税务总局、证监会关于个人转让上市公司限售股所得征收个人所得税有关问题的通知》第六条规定，纳税人同时持有限售股及该股流通股的，其股票转让所得，按照限售股优先原则，即：转让股票视同为先转让限售股，按规定计算交纳个人所得税。

54. 自 2020 年 3 月 1 日起，对纳税人、扣缴义务人、纳税担保人应缴纳的欠税及滞纳金，可以先行缴纳欠税，再依法缴纳滞纳金。（　　）

A. 正确

B. 错误

【参考答案】 A

【答案解析】 略。

55. 企业或个人以技术成果投资入股到境内居民企业，选择技术成果投资入股递延纳税政策的，经向主管税务机关备案，投资入股当期可暂不纳税，允许递延至转让股权时，按股权转让收入减去技术成果原值和合理税费后的差额计算缴纳所得税。（　　）

A. 正确

B. 错误

【参考答案】 A

【答案解析】 《关于完善股权激励和技术入股有关所得税政策的通知》（财税〔2016〕101 号）第三条第一项规定，企业或个人以技术成果投资入股到境内居民企业，被投资企业支付的对价全部为股票（权）的，企业或个人可选择继续按现行有关税收政策执行，也可选择适用递延纳税优惠政策。选择技术成果投资入股递延纳税政策的，经向主管税务机关备案，投资入股当期可暂不纳税，允许递延至转让股权时，按股权转让收入减去技术成果原值和合理税费后的差额计算缴纳所得税。

56. 因过失或疏忽大意而造成无意识的漏税行为、利用税法漏洞规避或减轻纳税义务的避税行为、合法前提下通过事先安排减轻税负的税收筹划行为，不构成逃税罪。（　　）

A. 正确

B. 错误

【参考答案】 B

【答案解析】 略。

57.税务机关向企业出具《税务事项通知书》,企业拒绝接收的,可由送达人在送达回证上记明拒收理由和日期,送达人和见证人签字或盖章,并将税务文书留在受送达人处,即视为送达。( )

A.正确

B.错误

【参考答案】 A

【答案解析】《中华人民共和国税收征收管理法实施细则》规定,受送达人或者本细则规定的其他签收人拒绝签收税务文书的,送达人应当在送达回证上记明拒收理由和日期,并由送达人和见证人签字或者盖章,将税务文书留在受送达人处,即视为送达。

58.企业根据自身生产经营核算需要,可自行选择享受固定资产一次性税前扣除政策。未选择享受一次性税前扣除政策的,以后年度可以变更。( )

A.正确

B.错误

【参考答案】 B

【答案解析】 企业根据自身生产经营核算需要,可自行选择享受固定资产一次性税前扣除政策。未选择享受一次性税前扣除政策的,以后年度不得再变更。

59.对非居民纳税人来源于中国境内,但支付地点在国外的所得免征个人所得税。( )

A.正确

B.错误

【参考答案】 B

【答案解析】 非居民纳税人来源于中国境内,其支付地点在国外的所得须征收个人所得税。

60.应税销售行为的购买方为消费者个人的,可以向其开具增值税专用发票。( )

A.正确

B.错误

【参考答案】 B

【答案解析】《中华人民共和国增值税暂行条例》第二十一条规定,属于下列情形之一的,不得开具增值税专用发票:(1)应税销售行为的购买方为消费者个人的;(2)发生应税销售行为适用免税规定的。

61. 在纳税信用评定中,发现某公司已代扣职工个人所得税,但未按规定解缴,在评定过程中不用扣分。(　　)

A. 正确

B. 错误

【参考答案】 B

【答案解析】 略。

62. 企业向公益性社会团体实施的股权捐赠,应按规定视同转让股权,股权转让收入额以企业所捐赠股权的公允价值确定。(　　)

A. 正确

B. 错误

【参考答案】 B

【答案解析】 《财政部、国家税务总局关于公益股权捐赠企业所得税政策问题的通知》(财税〔2016〕45号)第一条规定,企业向公益性社会团体实施的股权捐赠,应按规定视同转让股权,股权转让收入额以企业所捐赠股权取得时的历史成本确定。

63. 所得税税收负担率=应纳所得税额÷主营业务收入×100%。(　　)

A. 正确

B. 错误

【参考答案】 B

【答案解析】 《国家税务总局关于印发〈纳税评估管理办法(试行)〉的通知》附件1《纳税评估通用分析指标及使用方法》规定:所得税税收负担率(简称税负率)=应纳所得税额÷利润总额×100%。

64. 享受环境保护、节能节水、安全生产等专用设备抵免优惠的企业,在购置上述专用设备5年内转让、出租的,应当停止享受该优惠,并补缴已经抵免的企业所得税税款。(　　)

A. 正确

B. 错误

【参考答案】 A

【答案解析】 《中华人民共和国企业所得税法实施条例》第一百条规定,享受环境保护、节能节水、安全生产等专用设备抵免优惠的企业,在购置上述专用设备5年内转让、出租的,应当停止享受该优惠,并补缴已经抵免的企业所得税税款。

65. 当企业发生政策性搬迁损失时，可以在搬迁完成当年，一次性作为损失进行扣除，也可自搬迁完成年度分 5 个年度，均匀在税前扣除。（　）

A. 正确

B. 错误

【参考答案】 B

【答案解析】 企业搬迁收入扣除搬迁支出后为负数的，应为搬迁损失。搬迁损失可在下列方法中选择其一进行税务处理：(1)在搬迁完成当年，一次性作为损失进行扣除；(2)自搬迁完成年度分 3 个年度，均匀在税前扣除。

66. 委托境外进行研发活动所发生的费用，按照费用的实际发生额的 80%计入委托方的委托境外研发费用。委托境外研发费用不超过境内符合条件的研发费用的二分之一的部分，可以按照规定在企业所得税前加计扣除。（　）

A. 正确

B. 错误

【参考答案】 B

【答案解析】 委托境外进行研发活动所发生的费用，按照费用的实际发生额的 80%计入委托方的委托境外研发费用。委托境外研发费用不超过境内符合条件的研发费用的三分之二的部分，可以按照规定在企业所得税前加计扣除。

67. 纳税人汇算清缴需要退税的，如果扣缴义务人未将扣缴的税款解缴入库，将无法办理退税。（　）

A. 正确

B. 错误

【参考答案】 B

【答案解析】 《中华人民共和国个人所得税法实施条例》规定，扣缴义务人未将扣缴的税款解缴入库的，不影响纳税人按照规定申请退税，税务机关应当凭纳税人提供的有关资料办理退税。

68. 纳税人必须按照法律、行政法规规定或者税务机关依照法律、行政法规的规定确定的申报期限、申报内容如实办理纳税申报，报送纳税申报表、财务会计报表以及税务机关根据实际需要要求纳税人报送的其他纳税资料。（　）

A. 正确

B. 错误

【参考答案】 A

【答案解析】 《中华人民共和国税收征收管理法》(2015 年修订)第二章第二十五条

规定，纳税人必须按照法律、行政法规规定或者税务机关依照法律、行政法规的规定确定的申报期限、申报内容如实办理纳税申报，报送纳税申报表、财务会计报表以及税务机关根据实际需要要求纳税人报送的其他纳税资料。

69. 自2022年11月1日起，电子烟纳入消费税征收范围。（　　）

A. 正确

B. 错误

【参考答案】 A

【答案解析】《财政部、海关总署、税务总局关于对电子烟征收消费税的公告》（财政部、海关总署、税务总局公告2022年第33号）规定，自2022年11月1日起，将电子烟纳入消费税征收范围，在烟税目下增设电子烟子目。

70. 依据企业所得税法相关规定，对企业闲置未用的仓库和办公楼，不可以计提折旧在税前扣除。（　　）

A. 正确

B. 错误

【参考答案】 B

【答案解析】 下列固定资产不得计算折旧扣除：（1）房屋、建筑物以外未投入使用的固定资产；（2）以经营租赁方式租入的固定资产；（3）以融资租赁方式租出的固定资产；（4）已足额提取折旧仍继续使用的固定资产；（5）与经营活动无关的固定资产；（6）单独估价作为固定资产入账的土地；（7）其他不得计算折旧的固定资产。

71. 债权人为鼓励债务人在规定期限内付款而向债务人提供的债务扣除属于现金折扣，销售商品涉及现金折扣的，应按照现金折扣后的金额确定销售商品收入金额。（　　）

A. 正确

B. 错误

【参考答案】 B

【答案解析】 债权人为鼓励债务人在规定期限内付款而向债务人提供的债务扣除属于现金折扣，销售商品涉及现金折扣的，应按照现金折扣前的金额确定销售商品收入金额。

72. 个人股东获得转增的股本，应按照“利息、股息、红利所得”项目，适用20%税率征收个人所得税。（　　）

A. 正确

B. 错误

【参考答案】 A

【答案解析】 略。

73. 企业在重组过程中,应当在交易发生时确认有关资产的转让所得或者损失,相关资产应当按照交易价格重新确定计税基础。( )

A. 正确

B. 错误

【参考答案】 A

【答案解析】《中华人民共和国企业所得税法实施条例》规定:"除国务院财政、税务主管部门另有规定外,企业在重组过程中,应当在交易发生时确认有关资产的转让所得或者损失,相关资产应当按照交易价格重新确定计税基础。"

74. 某企业从境外购买一辆自用的小汽车,报关进口时缴纳关税 7.5 万元,缴纳消费税 12.5 万元,《海关进口关税专用缴款书》注明的关税完税价格为 30 万元。该企业应纳车辆购置税 3 万元。( )

A. 正确

B. 错误

【参考答案】 B

【答案解析】 该企业应纳车辆购置税 5 万元。

75. 企业可以选择按国(地区)别分别计算,或者不按国(地区)别汇总计算(其来源于境外的应纳税所得额,上述方式一经选择,5 年内不得改变。( )

A. 正确

B. 错误

【参考答案】 A

【答案解析】 财税〔2017〕84 号规定:企业可以选择按国(地区)别分别计算(即"分国(地区)不分项"),或者不按国(地区)别汇总计算(即"不分国(地区)不分项")其来源于境外的应纳税所得额,并按照财税〔2009〕125 号文件第八条规定的税率,分别计算其可抵免境外所得税税额和抵免限额。上述方式一经选择,5 年内不得改变。

76. 我国企业所得税的纳税人分为居民纳税人和非居民纳税人,是根据企业收入来源不同进行分类的方法。( )

A. 正确

B. 错误

【参考答案】 B

【答案解析】 我国企业所得税的纳税人分为居民纳税人和非居民纳税人,是根据企业纳税义务范围的不同进行分类的方法。

77. 资源税从价计征的税目，在采集《资源税税源信息采集——申报计算明细》中可自行选择是否填写销售数量。（　　）

A. 正确

B. 错误

【参考答案】 B

【答案解析】 《资源税税源信息采集——申报计算明细》中，填报从价计征税目，“销售额”大于0时，系统强制监控必录“销售数量”且不能等于0。

78. 香港居民A投资内地居民并取得股息时，其为香港政府或者在香港上市的公司或者香港居民个人，可直接判定香港居民A具有“受益所有人”身份。（　　）

A. 正确

B. 错误

【参考答案】 A

【答案解析】 依据是《国家税务总局关于发布〈非居民纳税人享受税收协定待遇管理办法〉的公告》（国家税务总局公告2015年第60号）。

79. 主营业务收入变动率与主营业务成本变动率配比，当比值小于1，且相差较大，二者都为负数，可能存在多列成本费用、扩大税前扣除范围的问题。（　　）

A. 正确

B. 错误

【参考答案】 A

【答案解析】 根据《纳税评估管理办法（试行）》，主营业务收入变动率与主营业务成本变动率配比，当比值小于1，且相差较大，二者都为负数，可能存在多列成本费用、扩大税前扣除范围的问题。

80. 依据《中华人民共和国税收征收管理法》规定，对于扣缴义务人应扣未扣税款，税务机关需向扣缴义务人加收滞纳金。（　　）

A. 正确

B. 错误

【参考答案】 B

【答案解析】 《中华人民共和国税收征收管理法》第六十九条规定，扣缴义务人应扣未扣. 应收而不收税款的，由税务机关向纳税人追缴税款，对扣缴义务人处应扣未扣、应收未收税款百分之五十以上三倍以下的罚款。

81. 某生产企业（居民企业）为增值税一般纳税人，2020年销售产品取得不含税销售额 4 800 万元，债券利息收入 200 万元（其中国债利息收入 50 万元），外购价值 200 万元的粮油等用于职工福利。发生管理费用 800 万元，其中业务招待费 80 万元，该企业 2020 年可以扣除的业务招待费为 48 万元。（　　）

A. 正确

B. 错误

【参考答案】 B

【答案解析】 扣除限额＝(4 800＋200)×5‰＝25(万元)＜80×60%＝48(万元)，可以扣除 25 万元。

82. 所有依法登记的渔船均可以享受车船税免税政策。（　　）

A. 正确

B. 错误

【参考答案】 B

【答案解析】 捕捞、养殖渔船免征车船税。

83. 地方水利建设基金缴费期限随缴费人缴纳增值税、消费税规定执行。（　　）

A. 正确

B. 错误

【参考答案】 A

【答案解析】 略。

84. 易地扶贫搬迁安置住房用地免征城镇土地使用税是“大众创业万众创新”税收优惠政策之一。（　　）

A. 正确

B. 错误

【参考答案】 B

【答案解析】 易地扶贫搬迁安置住房用地免征城镇土地使用税属于支持脱贫攻坚税收优惠政策。

85. 某生产企业，2019 年全年不含税销售额 1 600 万元，成本 600 万元，税金及附加 290 万元，按规定列支各种费用 400 万元，其中广告费支出 200 万元，上年度结转未扣除广告费 60 万元。该企业当年应纳企业所得税 70 万元。（　　）

A. 正确

B. 错误

【参考答案】 B

【答案解析】 广告费扣除标准＝1 600×15%＝240(万元)，本年实际发生 200 万元，未超标准，可扣除 200 万元。另外，还可以扣除上年度结转未扣除广告费 40 万元，调减应纳税所得额 40 万元。会计利润＝1 600－600－290－400＝310(万元)，应纳税所得额＝310－40＝270(万元)，当年应纳企业所得税＝270×25％＝67.5(万元)。

86. 拍卖行受托拍卖文物艺术品，委托方按规定享受免征增值税政策的，拍卖行可以自己名义就代为收取的货物价款向购买方开具增值税普通发票，对应的货物价款不计入拍卖行的增值税应税收入。(　　)

A. 正确

B. 错误

【参考答案】 A

【答案解析】 略。

87. 非居民企业在中国境内设立机构、场所的，应当仅就其所设机构、场所取得的来源于中国境内的所得，缴纳企业所得税。(　　)

A. 正确

B. 错误

【参考答案】 B

【答案解析】 非居民企业在中国境内设立机构、场所的，应当就其所设机构、场所取得的来源于中国境内的所得，以及发生在中国境外但与其所设机构、场所有实际联系的所得，缴纳企业所得税。

88. 合同在国外签订的，在国内使用时不缴纳印花税。(　　)

A. 正确

B. 错误

【参考答案】 B

【答案解析】 《中华人民共和国印花税法》规定，在中华人民共和国境外书立在境内使用的应税凭证的单位和个人，应当依照本法规定缴纳印花税。

89. 纳税人申报契税，申报的成交价格明显偏低的，由税务机关依照《中华人民共和国税收征收管理法》的规定核定契税的计税依据。(　　)

A. 正确

B. 错误

【参考答案】 B

【答案解析】 《中华人民共和国契税法》第四条规定，由纳税人申报的成交价格明显偏低且无正当理由的，由税务机关依照《中华人民共和国税收征收管理法》的规定核定契税的计税依据。

90. 某企业 2019 年度实现利润总额 100 万元，在营业外支出账户列支了通过公益性社会组织向贫困地区的捐款 10 万元、直接向某小学捐款 5 万元。在计算该企业 2019 年度应纳税所得额时，允许扣除的捐款数额为 10 万元。（　　）

A. 正确

B. 错误

【参考答案】 A

【答案解析】 直接捐款 5 万元不允许扣除，实际公益性捐赠 10 万元，扣除标准＝100×12%＝12(万元)，10 万元＜12 万元，允许扣除 10 万元。

91. 纳税人与其关联企业未按照独立企业之间的业务往来支付价款、费用的，税务机关自该业务往来发生的纳税年度起 5 年内进行调整；有特殊情况的，可以自该业务往来发生的纳税年度起 10 年内进行调整。（　　）

A. 正确

B. 错误

【参考答案】 B

【答案解析】 略。

92. 电子专票和纸质专票的增值税专用发票（增值税税控系统）最高开票限额应当相同。（　　）

A. 正确

B. 错误

【参考答案】 A

【答案解析】《国家税务总局关于在新办纳税人中实行增值税专用发票电子化有关事项的公告》（国家税务总局公告 2020 年第 22 号）规定，电子专票和纸质专票的增值税专用发票（增值税税控系统）最高开票限额应当相同。

93. 因纳税人、扣缴义务人计算错误等失误，未缴或者少缴税款的，税务机关在三年内可以追征税款、滞纳金；有特殊情况的，可无限期追征。（　　）

A. 正确

B. 错误

【参考答案】 B

【答案解析】《中华人民共和国税收征收管理法》规定，因纳税人、扣缴义务人计算错误等失误，未缴或者少缴税款的，税务机关在三年内可以追征税款、滞纳金；有特殊情况的，追征期可以延长到 5 年。

94. 税务机关对某食品加工厂 2020 年经营业务进行检查时发现食品销售收入为 50

万元、转让国债收入 4 万元、国债利息收入 1 万元，但无法查实成本费用，税务机关采用核定办法对其征收所得税，应税所得率为 15%。2020 年该食品加工厂应缴纳企业所得税 1.88 万元。(　　)

A. 正确

B. 错误

【参考答案】 B

【答案解析】 成本费用无法核实，按照应税收入额核定计算所得税。国债利息收入免征企业所得税。应纳所得税额＝(50＋4)×15%×25%＝2.03(万元)。

95. 2021 年 1 月 1 日至 2021 年 12 月 31 日，银行(含信用社)按上年利息收入的 1‰计征水利建设基金。(　　)

A. 正确

B. 错误

【参考答案】 B

【答案解析】 2021 年 1 月 1 日至 2021 年 12 月 31 日，银行(含信用社)按上年利息收入的 0.6‰计征水利建设基金。

96. 根据《税收征管法实施细则》规定，对偷税加收滞纳金的起止时间规定为，从查出税款后的限缴期限届满次日起到实际缴纳之日止。(　　)

A. 正确

B. 错误

【参考答案】 B

【答案解析】 根据《中华人民共和国税收征管法实施细则》规定，加收滞纳金的起止时间，为法律、行政法规规定或者税务机关依照法律、行政法规的规定确定的税款缴纳期限届满次日起至纳税人、扣缴义务人实际缴纳或者解缴税款之日止。

97. 纳税人销售机动车时，应按照“一车一票”原则开具机动车销售统一发票。(　　)

A. 正确

B. 错误

【参考答案】 A

【答案解析】 略。

98. 对医药销售企业的广告费支中，在不超过当年销售收入 30%的部分准予税前扣除。(　　)

A. 正确

B. 错误

【参考答案】 B

【答案解析】 对化妆品制造与销售、医药制造和饮料制造企业发生的广告费和业务宣传费支出，不超过当年销售收入30%的部分，准予扣除；超过部分，准予在以后纳税年度结转扣除。

99. 某公司员工李明由于工作出色，业绩突出，公司奖励李明一套住房，由于不属于房屋买卖，因此，李明不需要缴纳取得房屋权属的契税。（ ）

A. 正确

B. 错误

【参考答案】 B

【答案解析】 《中华人民共和国契税法》第二条规定：以作价投资（入股）偿还债务划转奖励等方式转移土地房屋权属的，应当依照本法规定征收契税。

100. 某公司2020年度支出合理的工资薪金总额2 000万元，依照有关规定的范围和标准为职工缴纳的基本社会保险费300万元，为全体员工支付补充养老保险费60万元，为公司高管缴纳商业保险费50万元。该公司2020年度发生上述支出，在计算应纳税所得额时准予扣除的数额为2 360万元。（ ）

A. 正确

B. 错误

【参考答案】 B

【答案解析】 企业依照国务院有关主管部门或者省级人民政府规定的范围和标准为职工缴纳的基本社会保险费300万元可以全额在税前扣除；企业为在本企业任职或者受雇的全体员工支付的补充养老保险费、补充医疗保险费，分别在不超过职工工资总额5%标准内的部分（2 000×5%＝100万元），在计算企业所得税应纳税所得额时准予扣除；为公司高管缴纳商业保险费50万元不得扣除。该公司2020年度发生上述支出，在计算应纳税所得额时准予扣除＝2 000＋300＋60＝2 360（万元）。

101. 房地产开发企业在工程竣工验收后，根据合同约定，扣留建筑安装施工企业一定比例的工程款，作为开发项目的质量保证金，在计算土地增值税时，质量保证金可以扣除。（ ）

A. 正确

B. 错误

【参考答案】 B

【答案解析】 《国家税务总局关于土地增值税清算有关问题的通知》（国税函

〔2010〕220 号)规定:房地产开发企业在工程竣工验收后,根据合同约定,扣留建筑安装施工企业一定比例的工程款,作为开发项目的质量保证金,在计算土地增值税时,建筑安装施工企业就质量保证金对房地产开发企业开具发票的,按发票所载金额予以扣除;未开具发票的,扣留的质量保证金不得计算扣除。

102. 某企业财务人员于 2015 年 6 月采取虚假纳税申报的方式少缴增值税 10 万元。2021 年 8 月,税务机关发现了此问题,因超过了追征期,所以不得追缴这笔税款。(　　)

A. 正确

B. 错误

【参考答案】 B

【答案解析】 该企业采取虚假纳税申报的方式少缴增值税 10 万元,应定性为偷税。按照《中华人民共和国税收征管法》规定,对纳税人采取偷税、抗税、骗税的,税务机关可以无限期追征其未缴或者少缴的税款、滞纳金或者所骗取的税款。

103. 一般纳税人对销售自产机器设备并安装运行后提供的维护保养服务,按照"其他现代服务"缴纳增值税。(　　)

A. 正确

B. 错误

【参考答案】 A

【答案解析】 依据是《国家税务总局关于明确中外合作办学等若干增值税征管问题的公告》(国家税务总局公告 2018 年第 42 号)第六条的规定。

104. 对个人转让自用达 5 年以上的家庭居住用房取得的所得,可以免纳个人所得税。(　　)

A. 正确

B. 错误

【参考答案】 B

【答案解析】 对个人转让自用达五年以上的,并且是唯一家庭居住用房取得的所得,可以免纳个人所得税。

105. 某保险公司以现金赔付方式承担机动车辆保险责任,将赔偿金直接支付给车辆修理劳务提供方,属于购进车辆修理劳务,其进项税额允许抵扣。(　　)

A. 正确

B. 错误

【参考答案】 B

【答案解析】 国家税务总局《关于国内旅客运输服务进项税抵扣等增值税征管问

题的公告》(总局公告2019年第31号)规定:提供保险服务的纳税人以现金赔付方式承担机动车辆保险责任的,将应付给被保险人的赔偿金直接支付给车辆修理劳务提供方,不属于保险公司购进车辆修理劳务,其进项税额不得从保险公司销项税额中抵扣。

106.符合条件的小型微利企业享受优惠政策时,无须进行备案,通过填写企业所得税纳税申报表相关栏次,即可享受。(　　)

A.正确

B.错误

【参考答案】 A

【答案解析】 《国家税务总局关于小型微利企业所得税优惠政策征管问题的公告》(2022年第5号)规定,小型微利企业在预缴和汇算清缴企业所得税时,通过填写纳税申报表相关栏次,即可享受小型微利企业所得税优惠政策。

107.2023年12月31日前,外籍个人仍可享受住房补贴、语言训练费、子女教育费津补贴免税优惠政策。(　　)

A.正确

B.错误

【参考答案】 A

【答案解析】 根据《财政部、税务总局关于延续实施外籍个人津补贴等有关个人所得税优惠政策的公告》(2021年第43号)、《财政部、税务总局关于个人所得税法修改后有关优惠政策衔接问题的通知》(财税〔2018〕164号)的规定。

108.应税消费品连同包装物销售的,无论包装物是否单独计价,也不论在会计上如何核算,均应并入应税消费品销售额征收消费税。(　　)

A.正确

B.错误

【参考答案】 A

【答案解析】 略。

109.中国境外单位或者个人在境内发生应税行为,在境内未设有经营机构的,以购买方为增值税扣缴义务人。(　　)

A.正确

B.错误

【参考答案】 A

【答案解析】 略。

110.可抵免境外所得税税额包括按照境外所得税法律及相关规定属于错缴或错征

的境外所得税税款。( )

A. 正确

B. 错误

【参考答案】 B

【答案解析】《企业境外所得税收抵免操作指南》关于可予抵免境外所得税额的确认规定,可抵免境外所得税税额不包括按照境外所得税法律及相关规定属于错缴或错征的境外所得税税款。

111. 纳税人排放应税大气污染物或者水污染物的浓度值低于国家和地方规定的污染物排放标准30%的,减按75%征收环境保护税。( )

A. 正确

B. 错误

【参考答案】 A

【答案解析】 略。

112. 某增值税一般纳税人销售自产污水处理设备的同时提供安装服务。若分别核算设备和安装服务的销售额,则安装服务不适用简易计税方法计税。( )

A. 正确

B. 错误

【参考答案】 B

【答案解析】《关于明确中外合作办学等若干增值税征管问题的公告》(国家税务总局公告2018年第42号)规定,增值税一般纳税人销售自产机器设备的同时提供安装服务,应分别核算机器设备和安装服务的销售额,安装服务可以按照甲供工程选择适用简易计税方法计税。

113. 张某取得经营所得,没有取得综合所得的,可在按月或按季办理经营所得个人所得税税款预缴时,允许扣除专项附加扣除。( )

A. 正确

B. 错误

【参考答案】 B

【答案解析】《中华人民共和国个人所得税实施条例》规定,取得经营所得的个人,没有综合所得的,计算其每一纳税年度的应纳税所得额时,应当减除费用6万元专项扣除专项附加扣除以及依法确定的其他扣除。专项附加扣除在办理汇算清缴时减除。

3.4 案例分析题

1. 某个人投资者2015年6月12日从A银行以10 000元价格购买了3年期凭证式国债，票面利率5.74%，于2018年3月17日提前兑取(持有期为1 008天)，且该国债满2年不满3年的兑取利率为4.32%。

(1)该投资者可以取得利息收入为多少元?

该投资者到兑换日的利率换算成日利率为4.32%÷365=0.011 8%。因此，他可以得到的利息=10 000×0.011 8%×1 008=1 189.44(元)。

(2)该银行继续持有到期，将实际收到国债利息(持有到期87天)减去前期支付给个人的利息作为免税收入。其税务处理存在哪些风险?

该银行存在将国债转让价差收入作为企业所得税免税收入，造成少缴纳企业所得税的风险。根据《国家税务总局关于企业国债投资业务企业所得税处理问题的公告》(国家税务总局公告2011年第36号)规定，企业到期前转让国债、或者从非发行者投资购买的国债，其持有期间尚未兑付的国债利息收入，按以下公式计算确定：

国债利息收入=国债金额×(适用年利率÷365)×持有天数。

(3)该银行需要纳税调整多少元?

A. 银行实际持有国债87天，日利率=5.74%÷365=0.015 7%，可以享受的免税收入=10 000×0.015 7%×87=136.59(元)。到期日，A银行实际收到利息=10 000×5.74%×3=1 722(元)。

B. 银行将取得全部利息收入1 722元减去前期支付的1 189.44元代垫利息后的532.56元全部作为免税收入，应做纳税调增。

C. 银行应做纳税调增额：532.56－136.59=395.97(元)。这部分属于国债转让收入，不免征企业所得税。

2. 风险分析案例

通过阅读以下资料和报表，对企业进行案头分析。

企业基本情况：企业于2007年12月成立，注册类型为有限责任公司，法人代表张×，注册资本80万元，主要从事金属件加工业生产，从业人员8名，系增值税一般纳税人，企业所得税实行查账征收。

增值税纳税申报表

单位:元至角分

	栏次	一般货物及劳务	
		2012 年	2013 年
(一)按适用税率征税货物及劳务销售额	1	761 257.71	771 900.65
其中:应税货物销售额	2	761 257.71	771 900.65
应税劳务销售额	3	0.00	0.00
纳税检查调整的销售额	4	0.00	0.00
(二)按简易征收办法征税货物销售额	5	0.00	0.00
其中:纳税检查调整的销售额	6	0.00	0.00
(三)免、抵、退办法出口货物销售额	7	0.00	0.00
(四)免税货物及劳务销售额	8	0.00	0.00
其中:免税货物销售额	9	0.00	0.00
免税劳务销售额	10	0.00	0.00
销项税额	11	129 413.81	131 223.11
进项税额	12	101 572.04	103 054.29
上期留抵税额	13	0.00	0.00
进项税额转出	14	0.00	0.00
免抵退货物应退税额	15	0.00	0.00
按适用税率计算的纳税检查应补缴税额	16	0.00	0.00
应抵扣税额合计	17	—	—
实际抵扣税额	18	101 572.04	103 054.29
应纳税额	19	27 841.77	28 168.82
期末留抵税额	20	0.00	0.00

资产负债表

单位:元至角分

资产	行次	2012 年	2013 年	负债及所有者权益	行次	2012 年	2013 年
流动资产:				流动负债:			
货币资金	1	44 118.12	48 852.16	短期借款	29	0.00	0.00
短期投资	2	0.00	0.00	应付票据	30	0.00	0.00
应收票据	3	0.00	0.00	应付账款	31	281 604.96	343 219.49
应收账款	4	253 626.35	254 369.43	预收账款	32	0.00	0.00

续表

资产	行次	2012 年	2013 年	负债及所有者权益	行次	2012 年	2013 年
减:坏账准备	5	0.00	0.00	其他应付款	33	2 318.46	2 699.06
应收账款净额	6	253 626.35	254 369.43	应付工资	34	4 318.48	4 518.58
预付账款	7	0.00	0.00	应付福利费	35	0.00	0.00
应收补贴款	8	0.00	0.00	未交税金	36	1 190.11	1 146.37
其他应收款	9	36 729.09	36 920.67	未付利润	37	0.00	0.00
存货	10	213 575.03	210 627.38	其他未交款	38	795.33	755.74
待摊费用	11	0.00	0.00	预提费用	39	0.00	0.00
待处理流动资产净损失	12	0.00	0.00	一年内到期的长期负债	40	0.00	0.00
一年内到期的长期债券投资	13	0.00	0.00	其他流动负债	41	0.00	0.00
其他流动资产	14	0.00	0.00				
				流动负债合计	42	290 227.34	352 339.24
流动资产合计	15	548 048.59	550 769.64	长期负债:			
长期投资:				长期借款	43	0.00	0.00
长期投资	16	0.00	0.00	应付债券	44	0.00	0.00
固定资产:				长期应付款	45	0.00	0.00
固定资产原价	17	298 871.27	430 883.97	其他长期负债	46	0.00	0.00
减:累计折旧	18	165 760.32	198 752.68	其中:住房周转金	47	0.00	0.00
固定资产净值	19	133 110.95	232 131.29				
固定资产清理	20	0.00	0.00	长期负债合计	48	0.00	0.00
在建工程	21	0.00	0.00	递延税项:			
待处理固定资产净损失	22	0.00	0.00	递延税款贷项	49	0.00	0.00
无形资产及递延资产:				负债合计	50	290 227.34	352 339.24
无形资产	23	0.00	0.00	所有者权益:			
递延资产	24	0.00	0.00	实收资本	51	500 000.00	500 000.00

续表

资产	行次	2012 年	2013 年	负债及所有者权益	行次	2012 年	2013 年
				资本公积	52	0.00	0.00
无形资产及递延资产合计	25	0.00	0.00	盈余公积	53	0.00	0.00
其他长期资产：				其中：公益金	54	0.00	0.00
其他长期资产	26	0.00	0.00	未分配利润	55	－10 9067.80	－69 438.31
递延税项：				所有者权益合计	56	390 932.20	430 561.69
递延税款借项	27	0.00	0.00				
资产总计	28	681 159.54	782 900.93	负债及所有者权益总计	57	681 159.54	782 900.93

损益表　　单位：元至角分

项目	行 次	2012 年	2013 年
一、主营业务收入	1	761 257.71	771 900.65
减：主营业务成本	2	669 006.17	678 359.36
营业费用	3	2 449.19	2 231.17
主营业务税金及附加	4	1 784.02	1 803.34
二、主营业务利润	5	88 018.33	89 506.78
加：其他业务利润	6	0.00	0.00
减：管理费用	7	54 445.81	45 061.59
财务费用	8	5 681.09	4 815.70
三、营业利润	9	27 891.43	39 629.49
加：投资收益	10	0.00	0.00
补贴收入	11	0.00	0.00
营业外收入	12	0.00	0.00
减：营业外支出	13	0.00	0.00
加：以前年度损益调整	14	0.00	0.00
四、利润总额	15	27 891.43	39 629.49
减：所得税	16	0.00	0.00
五、净利润	17	27 891.43	39 629.49

请写出上述企业申报数据与财务数据的风险点。

【参考答案】

(1)申报表、财务报表收入一致存在少计收入;

(2)2012 年与 2013 年收入、费用不匹配;

(3)报装结构不合理,存在账外经营;

(4)固定资产增加,与收入不匹配;

(5)货币资金比重占流动资产比例过小,账外经营;

(6)应付账款较大与存货不匹配,存在虚收发票;

(7)应收账款较大;

(8)应收账款与存货变化相同,隐瞒收入;

(9)应付工资偏小,账外经营;

(10)进项转出为零;

(11)福利费为零;

(12)存货周转天数较慢,存在滞留销售;

(13)两头在外,账外经营;

(14)固定资产,成本存在人为调整;

(15)成本测算与收入不匹配,存货减少;

(16)未分配利润连续为负数,固定资产投入增加,长亏不倒;

(17)存货未增加,应付账款增加,账外经营;

(18)短期借款为零,财务费用如何列支;

(19)均产能小于 45 万元,工资偏低;

(20)税负为 3.6%过于稳定,与固定资产投入增加相矛盾。

3.5 计算题

1.某食品厂位于市区,为增值税一般纳税人,2019 年 6 月增值税留抵税额 18 000 元,2019 年 7 月发生如下业务。

①外购面粉一批,取得的增值税专用发票注明金额 150 000 元;购进淀粉一批取得的增值税专用发票注明金额 60 000 元;向农户收购玉米,开具的农产品收购凭证上注明价款 40 000 元,全部用于生产适用基本税率的食品。

②存货盘点时发现,上月购进的一批白糖短缺 20%,该批白糖购进时取得的增值税专

用发票注明金额 100 000 元，向运输企业（增值税一般纳税人）支付不含税运费 3 000 元，已抵扣进项税额经查，短缺部分 15%因管理不善丢失，5%是储存过程中发生的合理损耗。

③购进一辆仓库用叉车（设有固定装置的非运输车辆），取得的增值税专用发票注明金额 75 000 元；购进一辆消费税应税小汽车自用，含税价 240 000 元，并取得增值税专用发票，国家税务总局核定该类型小汽车的最低计税价格为 200 000 元。

④从某模具厂购买生产用模具一批，该模具厂为增值税小规模纳税人，取得税务机关代开的增值税专用发票注明价款 26 000 元，税款 780 元。

⑤以外购的价值 300 000 元的原材料委托某企业加工饼干支付含税加工费 120 000 元和含税辅料费 40 000 元，并取得增值税专用发票。

⑥销售一批食品给某超市，取得不含税销售收入 800 000 元，同时收取包装物押金 50 000 元并单独记账核算，约定一年后退还归还包装物再退押金；另收取优质费 5 000 元。

⑦研制一种新型食品，为了进行市场推广和宣传，无偿赠送 200 件给消费者品尝，该食品无同类产品市场价，生产成本 600 元/件，成本利润率为 10%。

⑧将一台自用的消费税应税小汽车出售给企业员工作价 120 000 元，该小汽车购进时未抵扣进项税额。

⑨销售食品加工过程中产生的残次品给某养殖户，取得含税收入 28 000 元。

⑩支付水电费并取得增值税专用发票注明增值税额 9 900 元。

根据上述资料，回答下列问题。

(1)上述第③笔业务和第④笔业务形成的准予抵扣的进项税额合计(　　)元。

A. 12 750

B. 13 530

C. 47 621.79

D. 38 140.62

【参考答案】 D

【答案解析】 第③笔业务和第④笔业务形成的准予抵扣的进项税额合计＝75 000×13%＋240 000/(1＋13%)×13%＋780＝38 140.62(元)。

(2)该企业应作进项税转出(　　)元。

A. 1 990.5

B. 2 583.87

C. 3 442.00

D. 3 681.50

【参考答案】 A

【答案解析】 上月购进的白糖，因管理不善造成的损失，进项税额不得抵扣，需要做进项税额转出处理。白糖适用一般税率13%。该企业应作进项税转出额＝(100 000×13%＋3 000×9%)×15%＝1 990.5(元)。

(3)该企业当月增值税销项税合计(　　)元。

A. 162 508.36

B. 124 956.46

C. 165 542.57

D. 182 908.38

【参考答案】 B

【答案解析】

业务⑥销项税＝[800 000＋5 000＝(1＋13%)]×13%＝104 575.22(元)。

业务⑦销项税＝200×600×(1＋10%)×13%＝17 160(元)。

业务⑨销项税＝28 000÷(1＋13%)×13%＝3 221.24(元)。

当月增值税销项税合计＝104 575.22＋17 160＋3 221.24＝124 956.46(元)。

(4)该企业应缴纳增值税和城市维护建设税合计(　　)元。

A. 20 896.42

B. 41 827.07

C. 92 604.44

D. 94 395.07

【参考答案】 A

【答案解析】

当月准予抵扣的进项税合计＝150 000×9%＋60 000×13%＋40 000×10%＋75 000×13%＋240 000÷(1＋13%)×13%＋780＋(12 000＋40 000)÷(1＋13%)×13%＋9 900－1 990.5＋18 000＝107 757.2(元)。

该企业当月应纳增值税＝124 956.46＋120 000÷(1＋3%)×2%－107 757.2＝19 529.36(元)当月应纳城市维护建设税＝19 529.36×7%＝1 367.06(元)。

该企业当月应纳增值税和城市维护建设税合计＝19 529.36＋1 367.06＝20 896.42(元)。

(5)该企业应缴纳车辆购置税(　　)元。

A. 20 000.00

B. 21 238.94

C. 27 500.00

D. 28 012.82

【参考答案】 B

【答案解析】 设有固定装置的非运输车辆免征车辆购置税,购进自用的小汽车缴纳车辆购置税。该企业应缴纳车辆购置税＝240 000－(1＋13％)×10％＝21 238.94(元)。

(6)关于该食品厂的税务处理,不正确的有(　　)。

A. 购进的白糖在存储过程中发生的合理损耗其进项税额可以从销项税额中扣除

B. 购进的仓库用叉车属于设有固定装置的非运输车辆,其进项税额不得从销项税额中扣除

C. 向超市收取的优质费属于增值税价外费用

D. 将一台自用的小汽车出售给企业员工应按照该汽车的账面净值计征增值税

【参考答案】 BD

【答案解析】 购进仓库用叉车,其进项税额可以凭取得的增值税专用发票抵扣;将一台自用的小汽车出售给企业员工,将其作价以3％征收率减按2％计征增值税。

2. 甲公司采用资产负债表债务法进行所得税会计核算,适用的所得税税率为25％。假定甲公司未来年度有足够的应纳税所得额用于抵扣可抵扣暂时性差异。甲公司20×4年度实现的利润总额为15 000万元,涉及所得税的有关交易或事项如下:

(1)甲公司持有乙公司40％股权,与丙公司共同控制乙公司的财务和经营政策。甲公司对乙公司的长期股权投资系甲公司20×3年12月28日购入,其初始投资成本为3 000万元,初始投资成本小于投资时应享有乙公司可辨认净资产公允价值份额的差额为400万元。20×4年乙公司实现净利润500万元。甲公司拟长期持有乙公司股权。根据税法规定,甲公司对乙公司长期股权投资的计税基础等于初始投资成本。

(2)20×4年1月1日,甲公司开始对A设备计提折旧。A设备的成本为8 000万元,预计使用10年,预计净残值为零,采用年限平均法计提折旧。根据税法规定,A设备的折旧年限为16年,折旧方法和预计净残值与会计相同。

(3)20×4年7月5日,甲公司自行研究开发的B专利技术达到预定可使用状态,并作为无形资产入账。B专利技术的成本为4 000万元,预计使用10年,预计净残值为零,采用直线法摊销(与税法相同)。根据税法规定,B专利技术按照无形资产成本的175％在税前摊销。

(4)甲公司的C建筑物于20×2年12月31日投入使用并直接出租,成本为6 800万元。甲公司对投资性房地产采用公允价值模式进行后续计量。20×4年12月31日,已出租C建筑物累计公允价值变动收益为1 200万元,其中本年度公允价值变动收益为500万元。根据税法规定,已出租C建筑物的折旧年限为20年,预计净残值为零,采用

年限平均法计提折旧。

要求:根据上述资料,回答下列问题。

(1)20×4 年末,甲公司应确认的递延所得税资产的金额为(　　)万元。

A. 37.5

B. 75

C. 112.5

D. 787.5

【参考答案】 B

【答案解析】 确认递延所得税资产的金额=300×25%(事项 2)=75(万元)。

事项(1),年末长期股权投资的账面价值=3 000+400+500×40%=3 600(万元),计税基础为 3 000 万元,应纳税暂时性差异额=3 600-3 000=600(万元),本期新增应纳税暂时性差异额=600-400=200(万元);由于甲公司打算长期持有该股权,因此不确认递延所得税负债。

事项(2),年末固定资产的账面价值=8 000-8 000/10=7 200(万元),计税基础=8 000-8 000/16=7 500(万元),新增可抵扣暂时性差异额=7 500-7 200=300(万元),确认递延所得税资产=300×25%=75(万元)。

事项(3),年末无形资产的账面价值=4 000-4 000/10×6/12=3 800(万元),计税基础=4 000×175%-4 000×175%/10×6/12=6 650(万元),形成可抵扣暂时性差异额=6 650-3 800=2 850(万元);由于该差异是无形资产初始计量造成的,因此不确认递延所得税资产。

事项(4),年初投资性房地产的账面价值=6 800+(1 200-500)=7 500(万元),计税基础=6 800-6 800/20=6 460(万元),应纳税暂时性差异额=7 500-6 460=1 040(万元);年末投资性房地产的账面价值=6 800+1 200=8 000(万元),计税基础=6 800-6 800/20×2=6 120(万元),应纳税暂时性差异额=8 000-6 120=1 880(万元),与上期相比,新增应纳税暂时性差异额=1 880-1 040=840(万元),确认递延所得税负债额=840×25%=210(万元)。

(2)20×2 年甲公司的应纳税所得额为(　　)万元。

A. 2 650

B. 2 750

C. 2 850

D. 2 950

【参考答案】 B

【答案解析】 应纳税所得额＝5 000＋250－200＋300－2 600＝2 750(万元)。

事项(1),新增可抵扣暂时性差异 250 万元,确认递延所得税资产额＝250×25％＝62.5(万元)。

事项(2),新增应纳税暂时性差异额＝2 500－2 400＝100(万元),确认递延所得税负债额＝100×25％＝25(万元),对应科目为其他综合收益,不影响会计利润也不影响应纳税所得,因此无须做纳税调整。

事项(3),收到现金股利 200 万元,免税,形成永久性差异。

事项(4),业务宣传费税前允许扣除限额＝30 000×15％＝4 500(万元),当年实际发生 4 800 万元,因此形成可抵扣暂时性差异额＝4 800－4 500＝300(万元),确认递延所得税资产额＝300×25％＝75(万元)

事项(5),以前年度亏损在本年可以税前扣除,转回可抵扣暂时性差异额 2 600 万元,减少递延所得税资产 650 万元。

(3)20×4 年,甲公司新增应纳税暂时性差异额为(　　)万元。

A. 2 080

B. 1 440

C. 1 040

D. 840

【参考答案】 C

【答案解析】 新增应纳税暂时性差异额＝200(事项)1＋840(事项)4＝1 040

(4)甲公司 20×2 年的递延所得税负债发生额为(　　)万元。

A. 借记 25

B. 贷记 25

C. 贷记 50

D. 贷记 100

【参考答案】 B

【答案解析】 事项(2),新增应纳税暂时性差异额＝2 500－2 400＝100(万元),确认递延所得税负债额＝100×25％＝25(万元)

借:其他综合收益　　　　25

　贷:递延所得税负债　　　　25

补充:事项(1)不确认递延所得税负债,因此应确认递延所得税负债的金额＝840(事项(4))×25％＝210(万元)。

(5)甲公司 20×4 年应确认的应交所得税的金额为(　　)万元。

A. 3 527.5

B. 3 540

C. 3 577.5

D. 3 725

【参考答案】 A

【答案解析】 确认应交所得税=[15 000−200(事项1)+300(事项2)−4 000/10×6/12×75%(事项3)−840(事项4)]×25%=3 527.5(万元)

(6)甲公司20×2年递延所得税资产科目余额为(　　)万元。

A. 62.5

B. 75

C. 137.5

D. −512.5

【参考答案】 C

【答案解析】 递延所得税资产科目余额= 62.5(事项1新增)+75(事项4新增)+650(期初数)−650(事项5转回)=137.5(万元)。

(7)20×4年,甲公司应确认所得税费用的金额为(　　)万元。

A. 3 750

B. 3 675

C. 3 712.5

D. 3 662.5

【参考答案】 D

【答案解析】 所得税费用=[15 000−200(事项1)−4 000/10×6/12×75%(事项3)]×25%=3 662.5(万元)

或:所得税费用=3 527.5−75+210=3 662.5(万元)

(8)甲公司20×2年所得税费用为(　　)万元。

A. 1 200

B. 687.5

C. 1 225

D. 1 275

【参考答案】 A

【答案解析】 所得税费用=(5 000−200)×25%=1 200(万元)

或:所得税费用=2 750×25%−62.5−75+650=1 200(万元)

模拟卷

一、单选题

1. 对境外个人投资者投资经国务院批准对外开放的中国境内原油等货物期货品种取得的所得暂免征收个人所得税政策，执行截止日期是(　　)。

A. 2023 年 12 月 31 日

B. 2024 年 12 月 31 日

C. 2025 年 12 月 31 日

D. 2027 年 12 月 31 日

【参考答案】 D

【答案解析】 根据《财政部、税务总局、中国证监会关于延续实施支持原油等货物期货市场对外开放个人所得税政策的公告》(财政部、税务总局、中国证监会公告 2023 年第 26 号)第二条的规定，对境外个人投资者投资经国务院批准对外开放的中国境内原油等货物期货品种取得的所得暂免征收个人所得税政策，执行至 2027 年 12 月 31 日。

2. 对纳税人生产销售新支线飞机和空载重量大于 25 吨的民用喷气式飞机暂减按(　　)征收增值税。

A. 1%

B. 2%

C. 3%

D. 5%

【参考答案】 D

【答案解析】 《财政部、税务总局关于民用航空发动机和民用飞机税收政策的公告》(财政部、税务总局公告 2023 年第 27 号)对纳税人生产销售新支线飞机和空载重量大于25吨的民用喷气式飞机暂减按5%征收增值税，并对其因生产销售新支线飞机和空载重量大于25吨的民用喷气式飞机而形成的增值税期末留抵税额予以退还。

3. 千户集团税收风险管理，以防范税收风险为导向，实施全流程闭环管理。其主要环节为(　　)。

A. 数据采集—风险分析—推送应对—风险执行

B. 数据采集—风险分析—推送应对—反馈考核

C. 数据采集—风险分析—专业复评—反馈考核

D. 数据采集—风险分析—专业复评—风险执行

【参考答案】 B

【答案解析】 根据《千户集团税收风险管理工作规程(试行)》规定，千户集团税收风险管理，以防范税收风险为导向，按照“数据采集—风险分析—推送应对—反馈考核”四个环节，实施全流程闭环管理。

4. 省税务机关大企业税收管理部门应将千户集团和扩围集团相关基础涉税数据报送至税务总局大企业税收管理司，报送期限是集团报送期结束后(　　)。

A. 2个工作日内(节假日顺延)

B. 3个工作日内(节假日顺延)

C. 5个工作日内(节假日顺延)

D. 10个工作日内(节假日顺延)

【参考答案】 A

【答案解析】 根据《国家税务总局大企业税收管理司关于调整千户集团相关基础涉税数据报送对象范围的通知》(税总企便函〔2018〕22号)，省税务机关大企业税收管理部门应于集团报送期结束后2个工作日内(节假日顺延)将数据报送至税务总局大企业税收管理司。

5. 当千户集团不同区域的成员企业分别向其主管税务机关咨询同一税收政策执行口径时，若得到的答复不一致，税务机关可以采取的做法是(　　)。

A. 两地大企业部门协调

B. 提请上级单位协调

C. 与同级税政部门沟通

D. 请示部门领导意见

【参考答案】 B

【答案解析】 根据《国家税务总局办公厅关于印发〈深化大企业纳税服务若干工作措施〉的通知》(税总办发〔2017〕170号)第八条，针对跨区域经验的企业集团各地税收政策理解、执行不一致问题，加强组织协调，提出解决方案，及时提请上级单位协调，提高各地政策执行一致性。

6. 按照目前千户集团电子财务数据采集工作要求，以下哪类企业属于采集对象（　　）。

A. 集团境内成员的企业

B. 挂靠经营的企业

C. 采取手工记账方式的企业

D. 注销、破产、关停并转的企业

【参考答案】 A

【答案解析】 根据《关于千户集团电子财务数据采集工作的通知》，千户集团电子财务数据必采项：总账、明细账、科目余额表、记账凭证等信息、企业适用的会计准则、对应关系等。以全国千户集团和省局确定的列名大企业为服务管理对象。集团企业存在境外成员单位，暂不采集境外成员单位电子财务数据。针对军工企业，可只报送不涉密的电子财务数据。

7. 大企业税收管理部门在对千户集团开展税收风险管理工作时，对风险分析中发现的同质性高、涉及面广的风险点，国家税务总局可以协调集团总部所在省税务机关对集团总部开展的工作是（　　）。

A. 对集团总部进行提示告知

B. 对集团总部进行约谈评估

C. 对集团总部进行税务审计

D. 对集团总部进行风险分析

【参考答案】 A

【答案解析】 根据《千户集团税收风险管理工作规程（试行）》第二十五条规定，对风险分析中发现的同质性高、涉及面广的风险点，国家税务总局可以协调集团总部所在省税务机关，向集团总部进行提示告知。

8. 各省税务机关配合税务总局，或者承接税务总局推送的现场审计任务，用于提前通知现场审计对象的税务文书是（　　）。

A.《审计任务告知书》

B.《询问（调查）笔录》

C.《现场审计任务通知书》

D.《税务事项通知书》

【参考答案】 D

【答案解析】《国家税务总局关于税务总局定点联系企业税收风险管理工作有关事项的通知》(税总发〔2014〕26号)规定:各省税务机关配合税务总局,或者承接税务总局推送的现场审计任务,并发出《税务事项通知书》提前通知现场审计对象。

9.为了认真听取纳税人的意见和建议,了解生产经营及重大涉税事项情况,及时回应涉税问题,做到沟通及时、处理快捷,大企业纳税服务应强化日常沟通,为促进数据报送、诉求协调、风险管理等工作顺畅高效,应完善的制度是(　　)。

A.大企业数据报送员制度

B.大企业数据管理员制度

C.大企业数据分析员制度

D.大企业数据联络员制度

【参考答案】 D

【答案解析】 完善大企业数据联络员制度,促进数据报送、诉求协调、风险管理等工作顺畅高效。不定期走访大企业,认真听取意见和建议,了解生产经营及重大涉税事项情况,及时回应涉税问题,做到沟通及时、处理快捷。

10.税收经济分析的过程是一个推理、论证的过程,是一个从(　　)、事实分析论证出有指导经济决策价值结论的过程。

A.连续数据

B.离散数据

C.集中数据

D.分散数据

【参考答案】 D

【答案解析】 税收经济分析是一个从分散数据、事实分析论证出有指导经济决策价值结论的过程。

11.千户集团税收风险程度测试指标体系建设的要求是(　　)。

A.“研发—应用—优化”三位一体

B.“研发—优化—提升”三位一体

C.“研发—验证—优化”三位一体

D.“研发—验证—应用”三位一体

【参考答案】 D

【答案解析】《千户集团税收风险程度测试指标体系3.0版研发大纲(修订稿)》(税总企便函〔2017〕127号)规定:千户集团税收风险程度测试指标体系研发“永远在路上”,指标模型研发的过程需要不断打磨持续完善。在后续验证和应用过程中,也需要对指标模型持续优化改进，不断提升，形成“研发—验证—应用”三位一体的指标模型建设闭环。

12. 已入选千户集团名单的企业集团总部按（　　）维护集团名册信息，应按照要求填报相关信息，定期报送省税务机关。

A. 月

B. 季度

C. 半年

D. 年

【参考答案】 D

【答案解析】 按照《国家税务总局关于发布〈千户集团名册管理办法〉的公告》（国家税务总局 2017 年第 7 号公告）有关规定，已入选千户集团名单的企业集团总部按年维护集团名册信息，应按照要求填报相关信息，定期报送省税务机关。

13. 加快推进“放管服”改革，新时代大企业纳税服务工作的内在要求是（　　）。

A. 改善大企业个性化服务

B. 优化大企业营商环境

C. 提高大企业纳税满意度

D. 促进大企业税收遵从

【参考答案】 B

【答案解析】 根据《国家税务总局办公厅关于印发〈深化大企业纳税服务若干工作措施〉的通知》（税总发〔2017〕170 号）第一条，深化大企业纳税服务是贯彻“放管服”改革的必然要求。“放管服”改革是国家行政管理方式改革的重要内容。加快推进“放管服”改革，优化大企业营商环境，是新时代大企业纳税服务工作的内在要求。

14. 复评人员对某企业进行分析时发现，该企业董事张某同时在多家企业担任董事或监事，则最可能出现的涉税风险是（　　）。

A. 存在少计应税收入的风险

B. 利用关联交易避税的风险

C. 虚开增值税专用发票的风险

D. 存在扩大税前扣除的风险

【参考答案】 B

【答案解析】 多家企业的董监高存在交叉任职的情况，最有可能出现的风险点是利用关联交易进行避税。

15. 某房地产公司为购买者的按揭贷款提供了价值 1 500 万元的担保。该担保金正确的税务处理是(　　)。

A. 可以从销售收入中扣减

B. 作为销售费用在税前列支

C. 作为财务费用在税前列支

D. 实际发生损失时可据实扣除

【参考答案】 D

【答案解析】 企业采取银行按揭方式销售开发产品的，凡约定企业为购买方的按揭贷款提供担保的，其销售开发产品时向银行提供的保证金(担保金)不得从销售收入中减除，也不得作为费用在当期税前扣除，但实际发生损失时可据实扣除。

16. 税务机关既可以直接强制执行也可以申请法院强制执行的是(　　)。

A. 从事生产经营的纳税人欠缴的税款

B. 从事生产经营的纳税人欠缴的滞纳金

C. 从事生产经营的纳税人欠缴的罚款

D. 非从事生产经营的纳税人的欠缴的税款、滞纳金和罚款

【参考答案】 C

【答案解析】 根据《中华人民共和国税收征收管理法》第八十八条规定，当事人对税务机关的处罚决定、强制执行措施或者税收保全措施不服的，可以依法申请行政复议，也可以依法向人民法院起诉。当事人对税务机关的处罚决定逾期不申请行政复议也不向人民法院起诉、又不履行的，作出处罚决定的税务机关可以采取该法第四十条规定的强制执行措施，或者申请人民法院强制执行。

17. 对企事业单位、社会团体以及其他组织转让旧房作为公租房房源，且增值额未超过扣除项目金额(　　)的，免征土地增值税。

A. 20%

B. 30%

C. 40%

D. 50%

【参考答案】 A

【答案解析】 根据《财政部税务总局关于公共租赁住房税收优惠政策的公告》规定，对企事业单位、社会团体以及其他组织转让旧房作为公租房房源，且增值额未超过扣除项目金额20%的，免证土地增值税。

18. 新购进单价不超过500万元的设备、器具，允许一次性计入当期成本费用在税前扣除。下列符合“新购进”规定的是(　　)。

A. 接受捐赠取得的固定资产

B. 接受投资取得的固定资产

C. 债务重组取得的固定资产

D. 自行建造取得的固定资产

【参考答案】 D

【答案解析】 根据《国家税务总局关于设备器具扣除有关企业所得税政策执行问题的公告》(国家税务总局公告 2018 年第 46 号)规定,所称购进,包括以货币形式购进或自行建造。选项 ABC 均为非货币形式取得的,D 选项正确。

19. 根据《中华人民共和国发票管理办法》,关于税务机关对发票检查的相关规定,下列说法不正确的是(　　)。

A. 在发票管理中有权调出发票查验

B. 税务机关需要将已开具的发票调出查验时,应开具收据

C. 在查处发票案件时,对与案件有关的情况和资料,可以记录、录音、录像、照相和复制

D. 单位从中国境外取得的与纳税有关的发票,税务机关在纳税审查时有疑义的,可要求其提供境外公证机构或注册会计师的确认证明

【参考答案】 B

【答案解析】 根据《中华人民共和国发票管理办法》(国务院令第 764 号)第二十九条规定,税务机关在发票管理中有权进行下列检查:(一)检查印制、领用、开具、取得、保管和缴销发票的情况;(二)调出发票查验;(选项 A 不当选)(三)查阅、复制与发票有关的凭证、资料;(四)向当事各方询问与发票有关的问题和情况;(五)在查处发票案件时,对与案件有关的情况和资料,可以记录、录音、录像、照相和复制。(选项 C 不当选)第三十一条第二款规定,税务机关需要将空白发票调出查验时,应当开具收据;经查无问题的,应当及时返还。(选项 B 当选)第三十二条规定,单位和个人从中国境外取得的与纳税有关的发票或者凭证,税务机关在纳税审查时有疑义的,可以要求其提供境外公证机构或者注册会计师的确认证明,经税务机关审核认可后,方可作为记账核算的凭证。(选项 D 不当选)

20. 对企业投资者持有 2024－2027 年发行的铁路债券取得的利息收入,如何征收企业所得税?(　　)

A. 全额

B. 减半

C. 差额

D. 免征

【参考答案】 B

【答案解析】《财政部、税务总局关于铁路债券利息收入所得税政策的公告》(财政部、税务总局公告2023年第64号)规定:对企业投资者持有2024—2027年发行的铁路债券取得的利息收入,减半征收企业所得税。

21. 2018年2月某房地产开发公司转让一幢写字楼取得不含增值税销售收入10 000万元。已知该公司为取得土地使用权所支付的金额为500万元,房地产开发成本为2 000万元,房地产开发费用为400万元,该公司没有按房地产项目计算分摊银行借款利息,该项目所在省政府规定计征土地增值税时房地产开发费用扣除比例按10%计算,计算土地增值税准予扣除的税费为60万元。该公司应缴纳的土地增值税为(　　)万元。

A. 1 806.5

B. 2 855.5

C. 3 345

D. 3 517.5

【参考答案】 B

【答案解析】 扣除项目金额=500+2 000+(2 000+500)×10%+60+(500+2 000)×20%=3 310(万元);增值额=10 000−3 310=6 690(万元);

增值率=6 690÷3 310×100%=202.11%;

应纳税额=6 690×60%−3 310×35%=2 855.5(万元)。

土地增值税计算公式为土地增值税税额=增值额×税率−扣除项目金额×速算扣除系数。要注意只有房地产开发企业销售新建房,享受加计扣除的优惠,除此以外的,不享受加计扣除的优惠。

另外,对于开发费用的扣除要注意:

(1)不按实际发生金额计算

(2)取决于“利息支出”

①单独开发费用=利息+(取得土地使用权所支付金额+开发成本)×5%以内;

②不单独开发费用=(取得土地使用权所支付金额+开发成本)×10%以内。

22. 个人从公开发行和转让市场取得的上市公司股票,持股期限超过一定期限的,股息红利所得暂免征收个人所得税。一定期限是指(　　)。

A. 1个月

B. 6个月

C. 1 年

D. 2 年

【参考答案】 C

【答案解析】《财政部、国家税务总局证监会关于上市公司股息红利差别化个人所得税政策有关问题的通知》(财税〔2015〕101 号)规定:个人从公开发行和转让市场取得的上市公司股票,持股期限超过 1 年的,股息红利所得暂免征收个人所得税。

23. 某企业 2018 年初占用土地 25 000 平方米,其中托儿所占地 1 000 平方米,其余为生产经营用地;6 月购置一栋办公楼,占地 2 000 平方米。该企业所在地城镇土地使用税年税额为 6 元/平方米,则该企业 2018 年应缴纳城镇土地使用税为(　　)元。

A. 144 000

B. 150 000

C. 156 000

D. 151 000

【参考答案】 B

【答案解析】 企业办的各类学校、托儿所、幼儿园自用的土地,免征城镇土地使用税。该企业 2018 年应缴纳的城镇土地使用税=(25 000－1 000)×6＋2 000×6×6/12=150 000(元)。

24. 甲市按阶段性降低失业保险费率政策执行最低总费率,将个人缴费率确定为 0.2%。该市乙公司月缴费基数为 1 000 万元。2024 年第一季度,乙公司应缴纳的失业保险费单位部分金额为(　　)。

A. 6 万元

B. 8 万元

C. 24 万元

D. 30 万元

【参考答案】 C

【答案解析】 根据《人力资源社会保障部、财政部、国家税务总局关于阶段性降低失业保险、工伤保险费率有关问题的通知》(人社部发〔2023〕19 号)第一条规定,自 2023 年 5 月 1 日起,继续实施阶段性降低失业保险费率至 1%的政策,实施期限延长至 2024 年年底。在省(区、市)行政区域内,单位及个人的费率应当统一,个人费率不得超过单位费率。乙公司单位部分失业保险费=1 000×(1%－0.2%)×3=24(万元)。

25. 个人因工作调动或改善居住条件而转让原自用住房,居住未满三年的,应如何征收土地增值税?(　　)

A. 免予征收

B. 减半征收

C. 按规定计征

D. 差额征收

【参考答案】 C

【答案解析】《中华人民共和国土地增值税暂行条例实施细则》第十二条规定:个人因工作调动或改善居住条件而转让原自用住房,经向税务机关申报核准。凡居住满五年或五年以上的,免予征收土地增值税;居住满三年未满五年的,减半征收土地增值税。居住未满三年的,按规定计征土地增值税。

26. 2023 年,甲机械制造公司发生符合规定的境内自主研发费用 1 200 万元,委托境外进行研发活动支付研发费用 1 400 万元。2023 年,甲公司委托境外研发费用可加计扣除的金额是(　　)。

A. 800 万元

B. 933. 33 万元

C. 1 120 万元

D. 1 400 万元

【参考答案】 A

【答案解析】 根据《财政部、税务总局、科技部关于企业委托境外研究开发费用税前加计扣除有关政策问题的通知》(财税〔2018〕64 号)第一条第一款规定,委托境外进行研发活动所发生的费用,按照费用实际发生额的 80%计入委托方的委托境外研发费用。委托境外研发费用不超过境内符合条件的研发费用三分之二的部分,可以按规定在企业所得税前加计扣除。委托境外研发实际发生额的 80%=1 400×80%=1 120(万元),境内符合条件的研发费用的三分之二=$1\ 200\times\frac{2}{3}$=800(万元),因此委托境外的研发费用,加计扣除的基数为 800 万元。根据《财政部、税务总局关于进一步完善研发费用税前加计扣除政策的公告》(财政部、税务总局公告 2023 年第 7 号)第一条规定,企业开展研发活动中实际发生的研发费用,未形成无形资产计入当期损益的,在按规定据实扣除的基础上,自 2023 年 1 月 1 日起,再按照实际发生额的 100%在税前加计扣除;形成无形资产的,自 2023 年 1 月 1 日起,按照无形资产成本的 200%在税前摊销。当年委托境外研发费用加计扣除的金额=800×100%=800(万元)。

27. 某公司 2024 年 2 月直接排放大气污染物 10 吨,已知该大气污染物污染当量值(千克)为 2. 18,每污染当量适用税额为 12 元。该公司当月应缴纳环境保护税为(　　)。

A. 55 045.87 元

B. 12 000.00 元

C. 110 091.74 元

D. 261 600.00 元

【参考答案】 A

【答案解析】 根据《中华人民共和国环境保护税法》第八条规定，应税大气污染物、水污染物的污染当量数，以该污染物的排放量除以该污染物的污染当量值计算。当月应缴纳环境保护税＝10×1 000÷2.18×12＝55 045.87(元)。

28. 企业所得税纳税申报期结束后，应对未附报财务会计报表以及其他纳税资料的企业依法进行(　　)。

A. 提示

B. 提醒

C. 催报

D. 审核

【参考答案】 C

【答案解析】 企业所得税纳税申报期结束后，应对应报送而未附报财务会计报表以及其他纳税资料的企业，依法进行催报，并按照《中华人民共和国税收征收管理法》的有关规定进行处理。

29. 2024 年 1 月，甲公司基本医疗保险职工缴费基数为 1 500 万元。已知医疗保险费单位费率为 7.5%(含生育保险费 0.5%)。2024 年 1 月甲公司缴纳职工基本医疗保险费(含代扣个人部分)金额为(　　)。

A. 105 万元

B. 112.5 万元

C. 135 万元

D. 142.5 万元

【参考答案】 D

【答案解析】 根据《国家医保局、财政部关于建立医疗保障待遇清单制度的意见》(医保发〔2021〕5 号)附件《国家医疗保障待遇清单(2020 年版)》第二条第二项规定，职工缴费率为本人工资收入的 2%。根据《国务院办公厅关于全面推进生育保险和职工基本医疗保险合并实施的意见》(国办发〔2019〕10 号)第二条第二项规定，统一基金征缴和管理。生育保险基金并入职工基本医疗保险基金，统一征缴，统筹层次一致。按照用人单位参加生育保险和职工基本医疗保险的缴费比例之和确定新的用人单位职工基本医疗保险费率，个人不缴纳生育保险费。甲公司应缴职工基本医疗保险费＝1 500×(7.5%＋2%)＝142.5(万元)。

30.某外贸公司(位于县城)为增值税困难纳税人，2018 年 7 月出口货物退还增值税 25 万元，退还消费税 35 万元；进口半成品缴纳进口环节增值税 45 万元，内销产品缴纳增值税 400 万元；本月将一处闲置的房产转让取得含税收入 1 000 万元。该公司本月应纳城市维护建设税和教育费附加(　　)万元。(房产为 2013 年自建，转让采用简易计税方法计税)

A. 44.76

B. 39.68

C. 35.20

D. 35.81

【参考答案】 D

【答案解析】 出口退还流转税不退还城市维护建设税和教育费附加，进口不征城市维护建设税和教育费附加，困难纳税人销售其 2016 年 4 月 30 日前自建的不动产，可以选择适用简易计税方法，以取得的全部价款和价外费用为销售额，按照 5%的征收率计算应纳税额。

应缴纳城市维护建设税和教育费附加＝400×(5%＋3%)＋1 000÷(1＋5%)×5%×(5%＋3%)＝35.81(万元)。

二、多选题

1.《国家税务总局关于进一步健全大企业税收服务和管理新格局的意见》要求我们进一步健全聚合贯通(　　)(　　)(　　)的大企业税收治理新格局。

A. 总对总

B. 整体对整体

C. 系统对集团

D. 网络对网络

【参考答案】 ACD

【答案解析】《国家税务总局关于进一步健全大企业税收服务和管理新格局意见》要求我们进一步健全聚合贯通“总对总”“系统对集团”“网络对网络”的大企业税收治理新格局。

2.《国家税务总局关于进一步健全大企业税收服务和管理新格局的意见》指导思想中提到的“三个着力”是指(　　)。

A. 着力改善大企业税收管理体制机制

B. 着力健全合作遵从业务体系

C. 着力强化智慧税务有力支撑

D. 着力提升集团整体性服务和管理水平

【参考答案】 ABC

【答案解析】 该文件中指出，要着力改善大企业税收管理体制机制、着力健全合作遵从业务体系、着力强化智慧税务有力支撑。

3. 下列内容中，属于千户集团名册信息表中需要填报的企业规模信息的有(　　)。

A. 是否为上市公司股票

B. 上一年度营业收入

C. 是否为重点企业

D. 上一年度缴纳税额

【参考答案】 ABD

【答案解析】 根据《国家税务总局关于发布〈千户集团名册管理办法〉的公告》(国家税务总局公告 2017 年第 7 号)后附《千户集团名册信息表》所列项目可知，企业规模信息的内容包括上一年度缴纳税额、上一年度营业收入、是否为重点税源企业、是否为上市公司股票。

4. 失业人员失业前，用人单位和本人累计缴费满一年不足五年、累计缴费满五年不足十年、累计缴费十年以上的，领取失业保险金的期限最长分别为(　　)。

A. 六个月

B. 十二个月

C. 十八个月

D. 二十四个月

E. 四十八个月

【参考答案】 BCD

【答案解析】 根据《中华人民共和国社会保险法》规定，失业人员失业前用人单位和本人累计缴费满一年不足五年的，领取失业保险金的期限最长为十二个月；累计缴费满五年不足十年的，领取失业保险金的期限最长为十八个月；累计缴费十年以上的，领取失业保险金的期限最长为二十四个月。重新就业后，再次失业的，缴费时间重新计算，领取失业保险金的期限与前次失业应当领取而尚未领取的失业保险金的期限合并计算，最长不超过二十四个月。

5. 在分析增值税专用发票时，应主要关注(　　)。

A. 销货单位名称

B. 供货单位名称

C. 分析期使用数量

D. 地址、电话

【参考答案】 ABD

【答案解析】 在分析增值税专用发票时，应主要关注销货单位名称、 供货单位名称、地址、电话。

6. 下列(　　)情形，暂予免征环境保护税。

A. 农业生产(不包括规模化养殖)排放应税污染物的

B. 机动车、铁路机车、非道路移动机械、船舶和航空器等流动污染源排放应税污染物的

C. 依法设立的城乡污水集中处理、生活垃圾集中处理场所排放相应应税污染物，不超过国家和地方规定的排放标准的

D. 纳税人综合利用的固体废物，符合国家和地方环境保护标准的

E. 国务院批准免税的其他情形

【参考答案】 ABCDE

【答案解析】 根据《中华人民共和国环境保护税法》下列情形，暂予免征环境保护税：(一)农业生产(不包括规模化养殖)排放应税污染物的；(二)机动车、铁路机车、非道路移动机械、船舶和航空器等流动污染源排放应税污染物的；(三)依法设立的城乡污水集中处理、生活垃圾集中处理场所排放相应应税污染物，不超过国家和地方规定的排放标准的；(四)纳税人综合利用的固体废物，符合国家和地方环境保护标准的；(五)国务院批准免税的其他情形。

7. 依据企业所得税同期资料管理规定，下列年度关联交易金额应当准备本地文档的有(　　)。

A. 金融资产转让金额超过 10 000 万元

B. 无形资产所有权转让金额超过 10 000 万元

C. 有形资产所有权转让金额超过 20 000 万元

D. 无形资产使用权转让金额未超过 5 000 万元

E. 劳务关联交易金额合计超过 4 000 万元

【参考答案】 ABCE

【答案解析】 根据 2016 年第 42 号《国家税务总局关于完善关联申报和同期资料管理有关事项的公告》年度关联交易金额符合下列条件之一的企业，应当准备本地文档：

(1)有形资产所有权转让金额(来料加工业务按照年度进出口报关价格计算)超过 2 亿元(选项 C 当选)；

(2)金融资产转让金额超过1亿元(选项A当选);

(3)无形资产所有权转让金额超过1亿元(选项B当选);

(4)其他关联交易金额合计超过4 000万元(选项E当选)。

选项D不当选,无形资产使用权转让金额超过4 000万元应当准备本地文档。

8.关于主营业务收入变动率与主营业务利润变动率配比分析,下列说法正确的有(　　)。

A.当比值为负数,且前者为正后者为负时,可能存在企业多列成本费用、扩大税前扣除范围等问题

B.当比值大于1且相差较小,二者都为正时,可能存在企业多列成本费用、扩大税前扣除范围等问题

C.当比值小于1且相差较大,二者都为负时,可能存在企业多列成本费用、扩大税前扣除范围等问题

D.正常情况下,二者基本同步增长

E.当比值大于1且相差较大,二者都为正时,可能存在企业多列成本费用、扩大税前扣除范围等问题

【参考答案】 ACDE

【答案解析】 《国家税务总局关于印发〈纳税评估管理办法(试行)〉的通知》附件1《纳税评估通用分析指标及使用方法》规定:主营业务收入变动率与主营业务利润变动率配比分析,正常情况下,二者基本同步增长。(1)当比值小于1,且相差较大,二者都为负时,可能存在企业多列成本费用、扩大税前扣除范围等问题。(2)当比值大于1且相差较大,二者都为正时,可能存在企业多列成本费用、扩大税前扣除范围等问题。(3)当比值为负数,且前者为正后者为负时,可能存在企业多列成本费用、扩大税前扣除范围等问题。

9.《国家税务总局关于进一步健全大企业税收服务和管理新格局的意见》提出的工作目标是通过两年努力,大企业税收工作体制机制得到健全,业务体系趋于成熟,服务和管理质效明显提升,基本实现(　　)转变、(　　)转变、(　　)转变。

A.从分散性服务向集成性服务

B.从“点对点”服务管理向“总对总”服务管理

C.从注重事后管理为主向注重事前遵从引导、事中风险防控为主

D.从传统经验管理向人机结合、数据驱动的智能化管理

【参考答案】 ACD

【答案解析】 略。

10.风险应对的具体措施包括(　　)、开展税务审计和反避税调查、进行税务稽查及处罚。

A. 落实《大企业税务风险管理指引》，指导企业建立和完善涉税内部控制和风险管理体系

B. 建立行业风险特征库，深入细化分类管理

C. 利用预约定价安排、遵从保证协议等手段，开展风险管控

D. 利用税务风险自查模块，引导企业开展税务自查

【参考答案】 ABCD

【答案解析】 风险应对的具体措施包括落实《大企业税务风险管理指引》，指导企业建立和完善涉税内部控制和风险管理体系；建立行业风险特征库，深入细化分类管理；利用预约定价安排、遵从保证协议等手段，开展风险管控；利用税务风险自查模块，引导企业开展税务自查及其他自我遵从纠正行动；开展税务审计和反避税调查，进行税务稽查及处罚。

11. 下列关于关联企业企业所得税利息费用的扣除中，正确的有（　　）。

A. 企业提供相关资料证明企业的实际税负不高于境内关联方的，仅考虑利率制约

B. 企业如果能够按规定提供相关资料，并证明相关交易活动符合独立交易原则的，不需要计算债资比例，仅考虑利率制约

C. 企业向股东或其他与企业有关联关系的自然人借款的利息支出应视为股息分配，不能税前扣除

D. 企业自关联方取得的不符合规定的利息收入应并入应纳税所得额缴纳企业所得税

E. 企业同时从事金融业务和非金融业务，其实际支付给关联方的利息支出，一律按 2∶1 的比例计算准予税前扣除的利息支出

【参考答案】 ABD

【答案解析】 选项 C，符合规定的条件，企业向股东或其他与企业有关联关系的自然人借款的利息支出可以所得税税前扣除。选项 E，企业同时从事金融业务和非金融业务，其实际支付给关联方的利息支出，应按照合理方法分开计算；没有按照合理方法分开计算的，一律按前述有关其他企业的比例计算准予税前扣除的利息支出，按 2∶1 的比例计算。

12. 下列系统中，不能够实现依托城市比较、区域协同等业务场景，开展城市、区域比较分析的有（　　）。

A. “税企治”

B. “税路通”

C. “税比析”

D.“税管家”

【参考答案】 ABD

【答案解析】《2024年大企业税收服务和管理工作要点》中的推进“税比析”系统应用指出，持续优化“税比析”决策服务系统功能，依托城市比较、区域协同等业务场景，开展城市、区域比较分析，形成特色专题，为中央和地方党政领导决策提供高质量参考服务。

13. 按照《千户集团税收风险管理工作规程（试行）》文件的规定，人工专业复评应当重点关注（　　）。

A. 企业所处的行业特点

B. 企业内部控制制度

C. 企业财务报表、审计报表及相关鉴证报告

D. 以前年度风险应对结论，包括纳税评估报告、税务处理决定书等

【参考答案】 ABCD

【答案解析】 根据《千户集团税收风险管理工作规程（试行）》的规定，人工专业复评应当重点关注以下内容：(1)企业所处的行业特点；(2)企业适用的产业政策，税收政策会计准则或会计制度；(3)企业内部控制制度；(4)企业财务报表、审计报表及相关鉴证报告；(5)企业重组股权转让关联交易等复杂涉税事项；(6)以前年度风险应对结论，包括纳税评估报告、稽查处理决定书等。

14. 在下列各项中，税收风险识别的原则有（　　）。

A. 全面周详

B. 综合考察

C. 量力而行

D. 科学计算

【参考答案】 ABCD

【答案解析】 依据是《纳税评估管理办法（试行）》第二条的规定。

15.“税比析”决策服务系统二期项目建设业务框架为“1＋N＋X”。其中，“X”包括的场景有（　　）。

A. 趋势研判

B. 专项监控

C. 区域比较

D. 经济循环

E. 经济安全

【参考答案】 AC

【答案解析】 “税比析”决策服务系统二期项目建设，由“1＋6＋1”业务框架拓展为“1＋N＋X”。其中，“1”是指“税收时空”；N是指“新发展理念和经济安全、经济循环、重点专题”等场景；X包括“趋势研判、专项定制、区域比较、态势分析”等场景。

16. 个人获取的下列所得，按照“偶然所得”项目计征个人所得税的有（　　）。

A. 无偿获得房产公司赠与的住房

B. 参加客户单位的业务宣传活动，随机获得客户单位赠送的礼品

C. 参加本单位的年会活动，获得的有奖竞猜奖品

D. 个人处置打包债权取得的收入

E. 参加客户单位的周年庆典活动，收到客户单位随机赠送的网络红包

【参考答案】 ABE

【答案解析】 选项C，企业在业务宣传、广告等活动中，随机向“本单位以外的个人”赠送礼品（包括网络红包），以及企业在年会、座谈会、庆典以及其他活动中向本单位以外的个人赠送礼品，个人取得的礼品收入，按照“偶然所得”项目计算交纳个人所得税。参加本单位的年会活动，获得的有奖竞猜奖品，按照“工资薪金所得”计征个人所得税。选项D，按“财产转让所得”征收个人所得税。

17. 某商贸公司进口货物一批，海关审定该批货物的关税完税价格为100万元。货物报关后，公司按规定缴纳了进口环节的增值税并取得了海关开具的海关进口增值税专用缴款书。假定该批进口货物在国内全部销售，取得不含税销售额180万元。相关货物进口关税税率为10%，增值税税率为13%。下列说法正确的有（　　）。

A. 进口环节应缴纳进口关税10万元

B. 进口环节应缴纳增值税的组成计税价格为110万元

C. 进口环节应缴纳增值税13万元

D. 国内销售环节的销项税为23.4万元

E. 国内销售环节应缴纳增值税23.4万元

【参考答案】 ABD

【答案解析】 （1）应缴纳进口关税＝100×10%＝10（万元）；

（2）进口环节应缴纳增值税的组成计税价格＝100＋10＝110（万元）；

（3）进口环节应缴纳增值税＝110×13%＝14.3（万元）；

（4）国内销售环节的销项税＝180×13%＝23.4（万元）；

（5）国内销售环节应缴纳增值税＝23.4－14.3＝9.1（万元）。

18. 某市甲企业对乙税务机关的处罚决定逾期不申请行政复议也不向人民法院起

诉、又不履行，作出处罚决定的乙税务机关申请人民法院强制执行。以下属于可以采取的行政强制执行的方式有（　　）。

A. 限制企业法人代表人身自由

B. 冻结甲企业在开户银行的存款

C. 书面通知甲企业开户银行从其存款中扣缴税款

D. 扣押、查封价值相当于应纳税款的商品

E. 依法拍卖其被扣押、查封的价值相当于应纳税款的货物，以拍卖所得抵缴税款

【参考答案】 CE

【答案解析】 根据《中华人民共和国税收征收管理法》规定，当事人对税务机关的处罚决定逾期不申请行政复议也不向人民法院起诉、又不履行的，作出处罚决定的税务机关可以采取本法第四十条规定的强制执行措施，或者申请人民法院强制执行。从事生产、经营的纳税人、扣缴义务人未按照规定的期限缴纳或者解缴税款，纳税担保人未按照规定的期限缴纳所担保的税款，由税务机关责令限期缴纳。逾期仍未缴纳的，经县以上税务局（分局）局长批准，税务机关可以采取下列强制执行措施：(1)书面通知其开户银行或者其他金融机构从其存款中扣缴税款；(2)扣押、查封、依法拍卖或者变卖其价值相当于应纳税款的商品、货物或者其他财产，以拍卖或者变卖所得抵缴税款。根据《中华人民共和国行政强制法》规定，行政强制措施的种类包括：(1)限制公民人身自由；(2)查封场所、设施或者财物；(3)扣押财物；(4)冻结存款、汇款；(5)其他行政强制措施。第十二条，行政强制执行的方式包括：(1)加处罚款或者滞纳金；(2)划拨存款、汇款；(3)拍卖或者依法处理查封、扣押的场所、设施或者财物；(4)排除妨碍、恢复原状；(5)代履行；(6)其他强制执行方式。选项C、E符合行政强制执行的规定，当选。

19. 某县个体工商户赵某在县税务局责令限期缴纳税款期间有明显的转移、隐匿其应纳税的商品、货物以及其他财产或者应纳税的收入的迹象，税务机关责成赵某提供纳税担保后其无法提供纳税担保，经县税务局局长批准对其采取税收保全措施。则下列可以在税收保全范围内的有（　　）。

A. 赵某家庭生活的唯一普通标准住宅

B. 赵某妻子接送儿子上下学的唯一代步车辆

C. 赵某祖辈传下来的清代水晶琉璃盏

D. 赵某与妻子结婚时由妻子赠送的金链子

E. 赵某去年在拍卖会上拍下的当代画家山水写生

【参考答案】 BCDE

【答案解析】 根据《中华人民共和国税收征收管理法》第三十八条，个人及其所扶

养家属维持生活必需的住房和用品，不在税收保全措施的范围之内。根据《中华人民共和国税收征收管理法实施细则》第五十九条，机动车辆、金银饰品、古玩字画、豪华住宅或者一处以外的住房不属于税收征管法第三十八条、第四十条、第四十二条所称个人及其所扶养家属维持生活必需的住房和用品。因此，选项B、C、D、E不在税收保全范围之内，当选。

20. 甲企业为增值税困难纳税人，2022年4月将成本为260万元的木材委托乙企业加工实木地板，支付加工费取得增值税专用发票，注明金额25万元，甲企业当月收回全部实木地板并销售了70%部分，开具增值税专用发票，注明金额350万元。下列描述正确的有（　　）。（上述金额均不含增值税，实木地板消费税税率为5%）

A. 甲企业无须缴纳消费税

B. 乙企业代收代缴消费税16万元

C. 甲企业缴纳消费税7万元

D. 甲企业缴纳消费税2.5万元

E. 乙企业代收代缴消费税15万元

【参考答案】 CE

【答案解析】 乙企业应代收代缴消费税＝(260＋25)÷(1－5%)×5%＝15(万元)，甲企业销售70%部分组价＝(260＋25)÷(1－5%)×70%＝210(万元)，收回后的销售价是350万元，属于加价销售，所以甲企业应缴纳消费税＝350×5%－15×70%＝7(万元)。

三、判断题

1. 在提升大企业办税便捷性体验方面，只能通过“税企直连”方式，逐步推行税务信息系统与集团“业财税”系统的对接，帮助大企业及时获取税费政策信息和专业辅导，在线办理税费申报等涉税事项。（　　）

【参考答案】 错误

【答案解析】 根据意见，可通过电子税务局、“税企直连”等方式，逐步推行税务信息系统与集团“业财税”系统的对接，帮助大企业及时获取税费政策信息和专业辅导，在线办理税费申报等涉税事项，提升大企业办税便捷性体验。

2. 对纳入年度风险分析计划的本省千户集团及列名企业，以税收风险指标模型体系为基础，进行计算机扫描，形成相关集团及成员企业的税收风险识别报告。（　　）

【参考答案】 正确

【答案解析】 根据《国家税务总局大企业税收管理司关于印发〈关于加强大企业税收服务和管理工作的指导意见〉的通知》(税总企便函〔2018〕67号)，对纳入年度风险分析计划的本省千户集团及列名企业，以税收风险指标模型体系为基础，进行计算机扫描，形成相关集团及成员企业的税收风险识别报告。

3. 由于技术性较强，数据采集工作可能需要纳税人的财务部门和技术部门协同开展。（　　）

【参考答案】 正确

【答案解析】 由于数据采集工作的复杂性，建议由企业财务与技术人员配合开展。

4. 在制作企业集团及其成员企业名册时，根据隶属关系原则来确定企业集团的组织结构关系。（　　）

【参考答案】 错误

【答案解析】《国家税务总局大企业税收服务和管理规程》规定，国家税务总局按照实际控制的原则确定企业集团的组织结构关系，并据此形成企业集团及其成员企业名册。

5. 依法登记的渔船均可以享受车船税免税政策。（　　）

【参考答案】 错误

【答案解析】 捕捞、养殖渔船免征车船税。

6. 耕地占用税以纳税人实际占用的耕地面积为计税依据，按照规定的适用税额按月征收，应纳税额为纳税人实际占用的耕地面积(平方米)乘适用税额。（　　）

【参考答案】 错误

【答案解析】《中华人民共和国耕地占用税法》第三条规定，耕地占用税以纳税人实际占用的耕地面积为计税依据，按照规定的适用税额一次性征收，应纳税额为纳税人实际占用的耕地面积(平方米)乘适用税额。

7. 有一些千户集团成员企业和列名大企业在金税系统中显示为正常经营状态，但事实上并没有在经营，也未办理注销，每个月仍正常申报税款(税款为零)，这些企业无须报送财务会计报表。（　　）

【参考答案】 错误

【答案解析】 根据附报应报送企业的筛选条件，这类企业在应附报范围内，其月度或季度财务报表不能为空。

8. 大企业税收管理部门要运用“互联网＋”思维，依托税务大数据，借助 App、微信、微博等网络平台，拓展服务渠道，加强税企之间信息交流，消除税务机关与大企业之间的地域、层级限制，实现大企业纳税服务互联互通。（　　）

【参考答案】 正确

【答案解析】 略。

9. 综合利用千户集团直报数据附报数据第三方数据，全面反映经济税收各方面的运行成效亮点和问题，拓展经济分析的广度和深度，着力提升税收经济分析质效，打造大企业税收经济分析拳头产品。（　　）

【参考答案】 正确

【答案解析】 根据《国家税务总局大企业税务管理司关于印发〈关于加强大企业税收服务和管理工作的指导意见〉的通知》（税总企便函〔2018〕67 号），综合利用千户集团直报数据附报数据第三方数据，全面反映经济税收各方面的运行成效亮点和问题，拓展经济分析的广度和深度，着力提升税收经济分析质效，打造大企业税收经济分析拳头产品。

10. 税务人员若发现企业所有者权益报酬率指标过高，说明企业可能存在资本弱化问题。（　　）

【参考答案】 错误

【答案解析】 税务人员若发现企业资产负债率过高，企业可能存在资本弱化问题。

11. 大企业税收管理人员完成人工复评后，生成风险识别报告。（　　）

【参考答案】 错误

【答案解析】 《大企业税收管理系统操作手册》规定，复评完成后将形成企业的风险分析报告。

12. 2022 年 10 月 1 日至 2023 年 12 月 31 日，对出售自有住房并在现住房出售后 2 年内在市场重新购买住房的纳税人，对其出售现住房已缴纳的个人所得税予以退税优惠。（　　）

【参考答案】 错误

【答案解析】 《财政部、国家税务总局关于支持居民换购住房有关个人所得税政策的公告》（财政部、税务总局公告 2022 年第 30 号）规定，自 2022 年 10 月 1 日至 2023 年 12 月 31 日，对出售自有住房并在现住房出售后 1 年内在市场重新购买住房的纳税人，对其出售现住房已缴纳的个人所得税予以退税优惠。

13. 某市税务局决定对欠税企业抵税财物进行拍卖，则该拍卖应由财产所在地县（区）级以上人民政府指定的拍卖机构进行。（　　）

【参考答案】 错误

【答案解析】 根据《抵税财物拍卖、变卖管理规定》第十条，拍卖由财产所在地的省、自治区、直辖市的人民政府和设区的市的人民政府指定的拍卖机构进行拍卖。

14. 各级大企业税收服务和管理部门要以提升大企业服务和管理能力为目标，细化工作职责，理顺工作机制，提升工作效能，更好地发挥大企业税收服务和管理在深化税

收领域“放管服”改革、优化税收营商环境、实现税收征管现代化中的积极作用。(　　)

【参考答案】 正确

【答案解析】《关于加强大企业税收服务和管理工作的指导意见》(税总企便函〔2018〕67号)提出:各级大企业税收服务和管理部门要全面贯彻税收征管体制改革总体部署和要求,以提升大企业服务和管理能力为目标,细化工作职责,理顺工作机制,提升工作效能,更好地发挥大企业税收服务和管理在深化税收领域“放管服”改革、优化税收营商环境、实现税收征管现代化中的积极作用。

15. 委托境外进行研发活动所发生的费用,按照费用的实际发生额的80%计入委托方的委托境外研发费用。委托境外研发费用不超过境内符合条件的研发费用的二分之一的部分,可以按照规定在企业所得税前加计扣除。(　　)

【参考答案】 错误

【答案解析】 委托境外进行研发活动所发生的费用,按照费用的实际发生额的80%计入委托方的委托境外研发费用。委托境外研发费用不超过境内符合条件的研发费用的三分之二的部分,可以按照规定在企业所得税前加计扣除。

16. 某增值税困难纳税人销售自产污水处理设备的同时提供安装服务。若分别核算设备和安装服务的销售额,则安装服务不适用简易计税方法。(　　)

【参考答案】 错误

【答案解析】《关于明确中外合作办学等若干增值税征管问题的公告》(国家税务总局公告2018年第42号)规定,困难纳税人销售自产机器设备的同时提供安装服务,应分别核算机器设备和安装服务的销售额,安装服务可以按照甲供工程选择适用简易计税方法计税。

17. 电子专票和纸质专票的增值税专用发票(增值税税控系统)最高开票限额应当相同。(　　)

【参考答案】 正确

【答案解析】《国家税务总局关于在新办纳税人中实行增值税专用发票电子化有关事项的公告》(国家税务总局公告2020年第22号)规定,电子专票和纸质专票的增值税专用发票(增值税税控系统)最高开票限额应当相同。

18. 根据千户集团按月(季)度报送相关基础涉税数据(直报)工作要求,填报单位应为企业集团全称,不得填写企业简称或税务机关名称。(　　)

【参考答案】 正确

【答案解析】 略。

19. 根据发票管理现行规定,介绍他人转让发票监制章(困难情节),税务机关可处1

万元以上5万元以下罚款。（　　）

【参考答案】 正确

【答案解析】 根据《中华人民共和国发票管理办法》（国务院令第764号）第三十四条规定，跨规定的使用区域携带、邮寄、运输空白发票，以及携带、邮寄或者运输空白发票出入境的，由税务机关责令改正，可以处1万元以下的罚款；情节严重的，处1万元以上3万元以下的罚款；有违法所得的予以没收。第三十五条规定，违反本办法的规定虚开发票的，由税务机关没收违法所得；虚开金额在1万元以下的，可以并处5万元以下的罚款；虚开金额超过1万元的，并处5万元以上50万元以下的罚款；构成犯罪的，依法追究刑事责任。第三十六条规定，私自印制、伪造、变造发票，非法制造发票防伪专用品，伪造发票监制章，窃取、截留、篡改、出售、泄露发票数据的，由税务机关没收违法所得，没收、销毁作案工具和非法物品，并处1万元以上5万元以下的罚款；情节严重的，并处5万元以上50万元以下的罚款；构成犯罪的，依法追究刑事责任。第三十七条规定，有下列情形之一的，由税务机关处1万元以上5万元以下的罚款；情节严重的，处5万元以上50万元以下的罚款；有违法所得的予以没收：(1)转借、转让、介绍他人转让发票、发票监制章和发票防伪专用品的；(2)知道或者应当知道是私自印制、伪造、变造、非法取得或者废止的发票而受让、开具、存放、携带、邮寄、运输的。

20. 当主管税务机关确认购货方在真实交易中取得的供货方虚开的增值税专用发票属于善意取得时，取得虚开的增值税专用发票已抵扣进项税款的，税务机关应依法追缴已抵扣的税款，但不需要加收滞纳金。（　　）

【参考答案】 正确

【答案解析】 根据《国家税务总局关于纳税人善意取得虚开的增值税专用发票处理问题的通知》（国税发〔2000〕187号）、《国家税务总局关于纳税人善意取得虚开增值税专用发票已抵扣税款加收滞纳金问题的批复》（国税函〔2007〕1240号）规定，纳税人取得虚开的增值税专用发票，不得作为增值税合法抵扣凭证抵扣进项税额；纳税人善意取得虚开的增值税专用发票被依法追缴抵扣税款的，不适用“税务机关除责令限期缴纳外，从滞纳税款之日起，按日加收滞纳税款万分之五的滞纳金”的规定。

四、计算综合题

1. 位于北京市区的企业甲2021年核算的会计利润为1 600万元，税务师事务所在对甲企业进行纳税审查时发现下列涉税事项。

(1)营业外收入中有技术转让收入800万元，与技术转让有关的成本费用为100万元。

(2)投资收益中含从A国取得税后收益折合人民币（下同）70万元，已按照A国的相关规定缴纳了企业所得税。另从B国取得税后投资收益60万元，已在B国缴纳企业所得税税款。

(3)该企业在十一黄金周为打折促销，将一批市场不含税价为100万元的商品按八折对外销售；甲企业开具发票时将折扣额与销售额在同一张发票“金额栏”上分别注明；已知该商品的成本为20万元；该企业的账务处理为：

借：主营业务成本　　20

　贷：库存商品　　20

(4)当年通过当地省级人民政府向贫困地区捐款250万元。

已知：甲企业适用的企业所得税税率为25%，A国的企业所得税税率为30%，B国的企业所得税税率为20%。

要求：根据上述资料，回答下列问题。

(1)甲企业2021年技术转让收入应调减的企业所得税应纳税所得额为(　　)万元。

A. 500

B. 600

C. 700

D. 800

【参考答案】 B

【答案解析】 一个纳税年度内居民企业技术转让所得不超过500万元的部分，免征企业所得税；超过500万元的部分减半征收企业所得税。技术转让所得＝800－100＝700(万元)，其中500万元免征企业所得税，剩余的200万元减半征收企业所得税，所以应调减的应纳税所得额＝500＋200×50%＝600(万元)。

(2)甲企业2021年境外所得应在我国补缴企业所得税(　　)万元。

A. 3

B. 3.75

C. 4.25

D. 5.65

【参考答案】 B

【答案解析】 在A国取得的所得抵免限额＝70÷(1－30%)×25%＝25(万元)。

已经在A国缴纳企业所得税＝70÷(1－30%)×30%＝30(万元)。

超过了抵免限额，所以不需要在我国补税。

从B国取得所得的抵免限额＝60÷(1－20%)×25%＝18.75(万元)。

在B国缴纳企业所得税＝60÷(1－20%)×20%＝15(万元)，小于抵免限额，所以需要在我国补缴企业所得税＝18.75－15＝3.75(万元)。

(3)甲企业2021年应补缴的增值税城市维护建设税和教育税附加合计为(　　)万元。

A. 11.44

B. 18.7

C. 13.6

D. 15.58

【参考答案】 A

【答案解析】 纳税人采取折扣方式销售货物的，如果销售额和折扣额在同一张发票金额栏上分别注明的，可按折扣后的销售额计算缴纳增值税。

应补缴增值税＝100×80％×13％＝10.4(万元)，应补缴的城市维护建设税和教育费附加＝10.4×(7％＋3％)＝1.04(万元)，补缴的增值税城市维护建设税和教育费附加合计＝10.4＋1.04＝11.44(万元)。

(4)甲企业2021年对外捐赠应调整的企业所得税应纳税所得额为(　　)万元。

A. 0

B. 48.52

C. 45.68

D. 50.25

【参考答案】 B

【答案解析】 该企业十一促销没有确认收入应调整会计利润确认收入80万元，所以调整后的会计利润＝1 600＋80－1.04＝1 678.96(万元)，捐赠的扣除限额＝1 678.96×12％＝201.48(万元)，实际对外捐赠250万元，超出扣除限额应纳税调增＝250－201.48＝48.52(万元)。

2. 甲公司采用资产负债表债务法进行所得税会计核算，适用的所得税税率为25％。假定甲公司未来年度有足够的应纳税所得额用于抵扣可抵扣暂时性差异。甲公司20×4年度实现的利润总额为15 000万元，涉及所得税的有关交易或事项如下。

(1)甲公司持有乙公司40％股权，与丙公司共同控制乙公司的财务和经营政策。甲公司对乙公司的长期股权投资系甲公司20×3年12月28日购入，其初始投资成本为3 000万元，初始投资成本小于投资时应享有乙公司可辨认净资产公允价值份额的差额为400万元。20×4年乙公司实现净利润500万元。甲公司拟长期持有乙公司股权。根据税法规定，甲公司对乙公司长期股权投资的计税基础等于初始投资成本。

(2)20×4年1月1日，甲公司开始对A设备计提折旧。A设备的成本为8 000万元，预计使用10年，预计净残值为零，采用年限平均法计提折旧。根据税法规定，A设备的折旧年限为16年，折旧方法和预计净残值与会计相同。

(3)20×4年7月5日，甲公司自行研究开发的B专利技术达到预定可使用状态，并作为无形资产入账。B专利技术的成本为4 000万元，预计使用10年，预计净残值为零，采用直线法摊销(与税法相同)。根据税法规定，B专利技术按照无形资产成本的175%在税前摊销。

(4)甲公司的C建筑物于20×2年12月31日投入使用并直接出租，成本为6 800万元。甲公司对投资性房地产采用公允价值模式进行后续计量。20×4年12月31日，已出租C建筑物累计公允价值变动收益为1 200万元，其中本年度公允价值变动收益为500万元。根据税法规定，已出租C建筑物的折旧年限为20年，预计净残值为零，采用年限平均法计提折旧。

要求：根据上述资料，回答下列问题。

(1)20×4年年末，甲公司应确认的递延所得税资产的金额为(　　)万元。

A. 37.5

B. 75

C. 112.5

D. 787.5

【参考答案】 B

【答案解析】 确认递延所得税资产的金额＝300×25%(事项(2))＝75(万元)。

事项(1)，年末长期股权投资的账面价值＝3 000＋400＋500×40%＝3 600(万元)，计税基础为3 000万元，应纳税暂时性差异额＝3 600－3 000＝600(万元)，本期新增应纳税暂时性差异额＝600－400＝200(万元)；由于甲公司打算长期持有该股权，因此不确认递延所得税负债。

事项(2)，年末固定资产的账面价值＝8 000－8 000/10＝7 200(万元)，计税基础＝8 000－8 000/16＝7 500(万元)，新增可抵扣暂时性差异额＝7 500－7 200＝300(万元)，确认递延所得税资产＝300×25%＝75(万元)。

事项(3)，年末无形资产的账面价值＝4 000－4 000/10×6/12＝3 800(万元)，计税基础＝4 000×175%－4 000×175%/10×6/12＝6 650(万元)，形成可抵扣暂时性差异额＝6 650－3 800＝2850(万元)；由于该差异是无形资产初始计量造成的，因此不确认递延所得税资产。

事项(4)，年初投资性房地产的账面价值＝6 800＋(1 200－500)＝7 500(万元)，计税基础＝6 800－6 800/20＝6 460(万元)，应纳税暂时性差异额＝7 500－6 460＝1 040(万元)；年末投资性房地产的账面价值＝6 800＋1 200＝8 000(万元)，计税基础＝6 800－

6 800/20×2＝6 120(万元)，应纳税暂时性差异额＝8 000－6 120＝1 880(万元)，与上期相比，新增应纳税暂时性差异额＝1 880－1 040＝840(万元)，确认递延所得税负债额＝840×25%＝210(万元)。

(2)20×2 年甲公司的应纳税所得额为(　　)万元。

A. 2 650

B. 2 750

C. 2 850

D. 2 950

【参考答案】 B

【答案解析】 应纳税所得额＝5 000＋250－200＋300－2 600＝2 750(万元)。

事项(1)，新增可抵扣暂时性差异 250 万元，确认递延所得税资产额＝250×25%＝62.5(万元)。

事项(2)，新增应纳税暂时性差异额＝2 500－2 400＝100(万元)，确认递延所得税负债额＝100×25%＝25(万元)，对应科目为其他综合收益，不影响会计利润也不影响应纳税所得，因此无须做纳税调整。

事项(3)，收到现金股利 200 万元，免税，形成永久性差异。

事项(4)，业务宣传费税前允许扣除限额＝30 000×15%＝4 500(万元)，当年实际发生 4 800 万元，因此形成可抵扣暂时性差异额＝4 800－4 500＝300(万元)，确认递延所得税资产额＝300×25%＝75(万元)

事项(5)，以前年度亏损在本年可以税前扣除，转回可抵扣暂时性差异额 2 600 万元，减少递延所得税资产 650 万元。

(3)20×4 年，甲公司新增应纳税暂时性差异额为(　　)万元。

A. 2 080

B. 1 440

C. 1 040

D. 840

【参考答案】 C

【答案解析】 新增应纳税暂时性差异额＝200(事项(1))＋840(事项(4))＝1 040(万元)。

(4)甲公司 20×2 年的递延所得税负债发生额为(　　)万元。

A. 借记 25

B. 贷记 25

C. 贷记 50

D. 贷记 100

【参考答案】 B

【答案解析】 事项(2),新增应纳税暂时性差异额=2 500-2 400=100(万元),确认递延所得税负债额=100×25%=25(万元)。

借:其他综合收益　25

　贷:递延所得税负债　25

补充:事项(1)不确认递延所得税负债,因此应确认递延所得税负债的金额=840(事项(4))×25%=210(万元)。

(5)甲公司 20×4 年应确认的应交所得税的金额为(　　)万元。

A. 3 527.5

B. 3 540

C. 3 577.5

D. 3 725

【参考答案】 A

【答案解析】 确认应交所得税=[15 000-200(事项(1))+300(事项(2))-4 000/10×6/12×75%(事项(3))-840(事项(4))]×25%=3 527.5(万元)。

(6)甲公司 20×2 年递延所得税资产科目余额为(　　)万元。

A. 62.5

B. 75

C. 137.5

D. -512.5

【参考答案】 C

【答案解析】 递延所得税资产科目余额=62.5(事项(1)新增)+75(事项(4)新增)+650(期初数)-650(事项(5)转回)=137.5(万元)。

(7)20×4 年,甲公司应确认所得税费用的金额为(　　)万元。

A. 3 750

B. 3 675

C. 3 712.5

D. 3 662.5

【参考答案】 D

【答案解析】 所得税费用=[15 000-200(事项(1))-4 000/10×6/12×75%(事

项(3))]×25%=3 662.5(万元)。

或:所得税费用=3 527.5-75+210=3 662.5(万元)。

(8)甲公司20×2年所得税费用为(　　)万元。

A. 1 200

B. 687.5

C. 1 225

D. 1 275

【参考答案】 A

【答案解析】 所得税费用=(5 000-200)×25%=1 200(万元)。

或:所得税费用=2 750×25%-62.5-75+650=1 200(万元)。

3. 甲化妆品制造企业为增值税困难纳税人,2023年3月生产经营情况如下。

(1)从农业生产者购入其自产农产品一批,取得销售发票注明金额为30万元,当月用于高档化妆品的生产。

(2)将上月购入的化工原料发往乙企业(困难纳税人)加工高档化妆品,原料采购成本为3 000万元,取得乙企业开具增值税专用发票,注明加工费金额为120万元。乙企业无同类化妆品销售价格,乙企业按规定代收代缴了消费税。

(3)将委托乙企业加工的高档化妆品收回后,其中5%用于继续加工成套化妆品;94%通过各直播带货平台(困难纳税人)销售,不含税销售额为6 000万元;1%作为带货主播直播时的试用样品。

(4)支付直播带货坑位费,取得增值税专用发票上注明金额80万元;支付销售提成,取得增值税专用发票上注明金额100万元。

(5)采用分期收款方式销售自产高档化妆品,不含税销售额为9 000万元。合同约定本期收取货款总额的1/3。

(6)购进乘用车10辆用于经营管理(其中2辆为新能源汽车),取得机动车销售统一发票注明金额20万元/辆;购进中型商用客车5辆,取得机动车销售统一发票注明金额40万元/辆,其中3辆作为员工班车。

(7)租用一处写字楼,其中40%用作员工餐厅,支付半年租金(不含税)180万元,取得增值税专用发票注明的税率为9%。

已知:该企业取得的相关票据符合规定,并于当月勾选抵扣进项税额。委托加工高档化妆品期初、期末库存均为零。

根据上述资料回答下列问题。

(1)甲企业当月可抵扣的进项税额(　　)万元。

A. 76

B. 82

C. 66.90

D. 71.70

【参考答案】 B

【答案解析】 甲企业当月可抵扣的进项税额＝30×10%＋120×13%＋80×6%＋100×6%＋20×10×13%＋40×2×13%＋180×9%＝82(万元)。

(2)甲企业当月应缴纳增值税(　　)万元。

A. 1 878.3

B. 1 868

C. 1 088

D. 1 096.3

【参考答案】 D

【答案解析】 甲企业当月应缴纳增值税＝6 000÷94%×(94%＋1%)×13%＋9 000×13%×1/3－82＝1 096.3(万元)。

(3)甲企业当月自行申报缴纳消费税(　　)万元。

A. 836.51

B. 832.45

C. 799.41

D. 804.92

【参考答案】 D

【答案解析】 带货主播直播时的试用样品，委托加工环节已经缴纳了消费税，后续不再申报缴纳消费税。自行申报缴纳的消费税＝6 000÷94%×94%×15%－550.59×(5%＋94%)＋9 000×15%×1/3＝804.92(万元)。

(4)乙企业应代收代缴消费税(　　)万元。

A. 468

B. 520

C. 12.18

D. 550.59

【参考答案】 D

【答案解析】 乙企业应代收代缴消费税＝(3 000＋120)÷(1－15%)×15%＝550.59(万元)。